Filimon Mebrhatom

Ich will doch nur frei sein

Wie ich nach Unterdrückung, Gefangenschaft
und Flucht weiter für eine Zukunft kämpfe

W0085845

Ich möchte dieses Buch all jenen widmen,
die in ihrem Drang nach Frieden, Freiheit
und Wohlergehen ihr Leben verloren haben,
sei es in der Wüste oder auf dem Meer, in
den Foltergefängnissen in Libyen oder in der
Gewalt von Dschihadisten.
Im Gedenken an sie wollen wir die Schicksale
aller Leidenden im Bewusstsein behalten.

Filimon Mebrhatom

ICH WILL DOCH NUR FREI SEIN

Wie ich nach Unterdrückung, Gefangenschaft und Flucht weiter für eine Zukunft kämpfe

GULLIVER
von BELTZ & Gelberg

Ebenfalls lieferbar:
»Ich will doch nur frei sein« im Unterricht – in der Reihe
Lesen – Verstehen – Lernen
ISBN 978-3-407-82348-9
Beltz Medien-Service, Postfach 100565, 69445 Weinheim
Kostenloser Download: www.beltz.de/lehrer

Dieses Buch ist erhältlich als:
ISBN 978-3-407-81315-2 Print

Weitere Informationen zu unseren Autor:innen und Titeln
finden Sie unter: www.beltz.de

VORWORT
VON FILIMON MEBRHATOM

Ich war vierzehn Jahre alt, als ich mein Heimatland Eritrea verlassen und unter schrecklichen Bedingungen die Flucht angetreten habe. Eritrea ist ein kleines Land am Horn von Afrika, das von einem rücksichtslosen Diktator in Schach gehalten wird. Es gibt weder Meinungs- noch Pressefreiheit, und junge Menschen werden in einen brutalen Militärdienst gezwungen, dem Monat für Monat Tausende durch Emigration entkommen wollen – so auch ich.

In einer Nacht im Januar 2014 floh ich über die südliche Grenze nach Äthiopien. Von dort führte mich mein Weg durch den Sudan nach Libyen. Bei der Durchquerung der Sahara erlitt ich furchtbare Gewalt. Ich geriet in die Fänge von Dschihadisten, wurde eingesperrt, gefoltert und versklavt. Zu meinem großen Glück gelang es mir, der Verbrecherbande zu entkommen. Auf einem Flüchtlingsboot verließ ich gemeinsam mit Hunderten anderen Flüchtenden die libysche Hölle und wurde auf hoher See von einem Schiff der italienischen Marine gerettet. Knapp ein Jahr, nachdem ich von zu Hause aufgebrochen war, im Dezember 2014, kam ich schließlich in München an, wo ich heute lebe.

Zum Glück habe ich meine Flucht nicht mit dem Leben bezahlt. Mir geht es hier in Deutschland gut, und ich lebe nun in Freiheit und Sicherheit. Doch ich habe auch großes Heimweh. Ich möchte meine geliebte Mutter, meine Familie, meine

Freunde und Bekannten wiedersehen. Tag für Tag denke ich daran, wie ich mit den anderen Kindern meines Dorfes im Freien gespielt und gesungen habe. In Deutschland leben die Menschen isoliert – die meisten sitzen abends zu Hause vor dem Fernseher oder vor dem Computer. Ich hingegen wuchs ohne Facebook, WhatsApp, Viber, YouTube oder Netflix auf. Da es auf dem Dorf weder Internet noch Strom gab, kannte ich all das nicht. Alles, was uns mit der Außenwelt verband, waren krachende, batteriebetriebene Radios, die wir in die Höhe halten mussten, um nach Empfang zu suchen.

Wie sehr vermisse ich die Sonne und das Licht in Eritrea! Die Luft ist sauber und riecht gut, das Essen ist frisch und frei von Pestiziden. Ich sah stets den Lauf der Sonne und des Mondes, was in einer deutschen Großstadt nur schwer möglich ist. In meiner Heimat hingegen ist der Himmel frei – wie oft blickte ich gemeinsam mit den anderen Kindern zu den Sternen und suchte nach Sternschnuppen!

Wer verlässt sein Heimatland schon freiwillig und vor allem allein, im Alter von vierzehn Jahren? Doch solange die Diktatur in Eritrea besteht, ist an eine Rückkehr für mich nicht zu denken.

Es heißt, ein Fünftel der knapp sechs Millionen Einwohner Eritreas lebe im Ausland. Obwohl unser Land klein ist, kamen seit dem Jahr 2013 mehr als 60.000 eritreische Asylbewerber nach Deutschland, mehr als aus jedem anderen afrikanischen Land. Es findet ein regelrechter Exodus statt, und noch immer verlassen jeden Monat etwa 3.000 bis 5.000 Menschen Eritrea[1], durch die aktuellen Konflikte und Kriege in der Region werden es momentan sogar mehr.

Die Regierung des Landes übernimmt keine Verantwortung für die Menschen, die weggehen. Aufgrund der nicht existierenden Pressefreiheit wissen nur wenige Menschen in Eritrea, wie schrecklich die Lager in Libyen tatsächlich sind. Nichts davon wird im staatlichen Fernsehen oder in der einzigen Zeitung des Landes berichtet.

Ein Zeichen dafür, wie sehr junge eritreische Migrantinnen und Migranten das Regime in Asmara fürchten, sind die zahlreichen Selbstmorde von eritreischen Jugendlichen, denen die Abschiebung aus Europa droht. Besonders tragisch ist der Fall von drei jungen Eritreern in London, die sich im Jahr 2017 und 2018 aus Verzweiflung und aus Angst, abgeschoben zu werden, das Leben nahmen. Keiner von ihnen war älter als neunzehn Jahre.

Diese Dinge müssen ein Ende haben. Wann sehen wir Freiheit und Frieden? Wann wird es in unserem Land Wahlen geben, wann wird sich die Meinungsfreiheit durchsetzen? Die Menschen in Eritrea fühlen sich von der Welt im Stich gelassen: Europa interessiert sich mehr für die Abwehr der Flüchtenden als für eine wirkliche Bekämpfung der Fluchtursachen. Was wir brauchen, sind Hilfe und Solidarität, um die Diktatur zu stürzen. Ich habe mir geschworen, mich mit all meinen Kräften dafür einzusetzen, dass sich die politische Situation in meinem Heimatland so bald wie möglich zum Positiven verändert.

Mehr als acht Jahre sind nun vergangen, seit ich Eritrea verlassen habe. Nach meiner Ankunft in Deutschland im Winter 2014 schrieb ich immer wieder Passagen meiner Flucht auf. Zunächst in meiner Muttersprache Tigrinya, dann immer öfter auf Deutsch. Es fiel mir unglaublich schwer, an die schrecklichen Erlebnisse zurückzudenken – doch das Schreiben war für mich gleichzeitig eine Art Therapie. Auf diese Weise konnte ich das Erlebte verarbeiten, und es erschien mir, als ob ich durch den schriftlichen Ausdruck ein Stück weit meinen Schmerz abschütteln konnte.

Ich bin unglaublich froh und stolz darüber, dieses Buch geschrieben zu haben. Denn mein Ansinnen war es immer, die Europäerinnen und Europäer darüber aufzuklären, warum Menschen ihre Länder verlassen und welchen Leidensweg sie gehen.

Ich verließ Eritrea nicht ohne Grund: Ich wollte frei reden, ohne Angst. Ich wollte meine eigenen Entscheidungen treffen, wohin ich reise, wo ich lebe und wohin ich gehe – so, wie es die Europäer tun. Ich wollte die Demokratie selbst erleben, anstatt immer nur von ihr zu hören. Und ich wollte ohne Angst mein Leben genießen.

Egal, welche Hautfarbe, welche Herkunft und welchen Glauben man hat, Mensch ist Mensch. Oftmals frage ich mich: Wieso bin ich zu jener Zeit, an jenem Ort auf dieser Welt geboren? Allein der Zufall der Geburt entscheidet, ob man alle Möglichkeiten hat oder in Angst und Schrecken leben muss. Er entscheidet, ob man von Privilegien profitiert oder ein Dasein im Elend fristen muss. Diese Ungerechtigkeit muss sich ändern.

Ich hoffe sehr, dass dieses Buch einen Beitrag dazu leisten wird, dass die Menschenrechte in Zukunft allerorts geachtet werden und dass alle Menschen ein Leben in Würde führen können.

Momentan lebe und arbeite ich bereits Jahre in Deutschland, habe aber immer noch nicht die gleichen Rechte wie die Europäer. Das ist für mich nicht die Freiheit, die ich gesucht habe. Dafür werde ich weiter kämpfen.

Ich wünsche mir, dass das Bundesamt für Migration und Flüchtlinge die Menschwürde aller Menschen achtet und flüchtende Menschen nicht in zwei Klassen einteilt. Nach wie vor werden eritreische Menschen, die vor Krieg, Gefangenschaft und Unterdrückung geflohen sind, von deutschen Behörden gezwungen, sich von dem eritreischen Konsulat einen Pass zu besorgen, obwohl sie das nicht wollen. Sie möchten dieses diktatorische Regime nicht unterstützen, vor dem sie geflohen sind. Warum erfahren Eritreer und viele andere geflüchtete Menschen in Deutschland nicht dieselbe Unterstützung wie Geflüchtete aus der Ukraine?

Ein neues Leben in wirklicher Freiheit kann man sich nur aufbauen, wenn man die Sicherheit hat, wirklich dauerhaft in diesem Land erwünscht zu sein und hier mit allen Rechten leben zu dürfen.

Filimon Mebrhatom, im Herbst 2022

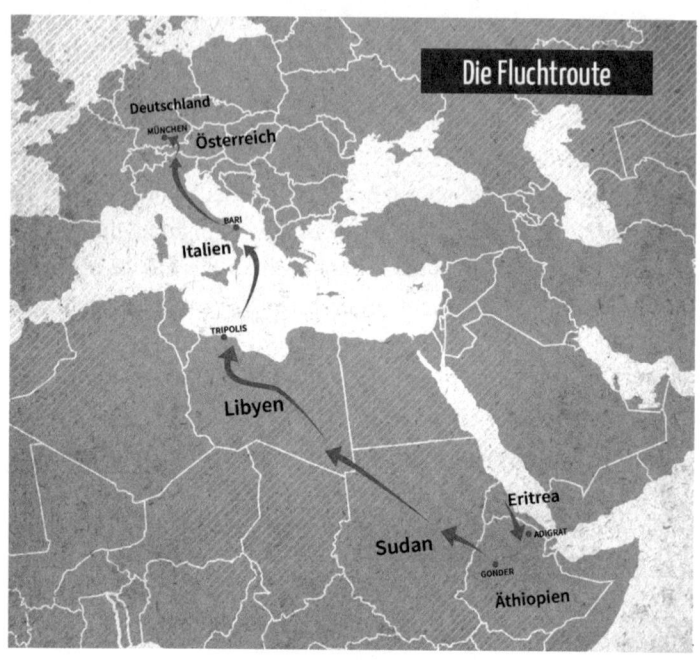

DER ÜBERFALL DURCH DIE ERITREISCHE ARMEE IM SOMMER 2010

An diesem Tag wachte ich wie jeden Morgen auf, doch als ich auf dem Weg zur Toilette war, spürte ich, dass etwas nicht in Ordnung war. Durch Spalte in unserer Haustür konnte ich das Licht von Taschenlampen in der Dämmerung erkennen.

Plötzlich klopfte jemand mit schweren Gegenständen heftig an unsere Haustür. Sofort schlugen die Hunde an. Ich wusste sogleich, dass es sich um Soldaten der eritreischen Armee handeln musste. Im Normalfall wären wir alle weggelaufen, aber dafür war es jetzt zu spät.

Ich hatte große Angst vor dem, was nun passieren würde, und wusste nicht, wo ich mich verstecken sollte. In Panik lief ich zurück zu meinem Bett und zog mir die Decke über den Kopf. Meine Mutter war zu diesem Zeitpunkt krank und konnte nicht aufstehen. Das Klopfen, das Bellen der Hunde und das Trampeln der Tiere hatten sie aber alarmiert, und sie rief mir zu, ich solle die Tür öffnen. Dazu hatte ich aber zu viel Angst. Obwohl meine Mutter in einem schlechten Zustand war, stand sie auf, stützte sich an der Wand ab und erreichte bald die Tür.

Kaum hatte sie diese ein kleines Stück weit geöffnet, wurde die Tür brutal aufgestoßen. Meine Mutter fiel zu Boden, und die Soldaten stürmten in unser Haus. Die Tiere – wir hatten zwei Ochsen, zwei Esel, ein Kalb und in etwa sechzig Schafe – gerieten in Panik und liefen über meine Mutter hinweg nach draußen. Mit ihren Waffen im Anschlag stürmten die Soldaten sämtliche Zimmer unseres Hauses.

Sie kamen auch in das Zimmer, in dem ich und meine Geschwister schliefen. Ich hörte meine kleine Schwester, sie war gerade sechs oder sieben Jahre alt, neben mir weinen. Meine Geschwister waren noch zu klein, als dass sich die Soldaten für sie interessiert hätten. Stattdessen kamen sie direkt zu meinem Bett und entrissen mir die Decke. Ich drückte mein Gesicht tief in die Matratze – unter allen Umständen wollte ich vermeiden, ihnen ins Gesicht sehen zu müssen. Ihre Waffen machten mir furchtbare Angst. Der Soldat, der als Erstes in unser Zimmer eingedrungen war, stieß mich mit dem Fuß an und forderte mich auf aufzustehen.

Zunächst konnte ich mich vor lauter Angst nicht bewegen. Erst als er mich mit einem Stock brutal auf den Rücken schlug, stand ich auf. Ich hatte nur eine Unterhose an. So, wie ich war, fesselten sie meine Hände auf dem Rücken. Barfuß musste ich mein Zimmer verlassen. Ich wurde an meiner Mutter vorbeigeführt, die immer noch am Boden lag. Gern hätte ich ihr geholfen und sie wieder ins Bett gebracht – doch daran war nicht zu denken. All das war grauenvoll für mich. Tränen rollten über meine Wangen. So brachten sie mich nach draußen. Ich war es nicht gewohnt, ohne Schuhe zu laufen, und die Nadeln der Bäume, die am Boden lagen, bohrten sich in meine Fußsohlen.

Ich war elf Jahre alt.

Und ich war bei Weitem nicht der Einzige, der diese Gewalt über sich ergehen lassen musste. Im Morgenlicht sah ich, wie die Soldaten, es waren etwa dreißig oder gar vierzig, viele andere Menschen aus ihren Häusern holten. Die Frauen schrien und weinten, weil sie verhindern wollten, dass ihre Kinder und

Männer in den Krieg geholt wurden. Viele von denen, die man an diesem Morgen mitnahm, sind nie wieder zurückgekehrt.

Ich hätte gern selbst bestimmt, wie meine Zukunft aussah, durfte das aber nicht. Auch meine Familie wurde nicht gefragt. Die Soldaten entscheiden bei solchen Überfällen selbst, wen sie mitnehmen und wen sie unbehelligt lassen.

Ich war wütend und fassungslos: Der eritreische Staat hatte sich nie um mich gekümmert. Er machte keine Anstalten, den Kindern seines Landes kostenlose Schulen zur Verfügung zu stellen. Meine geliebte Mutter war es, die sich immer um mich gekümmert und die trotz der mageren Mittel, die sie besaß, alles dafür getan hatte, dass ich zur Schule gehen konnte. Und nun sollte ich einen Militärdienst von unabsehbarer Länge absolvieren, bei dem ich nicht wusste, ob ich dabei mein Leben lassen würde? Ich wollte mit der Armee nichts zu tun haben und sah nicht ein, warum ich gezwungen werden sollte, Menschen zu töten.

Die Gewalthandlungen nahmen ihren Lauf. Alle Menschen wurden gefesselt auf einem Feld in Bihat zusammengetrieben. Wir waren etwa fünfzig bis sechzig Leute. All das geschah ganz in der Nähe unserer Getreidefelder und unserer Scheune. Hier mussten wir erst einmal warten.

Inzwischen war die Sonne aufgegangen und brannte auf uns herunter. Ich war sehr durstig, durfte aber niemanden um Wasser bitten. Alles um uns herum war trocken, meine Haut brannte, meine Zunge klebte an meinem Gaumen. So lange gefesselt zu sein war schmerzhaft, und so bat ich einen Soldaten, meine Fesseln zu lockern. Doch er hörte mir nicht einmal zu. Sie bildeten mit ihren Waffen einen Kreis um uns, sodass niemand weglaufen konnte.

Dann kamen fünf von ihnen auf uns zu und fragten uns nach unseren Pässen. Letztlich war es ihnen aber egal, ob man einen Pass hatte oder nicht – der Befehl war reine Schikane. Ich selbst hatte noch nie einen Pass besessen. Die Soldaten hätten wissen müssen, dass ich als kleiner Junge von elf Jahren in Eritrea keinen Pass hatte. Um mich zu testen, holte einer der Soldaten mich dennoch aus der Menge und löste meine Fesseln. Er wollte, dass ich sein Gewehr hochhob, aber dafür war ich zu schwach.

In diesem Moment hasste ich mein Leben.

Als er merkte, dass ich das Gewehr nicht halten konnte, lachte er mich einfach aus. Daraufhin ließ er mich laufen.

Auch andere, die man für den Militärdienst als nicht geeignet ansah, wurden wieder weggeschickt. Die Soldaten schlugen viele der Ausgemusterten. Ihre Familien, die aus Sorge mit auf das Feld gekommen waren, mussten all das beobachten und konnten nichts dagegen tun.

Ich lief sofort zu meiner Mutter nach Hause und war in großer Sorge, dass sie sich durch den Überfall und den Sturz schwer verletzt haben könnte. Zum Glück war sie in der Zwischenzeit schon von anderen Dorfbewohnern entdeckt und zurück in ihr Bett gebracht worden.

Als ich zu ihr gelangte, musste ich mit Schrecken feststellen, dass ihre Hand gebrochen war. Sie hatte große Schmerzen. Ich wollte ihr helfen, wusste aber nicht, was ich tun sollte. Der nächste Arzt war weit entfernt, und es gab niemanden, der sie dorthin hätte bringen können.

Es gab im ganzen Dorf kein Auto. Ich hatte auch keine Möglichkeit, telefonisch Hilfe zu rufen, weil es im Dorf ja weder Telefonleitungen noch Internet gab. Auch so etwas wie einen

Rettungsdienst gab es in meinem Dorf nicht. Ich fühlte mich schrecklich, weil ich meiner Mutter nicht helfen konnte, und machte mir große Sorgen, dass sie sterben könnte. Ein Leben ohne sie konnte ich mir nicht vorstellen.

Normalerweise brachte man Kranke aus unserem Dorf mit einer selbst gebauten Trage zum nächsten Arzt oder ins Krankenhaus. Das hätte ich gern gemacht. Doch Männer zu finden, die mir hätten tragen helfen können, war unmöglich: Alle Männer waren von den Soldaten zusammengetrieben und gefesselt worden.

Ich war verzweifelt.

Schließlich setzte ich mich einfach zu meiner Mutter ans Bett und litt mit ihr. All das war sehr schwer für mich. Ich wollte meine Mutter aber auf keinen Fall allein lassen. Mehr, als bei ihr zu sein, konnte ich nicht tun.

An diesem Tag musste ich von einem Moment auf den anderen schmerzlich feststellen, dass sich meine Mutter nicht mehr um mich kümmern konnte. Ich merkte, dass ich noch nicht gelernt hatte, die einfachsten Handgriffe selbstständig auszuführen. Ich wollte für meine Mutter Kaffee kochen, schaffte es aber nicht mal, ein Feuer anzuzünden. Strom gab es im ganzen Dorf nicht. Alles wurde mit Feuer gemacht. Als meine Augen vom vielen Qualm tränten, verstand ich, wie schwer und mühselig die Arbeit der eritreischen Frauen war. Bisher hatte ich mich nie darum gekümmert.

Schließlich fasste ich einen Entschluss: Mit meinem Fahrrad fuhr ich zu einer Freundin meiner Mutter und bat sie, mir zu helfen. Auch sie war verzweifelt und am Boden zerstört, da die Soldaten ihre Kinder in derselben Nacht mitgenommen hatten. Als ich ihr aber berichtete, dass meine Mutter beim Überfall der Soldaten verletzt worden war, entschloss sie sich kurzerhand mitzukommen.

Als wir daheim ankamen, ließ ich sie mit meiner Mutter allein und machte mich auf die Suche nach unseren Tieren, nach den Kühen, Schafen und Eseln. Diese Aufgabe kam mir entgegen, denn ich brauchte nach den schrecklichen Ereignissen der letzten Nacht Abstand, um einen klaren Kopf zu bekommen.

Die Tiere waren weit über das Dorf verstreut, und es dauerte lange, um sie alle zu finden. Das alles war sehr belastend für mich. Ich brauchte den ganzen Vormittag und den halben Nachmittag, um die Tiere wieder einzufangen.

Als ich sie endlich allesamt gefunden hatte, brachte ich sie zurück nach Hause. Mittlerweile ging es meiner Mutter zum Glück wieder etwas besser. Doch ihr Handgelenk war stark geschwollen und bereitete ihr bei jeder Bewegung Schmerzen. Nach ein paar Tagen war sie zwar wieder stark genug, um laufen zu können, aber auch jetzt konnten wir ihr Handgelenk nicht behandeln lassen. Alle Ärzte, die für uns erreichbar gewesen wären, hätten ihr nicht helfen können. Sie hätten uns mit Sicherheit an ein Krankenhaus in Asmara weiterverwiesen, um dort eine Operation vorzunehmen.

Aber das war nicht möglich – denn allein hätte sie den weiten Weg nicht geschafft, und ich durfte sie nicht begleiten, da man in Eritrea nicht frei reisen darf. Als Schüler ohne Pass hätte ich nicht nach Asmara fahren können. In Eritrea führt die Armee häufig Straßenkontrollen durch, die an beliebigen, oft wechselnden Streckenabschnitten stattfinden. In der nahe gelegenen Stadt Senafe gibt es hingegen fixe Kontrollen.

Selbst wenn man einen Reisepass hat, darf man nicht überall hin. So ist es auch nicht einfach, in die Stadt Teseney, die im Osten des Landes an der Grenze zum Sudan liegt, zu reisen. Viele Menschen versuchen, über Teseney das Land zu verlassen. Ob man frei reisen darf oder nicht, hängt vom Gutdünken des Militärs ab.

Kurzum: Es gab nichts, was wir tun konnten. Ich habe das Essen meiner Mutter immer sehr gemocht; nun, mit der verletzten Hand, konnte sie leider nicht mehr kochen.

Ihre Hand ist nie wieder richtig geheilt. Meine Mutter hat in ihrem Leben nie Geld verdient, sondern sich nur um die Familie gekümmert. Wir haben uns mit dem Ertrag unserer Felder und den Tieren selbst versorgt. Deswegen war auch kein Geld für eine Operation da.

Nach dem Überfall brach eine dunkle Zeit für mich an. Die viele Arbeit mit den Tieren war sehr schwer für mich. Obwohl ich meine Mutter nicht allein lassen wollte, musste ich nun täglich mit unseren Tieren zusammen mit einem Hirtenhund nach draußen.

Von unseren Nachbarn war keine Hilfe zu erwarten. Jeder versuchte zurechtzukommen und kümmerte sich um sich selbst. Die eritreische Diktatur hat das soziale Miteinander zerrüttet. Es kam immer wieder zu Denunziationen. Denn wenn jemand im Dorf oder in der Nachbarschaft davon erfuhr, dass jemand Fluchtpläne hegte, war es ein Leichtes, das Militär darüber in Kenntnis zu setzen.

Ich hatte noch nie als Schäfer gearbeitet, und ich wollte das eigentlich auch nicht. Ich tat es aus Verantwortungsbewusstsein meiner Familie gegenüber. Mein Traum war es eigentlich immer, Kameramann zu werden. Doch dazu später …

Mehr und mehr hatte ich den Eindruck, dass sich die Lage in

Eritrea zunehmend verschlechterte. Seit meiner Geburt hatten sich die Lebensbedingungen in dieser Diktatur verschärft. Gern hätte ich etwas in meinem Heimatland verändert, aber ich sah keine Möglichkeit, Entscheidungen über die Zukunft Eritreas oder auch nur über mein eigenes Leben treffen zu können.

Wenn ich ein besseres Leben haben will, so sagte ich mir, werde ich nicht umhinkommen, das Land zu verlassen. Bis ich mich tatsächlich zu diesem Schritt entschloss, sollte aber noch einige Zeit vergehen.

MEINE KINDHEIT

Meine Kindheit verbrachte ich zum größten Teil zusammen mit meinen Eltern zu Hause. Wir hatten ein Haus in Bihat, einem Dorf, das in etwa 2.000 Einwohner zählt und unweit der Grenze zwischen Eritrea und Äthiopien liegt. Da die beiden Länder bis vor Kurzem im Kriegszustand waren, kenne ich die Grenze nur geschlossen und unpassierbar.

Die Mehrheit der Einwohner von Bihat ist christlich, es gibt nur wenige Muslime. Verständigungsprobleme zwischen Christen und Muslimen gab es niemals. Rund um unser Dorf gibt es große Weiden und ausreichend Wasser, weswegen die meisten Familien von der Landwirtschaft und der Viehzucht leben. Mein Vater baute auf unseren Feldern Tomaten, Rote Bete, Salat, Kartoffeln und andere Gemüsesorten an. Außerdem hielten wir Kühe, Schafe und Esel.

Bihat besitzt keine Schule und keinen Arzt. Meine Kindheit hindurch machte ich die Erfahrung, dass sich die Menschen im Dorf selbst helfen mussten. Es gab auch keinen Kindergarten, und so war ich bis zum Alter von fünf Jahren meistens mit meiner geliebten Familie zu Hause, auf den Weiden oder auf dem Feld.

Meine Mutter kümmerte sich um mich und beschützte mich. Mit fünf Jahren begann ich schließlich, mit meinem Vater auf den Feldern zu arbeiten und ihm bei der Versorgung unserer Familie zu helfen. Es waren oft schwere Arbeiten, doch ich hatte keine andere Wahl, denn bei uns fand keinerlei Hilfe vonseiten der Regierung statt.

Weil wir in der Nähe der Grenze wohnten, gab es auf den Weiden und Feldern nicht selten umherliegende alte Bomben und Minen. Meine Mutter war deshalb immer in großer Sorge, wenn ich allein unterwegs war. Sie befürchtete, dass ich mit einer Waffe hätte spielen können, die auf den ersten Blick einem Kugelschreiber oder einer Dose glich.

Und tatsächlich: Eines Tages fanden ich und ein anderes Kind beim Spielen im Wald eine große Mine. Wir wussten nicht, was das war, und waren neugierig. Deshalb schlugen wir mit Stöcken auf die Mine, bis sie bedrohlich heiß wurde. Wir bekamen Angst und liefen mit klopfenden Herzen weg, so schnell wir konnten. Das war unser Glück, denn wir hätten die Mine leicht zur Explosion bringen können. Zwei Erwachsene, denen wir unser Erlebnis schilderten, machten die Mine unschädlich – nicht jedoch, ohne uns vorher eindringlich zu ermahnen, so etwas nie wieder zu tun. Meine Mutter, der ich von unserem Erlebnis erzählte, schwor mich ebenfalls darauf ein, solche Gegenstände unter keinen Umständen zu berühren oder gar aufzuheben.

Rasch verstand ich, dass Bomben gefährlich waren, und rannte, so schnell ich konnte, davon, wenn ich etwas entdeckte, was danach aussah. Ich instruierte sehr früh all meine Freunde und versuchte, auch ihnen einzubläuen, was mir meine Mutter gesagt hatte.

Mein Vater stieß beim Umpflügen mit dem Ochsen auch immer wieder auf Bombensplitter. Ich wollte ihm gern bei seiner Arbeit helfen, durfte aber nur dabeisitzen und zuschauen. Die Sorge meines Vaters war zu groß.

Tatsächlich geschah es, dass ein Junge aus einem Nachbardorf eine Bombe fand, die wie ein Stift aussah. Als er damit schreiben wollte, explodierte sie, und er kam ums Leben. Meine Angst wurde danach noch größer, und ich sah auch in harmlosen Dingen Waffen.

Der Krieg war aber nicht nur in Form der herumliegenden Waffen und Minen in unserem Leben präsent, auch Soldaten waren häufig zu sehen.

So kam einmal ein Soldat zu uns, als mein Vater und ich auf dem Feld arbeiteten. Er trieb seine Scherze mit mir und wollte, dass ich mit seinem Gewehr schießen solle. Ich war noch klein und begann zu weinen – doch er setzte sich in den Kopf, dass ich ein Tier aus unserer Herde, das bereits alt und schwach war, erschießen solle. Mein Vater begann, mit dem Soldaten zu streiten. Voller Zorn bespuckte mich der Mann mit Kath – also mit Blättern der Kathpflanze, die viele Menschen in Eritrea kauen, um sich zu berauschen – und verließ unser Feld.

Mein Vater ist Priester – vor ihm sollten alle Respekt haben, auch Soldaten. Die Militärs in Eritrea hingegen erhoben sich über alle Sitten und Gesetze. Ich war damals ungeheuer wütend und fühlte mich ohnmächtig.

Wäre ich groß gewesen, hätte ich dem Soldaten meine Meinung gesagt. Ich wollte für meinen Vater einstehen und das Prinzip der Freiheit verteidigen. Doch ich war klein und schwach.

Mein Vater hatte kein glückliches Leben. Auch ihn wollte der Chef unserer Stadt wie alle anderen zum Dienst an der Waffe zwingen. Aber aufgrund seines Status als Priester war es für die Militärs nicht so einfach wie sonst.

Ich erinnere mich, dass mein Vater in dieser Zeit viel betete. Er musste sich bei den Behörden zum Dienst melden. Aber ihre Rechnung sollte nicht aufgehen: Die Menschen in unserem

Dorf protestierten gegen den Militärdienst. Und tatsächlich musste mein Vater nach nur einem Tag wieder freigelassen werden.

Mit seinem Alter von 49 Jahren wäre er für die Armee ohnehin zu alt gewesen, doch in Eritrea interessieren solche Dinge niemanden. In Bezug auf den Militärdienst herrscht mehr oder weniger Gesetzlosigkeit. Wenn er Soldat geworden wäre, hätten wir zu Hause keine Hilfe mehr gehabt. Meine Mutter war zu diesem Zeitpunkt bereits krank und konnte nicht nach draußen gehen. Sie machte sich sehr viele Sorgen um ihn und um uns, ihre Kinder.

Auch ich machte mir in dieser Zeit viele Gedanken und verstand nicht, warum die Armee solch eine große Macht in unserem Land hatte. Ich fragte mich immer wieder, ob mir wohl das Gleiche passieren würde, wenn ich groß war.

Als heranwachsender junger Mensch festigte sich immer mehr meine Überzeugung, wonach alle Menschen in Freiheit leben können sollten – niemand sollte jemals zu etwas gezwungen werden, was er oder sie nicht mochte. Zunehmend verstand ich auch, welche ökonomischen Probleme es in unserem Land gab. Ein großer Teil der Menschen in Eritrea arbeitet in der Landwirtschaft, wovon die meisten Selbstversorger sind oder ihre Produkte auf lokalen Märkten verkaufen.

Doch wenn sie alt werden, wird es häufig immer schwieriger für sie, für sich selbst zu sorgen. Vom Staat bekommen sie keine Unterstützung, deshalb sind alte Menschen auf die Hilfe ihrer Kinder angewiesen. Wer nun aber keine Kinder hat, um den kümmert sich im Alter auch niemand. Das ist der Grund, weswegen nicht wenige Menschen früh sterben – niemand bringt sie ins Krankenhaus oder zahlt für sie, wenn sie krank sind.

In Eritrea gibt es keine Altenheime, in denen alte Menschen betreut werden könnten. Der Staat zahlt auch keine Renten, also fehlt ihnen das Geld, wenn sie nicht mehr arbeiten können. Und selbst diejenigen, die ein halbwegs akzeptables Auskommen haben, finden keine Pfleger, da es diesen Beruf in Eritrea kaum gibt.

Auch behinderte Menschen, die blind sind oder nicht laufen können, können auf keinerlei staatliche Unterstützung zählen. Ein Rollstuhl bleibt für viele ein Wunschtraum. Kranke und Behinderte schlafen deshalb nicht selten irgendwo im Wald oder in Ruinen. Dort verschlimmert sich ihr Zustand – und sie sterben unbemerkt.

Wenn Menschen mit Krankheiten oder Behinderungen das Glück haben, in einer Familie zu leben, fehlt ihnen allerdings häufig die Möglichkeit, am öffentlichen Leben teilzunehmen – sie fristen ihr Dasein also einfach zu Hause.

Menschen mit Behinderung sehen so oftmals keinen Sonnenaufgang oder -untergang, und weil Fernsehen und Internet sehr wenig verbreitet sind, bekommen sie kaum Nachrichten und wissen nicht, was in der Welt vor sich geht.

Diese Mängel betreffen die Bevölkerung in ihrer Gesamtheit, denn die Regierung lässt oft den Strom abstellen. Für viele ist die Kommunikation über Distanzen dann nicht mehr möglich – die Akkus der Handys können schlicht nicht mehr aufgeladen werden. In meinem Heimatdorf Bihat gibt es tatsächlich keinerlei Stromquellen. Um Handys oder Akkus aufzuladen, mussten wir immer in das nahe gelegene Städtchen Senafe laufen.

Fernsehen und elektrisches Licht funktionieren auch nicht mehr, und die Menschen sind darauf angewiesen, sich mit

Streichhölzern und Kerzen zu behelfen. Für Menschen, die in Städten leben, sind die geplanten oder pannenhaften Stromausfälle besonders schwierig zu meistern. Sie kochen auf elektrischen Kochplatten und besitzen keinen Holzofen. Kurzum: Es herrscht Mangel am Notwendigsten.

Es kann außerdem vorkommen, dass die Regierung das Leitungswasser sperrt. So geschieht es mitunter, dass in einer bestimmten Woche nur für drei Stunden Trinkwasser zur Verfügung steht. Auch hier ist die Stadtbevölkerung wieder besonders betroffen: Dort gibt es seltener Brunnen, aus denen man sich zusätzlich Wasser holen könnte.

Die Menschen sind dann dazu gezwungen, sich gemeinsam mit ihren Nachbarn für viel Geld Wasser aus einem Tankwagen zu kaufen. Der Mangel an fließendem Wasser in den Städten hat zur Folge, dass viel Wasser aus Plastikflaschen gekauft wird; diese werden anschließend einfach auf die Straße geworfen. Es entstehen große wilde Müllhalden – herumstreunende Hunde und andere Tiere fressen den Müll und verenden oft auf diesen Halden. Aufgrund der Armut wird das Fleisch dieser Tiere trotzdem gebraten und gegessen – ich war oft in Sorge, dass jemand in meinem Umfeld vom Verzehr des verdorbenen Fleisches krank werden könnte. Ich selbst aß kaum Fleisch. Obwohl wir zu Hause selbst Nutztiere hielten und sie schlachteten, verweigerte ich dies meistens. Mir taten die Tiere leid, und ich wollte nicht, dass man sie schlachtete. Weil mein Vater Priester war und es ihm die religiösen Gesetze untersagten zu schlachten, wollte er ursprünglich, dass ich dies tat. Doch ich weigerte mich. Schon als Kind war ich der Überzeugung, dass man Tiere nicht töten sollte.

MEINE SCHULZEIT

Meine Eltern konnten mich und meine Geschwister nicht zur Schule schicken, weil die Schule sehr weit weg von unserem Haus war und sie uns nicht bringen konnten. Deshalb hatte ich erst mit acht Jahren die Gelegenheit, zur Schule gehen. Es war die Arbeit mit meinem Vater auf dem Feld, die es mir ermöglichte, etwas Taschengeld für die Schule zu verdienen. Aufgrund der fehlenden Unterstützung durch den Staat ist es in Eritrea bei Weitem nicht für alle Kinder möglich, die Schule zu besuchen. Unsere Regierung lässt die Menschen unseres Landes und speziell die Kinder einfach im Stich.

Ich entschloss mich also, die Arbeit auf dem Feld hinter mir zu lassen und die Schule zu besuchen. Mir wurde bewusst, dass es mir nur auf diese Weise gelingen konnte, eine bessere Zukunft für mich und meine Familie aufzubauen.

Die Schule lag nicht in unserem Dorf, und ich musste jeden Tag weite Strecken zu Fuß zurücklegen, weil ich kein eigenes Fahrrad besaß. Auch gab es bei uns weder einen Schulbus noch Autos, die mich zur Schule gefahren hätten.

Meine Mutter war in meiner Kindheit immer für mich da. Sie war immer nett und liebevoll zu mir. Sie weckte mich jeden Morgen und ermahnte mich, mein Gesicht zu waschen. Da ich meine Mutter respektierte, tat ich das auch. Danach machte sie mir Frühstück, meistens Honigbrote. Dann packte ich meinen Rucksack und trat den Weg zur Schule an.

Auf dem Schulweg sah ich tagaus, tagein, wie die Bauern und Bäuerinnen mit ihren Kindern auf den Feldern schwer arbeiteten. Das beschäftigte mich sehr und machte mich betroffen: Warum, so fragte ich mich, können die Eltern ihren Kindern keinen Schulbesuch ermöglichen? Die Antwort war einfach: Den Familien fehlte das Geld.

Ein Leben lang auf den Feldern zu arbeiten ist sehr hart, und man altert schnell. Viele erkranken früh – doch fehlen Ärzte, die sie versorgen können. Als Kind führte ich viele Gespräche mit Bäuerinnen und Bauern. Sie alle klagten, dass sie von der Regierung keinerlei Unterstützung bekommen würden. So hatten sie keine andere Wahl, als sich auf den Feldern abzurackern. »Wenn wir das nicht tun«, so ihre bittere Erkenntnis, »werden wir einfach verhungern. Denn aus der Stadt können wir nichts erwarten, gar nichts.«

All das machte mich sehr wütend: Wann wird das Leiden der Menschen in Eritrea endlich vorbei sein, fragte ich mich viele Male. Warum gibt es für die armen Bauern keine Hilfe? Ach, so dachte ich oft, wie grausam ist doch das Leben in unserem Land.

Wie wohltuend war es da, die Schule besuchen zu können! Nun konnte ich endlich lernen und musste nicht mehr auf den Feldern arbeiten. Ich war glücklich – und auch meine Mutter spürte, dass ich endlich meinen Interessen folgen konnte. Sie freute sich für mich. Ich gab diese Freude an meine Mutter zurück. »Endlich«, so sagte ich ihr, »kann ich mir eine Zukunft aufbauen, damit ich euch später unterstützen kann.«

Die Lernbedingungen in der Schule waren allerdings alles andere als einfach: Wir waren fünfundsiebzig Kinder in einer Klasse, aus vielen verschiedenen Dörfern der Umgebung. Unterrichtet wurden wir von vier verschiedenen Lehrern. Wir lernten Mathe, Geschichte, Englisch und meine Muttersprache Tigrinya – kein leichtes Unterfangen bei so vielen Kindern.

Obwohl ich die Zeit in der Schule sehr genoss, machte ich auch schmerzhafte Erfahrungen: Da ich von Beginn an sehr gut in der Schule war und alle Aufgaben problemlos meisterte, begannen einige der anderen Schüler, mich zu hänseln. Sie wollten mich ausnutzen und drängten mich, sie bei mir abschreiben zu lassen, was die Lehrer immer verhindern wollten.

Außerdem ernannten sie mich gegen meinen Willen zum Klassensprecher. Ich widersetzte mich, doch meine Lehrer zwangen mich in diese Position. Sie waren richtiggehend gewalttätig, schlugen mich mit einem Stock auf meine Hände und zogen mich an den Ohren.

Meine Aufgabe bestand darin, Namenslisten anzulegen und Anwesenheitskontrollen durchzuführen. Ich sollte melden, falls jemand den Unterricht schwänzte. Ich hatte Angst vor den größeren Kindern und ließ sie immer wieder gehen, ohne die Eintragungen zu machen, die mir aufgetragen worden waren. Oft meldete ich alle Schüler als »anwesend«, um sie vor den Lehrern zu schützen.

Eines Tages passierte es, dass der Direktor die Anwesenheitsliste persönlich kontrollierte. Meine Schummelei flog auf, und man drohte mir Schläge an. Ich lief weinend nach Hause zu meiner Mutter.

Nach diesem Vorfall flehte ich meine Mutter an, mich in eine andere Schule zu schicken; doch in Eritrea kann man nicht einfach so die Schule wechseln. Ich lernte damals, dass man kämpfen musste, wenn man etwas im Leben erreichen wollte.

Ein weiteres Problem war, dass die Lehrerinnen und Lehrer unserer Schule ihren Job oft nach kurzer Zeit aufgaben. Der Grund war, dass ihre Bezahlung miserabel war. Sie bekamen monatlich nur 400 Nakfa bezahlt, was heute rund 24 Euro entspricht. Mit diesem mageren Gehalt konnten sie sich nicht mal ihr Essen leisten oder die Fahrtkosten zur Schule bezahlen.

Einige Lehrer kamen aus anderen Städten, zum Beispiel aus der Hauptstadt Asmara. Sie hatten es sich nicht ausgesucht, in unserer Kleinstadt zu unterrichten; vielmehr waren sie von der Regierung hierher zugeteilt worden. Wenn einer unserer Lehrer nicht kam, sperrte man uns nicht selten einfach in unserem Klassenraum ein, bis endlich ein anderer Lehrer auftauchte und uns Unterricht gab. Die Lehrer waren nicht nur mit ihrem Gehalt unzufrieden, sondern auch mit der eritreischen Regierung im Allgemeinen.

Eines Tages, es war im Jahr 2013, waren die Konsequenzen aus dieser misslichen Lage besonders dramatisch: Ich erschien wie immer um acht Uhr morgens in der Schule. Doch diesmal kam kein Lehrer zu uns – man sperrte uns einfach bis zur Mittagszeit im Klassenzimmer ein. Danach erfuhren wir, dass acht Lehrerinnen und Lehrer unserer Schule einfach ohne Vorankündigung weggegangen und nach Äthiopien geflüchtet waren.

Dieses Ereignis löste bei mir gemischte Gefühle aus: Einerseits war ich sehr traurig, dass diese Lehrer nicht mehr bei uns waren. Andererseits freute ich mich für sie, denn es war ihnen geglückt, aus Eritrea zu fliehen.

Der plötzliche Aderlass an Lehrern hatte zur Folge, dass der Schulbetrieb nicht mehr ordentlich funktionierte. Für westliche Verhältnisse ist dies schwer vorstellbar – doch ich blieb danach einfach ein halbes Jahr zu Hause und ging nicht zur Schule. Dadurch litten natürlich meine Lernfortschritte enorm.

Warum, so fragte ich mich viele Male, war das Leben der Menschen in Eritrea so schlecht? Was war die Ursache für das

Unglück und den Schmerz, den ich so oft in ihren Gesichtern gesehen hatte? In dieser Zeit wurde mir immer klarer, dass auch ich innerlich verkümmern würde, wenn ich mein Leben lang in Eritrea bliebe.

Nach dem Schulunterricht ging ich immer sofort nach Hause, denn es war meine Aufgabe, den restlichen Tag über die Tiere unseres Bauernhofes zu hüten. Meistens musste ich mit ihnen in den Wald gehen. Das war keine leichte Aufgabe, denn als Kind hatte ich Angst vor wilden Tieren. Diese Angst war nicht unbegründet – bei uns gibt es äußerst gefährliche Giftschlangen. Da uns im Dorf Medikamente fehlten, konnte ein Biss tödlich sein.

Je mehr Zeit verging, desto hoffnungsloser und trauriger wurde ich. Ich fragte mich, wie mein Leben wohl weiter verlaufen würde. Es war mir inzwischen klar, dass es in meinem Dorf keine Hoffnung und keine Perspektive für mich gab.

MEINE AUSBILDUNG ZUM KAMERAMANN

Wieder und wieder fragte ich mich, wie es sein konnte, dass so viele Kinder am Feld und im Wald arbeiten mussten, anstatt zur Schule zu gehen. Ich habe damals oft geweint. Meiner geliebten Familie stellte ich immer wieder die Frage, wie ich mir denn eine bessere Zukunft aufbauen könnte. So kam es, dass ich eines Tages die Entscheidung traf, von zu Hause wegzugehen und Kameramann zu werden.

Meine geliebte Mutter machte sich große Sorgen um mich und weinte viel, als ich ihr meine Entscheidung mitteilte. Ich könne mir doch nicht einmal selbst Essen zubereiten, klagte sie. Aber hinter dieser banalen Sorge verbargen sich noch ganz andere, viel größere Bedenken. Die Ausbildung zum Kameramann fand in der Stadt Senafe statt, die für ihre spektakulären Felsen und ihre Lage am Rand der Berge bekannt ist. Senafe liegt auf beinahe 2.500 Meter Seehöhe. Gleich in der Nähe liegt Matara, ein Ort, der für seine archäologischen Funde bekannt ist. Dort finden aber auch oft militärische Kontrollen statt.

Um Senafe gibt es wunderbare Wanderwege. Vielerorts findet man Wasserfälle mit gutem, sauberem Wasser, mit dem man sich abkühlen kann, und kleine Bergwiesel laufen umher. Von den Bergen hat man einen wunderbaren Blick auf die Stadt und die umliegenden Dörfer. In Senafe gibt es christliche Kirchen und Moscheen. Muslime und Christen leben hier friedlich zusammen.

Die Ankunft in der Stadt war für mich nicht einfach: Ich musste zwei Tage im Freien schlafen, da ich kaum Geld hatte und niemanden kannte. Danach fand ich für wenig Geld ein undichtes Zimmer in einem Wohnhaus, mit einem nassen und unangenehmen Bett. Gegessen habe ich in dieser Zeit nur wenig. Für das Zimmer musste ich monatlich 150 Nakfa auftreiben, zusätzlich dazu kostete die Kameraschule im Monat 350 Nakfa Gebühren. Ich bat meinen Vater, mir zu helfen – er schickte mir zwar regelmäßig Geld, die Schulgebühren musste ich aber selbst bestreiten. Ich schlug mich in Senafe mit Gelegenheitsjobs durch, um das Geld zusammenzubekommen.

Die Unterrichtsbedingungen in der Foto- und Kameraschule in Senafe waren alles andere als ideal: Es gab nur eine sehr spartanische Einrichtung und nicht einmal Tische, sodass wir auf dem Schoß schreiben mussten.

Hinzu kam, dass die Regierung oft den Strom abschaltete. Fehlte das elektrische Licht in meinem Dorf zur Gänze, so gab es in einer Stadt wie Senafe bestenfalls stundenweise Strom – dann wieder keinen. Viele Menschen versuchen, sich deshalb mit lauten und stinkenden Dieselgeneratoren durchzuschlagen.

Für unsere Klasse mit 85 Schülerinnen und Schülern standen nur drei Kameras zur Verfügung. Pro Woche konnte jeder Schüler nur rund zehn Minuten mit einer Kamera arbeiten. Wie soll man so lernen können, dachte ich mir oft.

Ich bekam das Gefühl, dass ich mein Geld verschwendete. Nur theoretisch zu lernen, danach stand mir nicht der Sinn. Doch weil ich mein Ziel unbedingt erreichen wollte, blieb ich während der vollen Ausbildungszeit von drei Monaten in der Stadt.

Der Unterricht begann jeden Tag um vier Uhr nachmittags und ging bis halb sieben Uhr abends. Zu Beginn war ich sehr einsam – die meisten Jugendlichen hatten ein soziales Umfeld in Senafe, ich aber kannte niemanden.

Ich vermisste meine Familie, besonders meine Mutter, schrecklich. Ja, ich fühlte mich so einsam, dass ich bereits für das erste Wochenende zu Fuß nach Hause zurückkehrte. Wie groß war die Wiedersehensfreude! Meine Füße schmerzten vom vielen Laufen, meine Kleider waren schmutzig, doch wie schön war es, wieder bei den Eltern zu sein! Zu diesem Anlass wurden eine Henne geschlachtet und ein Fest gefeiert. Ich aß zwar kein Fleisch, war aber trotzdem überglücklich.

Meine Mutter fragte mich Löcher in den Bauch über mein Leben in Senafe: Was isst du? Wie wohnst du? Hast du Freunde? Ich wollte ihr nicht von meiner Einsamkeit erzählen, da ich Angst hatte, dass sie sich zu viele Sorgen machen würde. Aber in Wahrheit fehlte sie mir schrecklich. Zu Hause hatte meine Mutter selbst Brot gebacken; morgens hatte ich es immer frisch, noch warm gegessen. In Senafe hingegen aß ich nur schlechtes gekauftes Essen.

Um meine Mutter zu besänftigen, versuchte ich, ihr zu erklären, dass ich durchhalten müsse, um meinen Traum, Kameramann zu werden, zu erreichen. Dafür sei es eben notwendig, allerlei Entbehrungen auf mich zu nehmen. Doch sie ließ nicht locker und bestand darauf, dass sie mir regelmäßig frische Semmeln und Injera, das eritreische Fladenbrot, nach Senafe bringen würde.

Meine Mutter war damals bereits gesundheitlich angeschlagen, und ich wusste, dass ihr der weite Weg schwerfallen würde. Ich versuchte deshalb, ihr mit allen Mitteln klarzumachen, dass ich meine neue Aufgabe allein würde meistern können. Und so kamen wir an diesem Tag überein, dass sie für mich eine große Ration Brot backen würde, die ich dann nach Senafe mitnehmen würde.

Am darauffolgenden Tag brach ich um vier Uhr morgens auf. Wieder lief und lief ich, viele Stunden lang. Meine Füße schmerzten wegen der schlechten Straßenbedingungen und meines schweren Gepäcks. Ich ging den ganzen Tag, bis es dunkel wurde und ich Angst bekam, von wilden Tieren angefallen zu werden. Irgendwann kam ich endlich in Senafe an und fiel todmüde in mein Bett.

Die Zeit verging wie im Flug. An den Wochenenden besuchte ich weiterhin meine Familie. Meine Mutter hatte niemals die Möglichkeit gehabt, einer Lohnarbeit nachzugehen. Sie war immer zu Hause, umsorgte uns Kinder, kochte und wusch die Wäsche. Meine Sorge um sie erhöhte meine Motivation noch weiter, gut und strebsam zu lernen. Da ich wusste, dass es in Eritrea keinerlei Unterstützung für alte Menschen gab, fasste ich den Vorsatz, später Geld zu verdienen und meine Familie zu unterstützen.

In Senafe konnte ich mich alles andere als frei bewegen, denn das Militär patrouillierte ständig in der Stadt. Ich hatte keinen Pass, und es hätte leicht passieren können, dass ich zu dem berüchtigten »National Service«, also dem Militärdienst, eingezogen wurde. So machte ich niemals lange Spaziergänge und konnte auch die wunderschöne Umgebung der Stadt nicht genießen. Man wusste nie, wann die Militärs auftauchen würden. Unwillkürlich drehte man sich jeden zweiten Moment um – es herrschte eine regelrechte Paranoia.

Ich spürte in Senafe zum ersten Mal in meinem Leben die Einschränkung der Meinungsfreiheit, die in Eritrea auch heute noch vorherrscht. Es war beklemmend und machte Angst, ständig Soldaten zu sehen und zu wissen, dass sie die Macht hatten, mich mitzunehmen und mir vorzuwerfen, etwas gegen das Regime gesagt zu haben.

In dieser Zeit dachte ich oft an meine liebe Schwester zurück. Sie war während meiner Schulzeit auf tragische Weise während der Flucht aus Eritrea gestorben. Meine Schwester war ein sehr guter Mensch gewesen, eine ausgezeichnete Schülerin und besonders fleißig. Sie schrieb großartige Gedichte und trug diese vor. Es beeindruckte mich als Kind ungemein, wie sie es mit Leichtigkeit schaffte, die Leute zum Lachen zu bringen.

Doch dann geschah das Unvermeidliche: Wie alle anderen Menschen in Eritrea wurde sie nach der elften Klasse zur Ausbildung in das Militärcamp Sawa berufen. Meine Schwester hatte den Plan zu heiraten, um der Einberufung zu entgehen. Nie hatte sie vorgehabt, eine Ehe einzugehen, aber nun tat sie es, um dem »National Service« zu entkommen. Der Mann, den sie heiratete, war beim Militär – so erhoffte sie sich, der Einberufung entgehen zu können. Sie sollte sich bitter täuschen. Der Militärdienst war auch für sie unvermeidlich. Sie wurde schwanger, gebar ein Kind und ließ es sechs Monate nach der Geburt bei meiner Mutter zurück. Dann ging sie aus Eritrea fort.

Mir, ihrem kleineren Bruder, hatte sie nichts davon erzählt, um mich nicht zu verletzen. Dann, eines Tages, es war ein Sonntag, bekamen wir die schreckliche Nachricht: Meine Schwester war bei ihrer Flucht im Fluss Tekeze, im Dreiländereck zwischen Eritrea, Äthiopien und dem Sudan, ertrunken. Das war im Jahr 2009 – ich war da gerade einmal zehn Jahre alt.

Selbst die Heirat und ihr Kind hatten meine Schwester nicht vor dem schrecklichen Militärdienst schützen können. Sie hatte keinen anderen Ausweg gesehen, als das Land illegal zu verlassen, und musste dies mit ihrem Leben bezahlen.

Mein Vater bekam die Hiobsbotschaft, als er gerade bei uns im Dorf den Gottesdienst vorbereitete. Er brach zusammen und musste von zwei Männern nach Hause gebracht werden. Ich schlief noch und wurde vom Weinen und Schreien meiner Eltern geweckt.

Es war eine schreckliche Zeit.

Ich konnte die Nachricht nicht fassen und weinte tagelang. Außer mir vor Schmerz, wusste ich zeitweise nicht einmal, wo ich war. Alles in mir sträubte sich dagegen, den Tod meiner lieben Schwester zu akzeptieren.

Dieser schwere Schicksalsschlag war der Grund dafür, dass mich meine Mutter unaufhörlich davor gewarnt hatte, von daheim wegzugehen, um den Beruf des Kameramanns zu erlernen. Sie wusste genau, dass es viel wahrscheinlicher war, vom Militär eingezogen zu werden, wenn man in einer Stadt lebte, als wenn man im Dorf blieb. Sie hatte unter keinen Umständen ein weiteres Kind verlieren wollen.

Am Ende der Ausbildungszeit in Senafe mussten wir eine Abschlussarbeit machen und haben zwei Tage lang einen Film gedreht. Ich war überglücklich. Außerdem hatte ich mittlerweile neue Freunde gewonnen. Zur Abschlussfeier lud ich meinen Vater ein. Da ich aufgrund der fehlenden technischen Möglichkeiten nicht zu Hause im Dorf anrufen konnte, musste ich wieder zurückkehren und ihn abholen. Alle in meiner Familie waren stolz, dass ich den Abschluss geschafft hatte. Bei der Feier in Senafe waren dann die Bürgermeister der umliegenden Städte und Dörfer versammelt, und wir bekamen unsere Urkunden überreicht.

Jeder, der den Abschluss geschafft hatte, sollte dann auf der Bühne ein paar Worte sagen und erklären, warum er oder sie den Beruf an der Kamera gewählt hatte. Ich kündigte allerdings noch vor der Feier an, dass ich nichts sagen würde; der Grund war einfach: Ich wusste bereits, wie leicht es passieren konnte, dass man wegen einer unbedachten Aussage ins Gefängnis kam. So nahm ich nur mein Zeugnis entgegen und reiste mit meinem Vater am Tag darauf ab. Ich war erleichtert und froh, nicht vom Militär eingezogen worden zu sein.

EXKURS:
WARUM FLIEHEN MENSCHEN AUS ERITREA?

Eritrea ist ein wunderschönes Land am Horn von Afrika. Seine Größe ist mit etwa 121.000 Quadratkilometern vergleichbar mit der Größe von Bulgarien. Das Land wird von etwas mehr als fünf Millionen Menschen bewohnt und grenzt im Nordwesten an den Sudan, im Süden an Äthiopien, im Südosten an Dschibuti und im Nordosten an das Rote Meer. Rund ein Viertel der Bevölkerung Eritreas konzentriert sich auf die Hauptstadtregion Asmara, die weiteren Städte des Landes sind deutlich kleiner.

Klimatisch ist Eritrea divers: Es reicht von der beinahe wüstenartigen Trockensavanne am Roten Meer über das niederschlagsreiche Hochland im Landesinneren, wo sich die meisten größeren Städte befinden, bis zum im westlichen Teil des Landes gelegenen Anteil an der Sahara.

Eritrea teilt mit den meisten Ländern Afrikas eine unheilvolle Geschichte von Kolonisierung und Unterdrückung durch die Europäer. So wurde das heutige Eritrea im Jahr 1890 zur italienischen Kolonie. Doch diese erste Phase europäischer Herrschaft dauerte nicht lange: Während des ersten italienisch-äthiopischen Krieges besiegte das Kaiserreich Abessinien, zu dem auch Eritrea gehörte, im Jahr 1896 in der Schlacht von Adua das Königreich Italien – das Land konnte seine Unabhängigkeit wiederherstellen.

Kaiser Menelik II. modernisierte das Land während seiner Herrschaft und erweiterte das Kaiserreich. Im Jahr 1923 wurde Äthiopien, neben Liberia und dem Königreich Ägypten der einzige unabhängige Staat Afrikas, in den Völkerbund aufgenommen. Kaiser Haile Selassie führte 1931 die erste Verfassung des Landes ein.

Nach dem Überfall des faschistischen Italiens auf Äthiopien erlebte das Land seine zweite Phase der Kolonisierung. Abessinien, und somit auch das heutige Eritrea, wurde im Jahr 1936 in das neu gegründete Italienisch-Ostafrika eingegliedert und stand somit unter der Kontrolle Roms.

Im Zuge des Zweiten Weltkriegs erkämpfte sich Großbritannien die Vorherrschaft in der Region. Das heutige Eritrea stand somit ab dem Jahr 1941 unter britischer Militärverwaltung und wurde im Jahr 1947 – nach der formellen Aufgabe Eritreas durch Italien – britisches Mandatsgebiet.

Nach dem Zweiten Weltkrieg setzte sich Eritreas lange und konfliktreiche Geschichte mit dem großen Nachbarn Äthiopien fort: Der mächtige äthiopische Kaiser Haile Selassie hatte sich zwar große Verdienste im antikolonialen Kampf gegen die faschistische Besatzung durch die Italiener erworben, doch nach einem Votum der Vereinten Nationen aus dem Jahr 1952, das eine Föderation der Provinz Eritrea mit dem Kaiserreich Abessinien vorsah, wurden die politischen Rechte der eritreischen Bevölkerung systematisch ausgehöhlt. Im Jahr 1961 wurde Eritrea durch die (Selbst-)Auflösung des eritreischen Parlaments von Äthiopien annektiert.

Danach folgte der entbehrungsreiche, dreißig Jahre andauernde Kampf des eritreischen Volks um Unabhängigkeit und Selbstbestimmung.[2] Besonders interessant an diesem Befreiungskampf ist meiner Ansicht nach die Analyse des Aufstiegs und der Pervertierung von ursprünglich sozialistischen, nach Freiheit und Gerechtigkeit strebenden politischen Bewegungen. Ich möchte das näher erklären:

Bereits im Jahr 1952 begann in Eritrea der Widerstand gegen den äthiopischen Kaiser Haile Selassie. Ab den späten 1960er-

38

Jahren wurde der Widerstand gegen den autoritären und despotischen Kaiser in erster Linie von der gesamtäthiopischen sozialistischen Bewegung getragen, auch MEISON genannt. Die MEISON wurde im Wesentlichen von sowohl in Addis Abeba, der Hauptstadt Äthiopiens, als auch in Europa und Nordamerika lebenden Studenten und Studentinnen gegründet und reihte sich in ihrer Programmatik in die Zielsetzungen der linken antikolonialen Befreiungsbewegungen ein.

Das feudale System von Kaiser Selassie sollte überwunden werden. Vorrangig ging es um Freiheit und Gerechtigkeit, um eine grundlegende Bodenreform, die den armen Bäuerinnen und Bauern zugutekommen sollte, sowie um bessere Bildungschancen für die Jugend.

Am 12. September 1974 gelang das Unwahrscheinliche: Kaiser Haile Selassie wurde gestürzt. Im März 1975 war die Monarchie Geschichte. Äthiopien – und mit ihm das angegliederte Eritrea – wurde zu einer sozialistischen Volksrepublik, und der sogenannte »Derg« – eine von der Sowjetunion unterstützte Militärjunta – übernahm die Macht. Anführer der Derg war der charismatische, aber gefürchtete Mengistu Haile Mariam. (Er regierte Äthiopien bis 1991.) Doch statt eine Gesellschaft zu etablieren, in der die selbst proklamierten Ziele von Freiheit, Gerechtigkeit und Solidarität verwirklicht wurden, errichtete der Derg eine brutale Gewaltherrschaft.

Die Zeit des sogenannten »Roten Terrors« begann, und Äthiopien sowie das angegliederte Eritrea versanken in einer blutigen Diktatur. Obwohl der Derg behauptete, eine klassenlose Gesellschaft ohne jede Herrschaft errichten zu wollen, wurden Zehntausende Oppositionelle und Gegner des Regimes verhaftet, gefoltert und exekutiert. Besonders tragisch ist, dass jegliche

Versuche, in Äthiopien und Eritrea ein sozialistisches System einzuführen, ihr Ziel verfehlten und zu blutigen Diktaturen führten.

Der weltbekannte äthiopische Regisseur Haile Gerima hat das Scheitern des äthiopischen Sozialismus in seinem Spielfilm »Teza« thematisiert. Darin legt er ein eindrucksvolles Zeugnis über die Zeit der kommunistischen Derg-Regierung ab.[3]

Kurz gesagt: Die Revolution fraß ihre Kinder, und der Derg begann, mit brutalen Methoden zu herrschen. Seine Gewalt richtete sich gegen viele Revolutionäre aus den eigenen Reihen. Die Folge war, dass sich vor allem in den Regionen Tigray und in Eritrea bewaffneter Widerstand formierte.

Im Jahr 1988 gelang es eritreischen Guerilla-Kämpfern bei der berühmten Schlacht von Afebet – einer der größten militärischen Auseinandersetzungen, die jemals auf afrikanischem Boden stattgefunden haben –, einen legendären Sieg über die zahlenmäßig massiv überlegenen Äthiopier zu erringen.[4]

Mit dieser Schlacht wendete sich das Blatt: Im Jahr 1991, bald nachdem die Sowjetunion ihre Finanzhilfen für Mengistu eingestellt hatte, konnte der Derg entmachtet werden. Eritreische Befreiungskämpfer leisteten einen großen Beitrag zur Überwindung des Regimes.

Meles Zenawi, der in jungen Jahren die Volksbefreiungsfront von Tigray (TPLF) angeführt hatte und der ab 1989 ein breites Bündnis äthiopischer Oppositionsgruppen anführte, gelang mit der Unterstützung der eritreischen Guerilleros im Mai 1991 der lang ersehnte Sturz des Mengistu-Regimes.

Der Krieg hatte 200.000 Tote gefordert, die einerseits der Waffengewalt, andererseits dem mit dem Krieg einhergegangenen Hunger zum Opfer gefallen waren.

Mengistu floh nach Simbabwe, wo er heute noch lebt, ohne für seine furchtbaren Verbrechen zur Verantwortung gezogen worden zu sein. Doch die neuen Herrscher in Addis Abeba brachten keine Verbesserung: Ohne den Beitrag der eritreischen Kämpfer für die Überwindung des Derg-Regimes zu würdigen, hielten sie Eritrea weiterhin unter ihrer Kontrolle.

Obwohl sich auch diese Regierung als demokratisch-sozialistisch bezeichnete, gab es weder Demokratie noch Gerechtigkeit. Trotz des Sturzes von Mengistu wollte der neue äthiopische Präsident Meles Zenawi Eritrea nicht in die Unabhängigkeit entlassen. So kämpfte Eritrea weiterhin um Selbstbestimmung.

Im eritreischen Befreiungskampf spielte ein Mann mit dem Namen Isayas Afewerki eine maßgebliche Rolle. Er wurde im Jahr 1969 zum Oberbefehlshaber der Eritreischen Befreiungsfront (ELF) ernannt, der damals wichtigsten Guerilla-Armee im Kampf gegen den zu dieser Zeit noch herrschenden Kaiser Selassie von Äthiopien. Afewerki vereinte in seiner Person seit jeher ein außergewöhnliches Führungstalent, Charisma, militärische Kompetenz und Durchsetzungsvermögen.

Kurze Zeit später befehligte Afewerki die eritreische Volksbefreiungsfront EPLF, die im Jahr 1970 aus einer Spaltung mit der ELF hervorging und die fortan den Ton im Kampf um die Unabhängigkeit angab. 1988 begann die EPLF ihre Offensive in Richtung Äthiopien. Zusammen mit der Volksbefreiungsfront von Tigray, TPLF, hatte Afewerki einen wesentlichen Anteil am Sturz des Regimes von Mengistu.

Am 24. Mai 1991 nahm die EPLF dann auch Eritreas Hauptstadt Asmara ein und beendete damit den Unabhängigkeitskrieg. Genau zwei Jahre später, am 24. Mai 1993, löste sich Eritrea auch formell endlich von Äthiopien los, nachdem bei einer durch die

Vereinten Nationen überwachten Volksabstimmung eine große Mehrheit der eritreischen Bevölkerung für die Unabhängigkeit gestimmt hatte.

Eritrea war somit eines der letzten Länder Afrikas, die sich von einer ausländischen Besatzung befreiten. Der Jubel in Asmara war gigantisch.

Doch in den letzten dreißig Jahren wandte sich die Politik im nun unabhängigen Eritrea immer mehr gegen das eigene Volk. Isayas Afewerki, der zu Beginn als Freiheitsheld gefeiert worden war, wurde immer mehr zu einem brutalen Diktator.[5]

Schon im Jahr 1998 war es mit dem Frieden zwischen Eritrea und Äthiopien vorbei – ein absurder Territorialkrieg um das Grenzstädtchen Badme, der insgesamt 80.000 Tote fordern sollte, entbrannte. 2002 sprach ein internationales Schiedsgericht Badme Eritrea zu, aber Äthiopien akzeptierte den Entscheid nicht. Eine Periode des Kalten Krieges begann. Afewerki benutzte die Bedrohung durch Äthiopien, um den berüchtigten Militärdienst, der bisher achtzehn Monate betragen hatte, für unbefristet zu erklären, schaltete die freie Presse aus und ließ Regimekritiker verhaften.

Im November 2019 erklärte der eritreische Informationsminister Yemane Gebremeskel, dass der Militärdienst wieder auf die ursprünglichen achtzehn Monate zurückgestuft werden sollte. Doch solche Ankündigungen waren schon früher gemacht worden. Von einer Lockerung der Repression ist bis jetzt nichts zu spüren.

So wichtig und heldenhaft sein Einsatz für die Unabhängigkeit Eritreas auch gewesen war – zunächst im Kampf gegen Kaiser Haile Selassie, dann gegen Mengistu und den »Roten Terror« und schließlich gegen Meles Zenawi –, so schlimm war es für die eritreische Bevölkerung, festzustellen, dass auch Afewerki die sozialistischen Ideale missbrauchte und eine Schreckensherrschaft aufbaute.

Heute ist Eritrea eine der schlimmsten Diktaturen der Welt und wird zu Recht als »Nordkorea Afrikas« bezeichnet. Ich durfte zu keinem Zeitpunkt frei meine Meinung sagen. Solange diese Diktatur an der Macht ist, herrscht keine Freiheit – nur politische Unterdrückung und Armut. Afewerki möchte mit allen Mitteln an der Macht bleiben. Und weil er Angst vor einem Regierungswechsel hat, unterdrückt er jegliche andere Meinungen. Die Gesetze formt er nach seinem Willen. Kaum jemand in Eritrea erwartet noch Gutes unter seiner Herrschaft.

Deswegen floh ich in andere Länder, auf der Suche nach Freiheit. Ich hatte keine Möglichkeit, in Eritrea meine Wünsche zu verwirklichen oder mir dort eine Zukunft aufzubauen.

Seit ich geboren bin, sehe ich immer nur Leiden unter dieser Macht. In meiner geliebten Heimat zu leben heißt, sein Leben zu verlieren. Familienväter, Mütter und ihre viel zu jungen Kinder werden ins Militär gezwungen. Die eritreische Regierung sperrt die Menschen nicht nur in Gefängnisse, sondern auch in Arbeitslager. Wer in Eritrea eine andere Meinung vertritt als die der Regierung, wird ins Gefängnis gebracht und verbringt sein restliches Leben in Fesseln. Sogar viele ehemalige Weggefährten des Präsidenten Afewerki wurden einfach weggesperrt.

Unzählige junge Menschen sind in den zahlreichen Gefängnissen des Landes. Sie sehen ihre Familien oftmals nie wieder und leben unter schrecklichen Bedingungen. Die Familien wissen oft nicht, wie es Müttern, Vätern, Söhnen oder Töchtern geht. Sie bringen ihnen Lebensmittel und Geld zu den Gefängnissen, damit sie nicht verhungern, dürfen ihre Verwandten aber nicht sehen. Oft werden die Lebensmittel und Geschenke, die

die Verwandten bringen, nicht weitergegeben, sondern von den Wärtern einbehalten. Viele Gefangene sterben an den schrecklichen Haftbedingungen.

Ich frage mich so oft, wie es nach dem Unabhängigkeitskrieg so weit kommen konnte. Die Unabhängigkeit von Äthiopien im Jahr 1993 war ein großer Erfolg, und es gab so viel Hoffnung. Doch seither fanden keine freien Wahlen statt. Warum werden Menschen noch immer eingesperrt? Wieso können sie nicht frei leben in ihrem Land, nach diesem langen und entbehrungsreichen Krieg? Warum dürfen die jungen Menschen in Eritrea nicht über ihr eigenes Schicksal entscheiden? Wenn man keine Freiheit bekommt, ist es nur logisch, dass man flieht und sein Glück in anderen Ländern sucht.

Es stimmt zwar, dass nicht alles schlecht ist in Eritrea. Die HIV-Rate sowie die Mütter- und Säuglingssterblichkeit sind niedrig. Obwohl Eritrea ein sehr armes Land ist, gibt es zumindest in den Städten kostenlose Gesundheitsgrundversorgung. Die Minister und der Präsident leben nicht in dekadentem Saus und Braus, wie das in vielen anderen Ländern der Fall ist. Konflikte zwischen Ethnien und zwischen den Religionen existieren kaum.

Junge Menschen können sich in Eritrea aber nicht frei entwickeln – das Militär ist keine gute Schule. Die Dinge, die junge Menschen dort erlernen, sind grauenvoll. Die Gewalt, die an jungen Mädchen während des Militärdienstes verübt wird, ist schrecklich. Es kommt zu Vergewaltigungen, dabei sind es vor allem Angehörige höherer Dienstgrade, die die Frauen missbrauchen, und sie haben keine Möglichkeit, sich dagegen zu wehren. Wehrdienstverweigerer werden geschlagen oder getötet. Ich fordere die bedingungslose Einhaltung der Menschenrechte in meinem Land.

Leider wissen nicht viele Menschen in westlichen Ländern, warum so viele Jugendliche aus Eritrea fliehen. Ich möchte es in diesem Buch allen erklären! Niemand verlässt aus Jux und Tollerei sein Land. Der Zwang zum Militärdienst ist der wichtigste Grund, aber auch die fehlende Meinungsfreiheit, die ständige Gefahr, eingesperrt zu werden, und die Not und das Elend in unserem Land.

Äthiopiens Premierminister Abiy Ahmed, der sogar mit dem Friedensnobelpreis ausgezeichnet wurde, ist es zu verdanken, dass sich die Lage in der Region etwas entspannt hat. Doch auch nach dem berühmten Friedensabkommen zwischen Eritrea und Äthiopien vom Sommer 2018, auf das die Öffnung der Grenzen zwischen den beiden Staaten folgte, scheint sich in Eritrea die Lage nicht wirklich zu verbessern.[6]

Afewerki bleibt bei seinem paranoiden Kurs. Bereits im Dezember 2018, nur fünf Monate nach dem historischen Friedensabkommen, begann Eritrea damit, die ersten Grenzübergänge zu Äthiopien wieder zu schließen – ohne Angabe von Gründen. Im März 2019 wurde die Abriegelung der Grenze immer lückenloser, seit April sind alle Grenzübergänge wieder geschlossen. Vielfach wird diese neuerliche Grenzschließung vor allem als Zeichen der Angst aufseiten der eritreischen Führung interpretiert, da sie ein Überschwappen von Protestwellen aus den Nachbarländern fürchtet.

Vor allem nach dem Sturz des brutalen Al-Bashir-Regimes im Sudan fürchtet Afewerki, dass er der Nächste sein könnte, der durch eine dynamische soziale Bewegung vom Thron gestoßen werden könnte.

Freiheit bedeutet, dass jeder ohne Probleme seine eigene Meinung äußern kann. Freiheit bedeutet, dass sich jeder Mensch, sei es auf dem Land oder in der Stadt, angstfrei bewegen kann. Alle politischen Gefangenen müssen befreit werden, eine neue Regierung muss demokratisch gewählt werden.

Doch Eritrea belegt seit fünfzehn Jahren einen der letzten drei Plätze auf der Rangliste der Pressefreiheit von »Reporter ohne Grenzen«. In der Ausgabe des internationalen Rankings vom Mai 2019 schnitten nur Turkmenistan und Nordkorea schlechter ab.

Seit 2001, also nur zwei Jahre nach meiner Geburt, gibt es in Eritrea keine unabhängigen Medien mehr. Im Zuge einer politischen Säuberungsaktion schloss die Regierung damals alle nichtstaatlichen Medien und inhaftierte zahlreiche Journalistinnen und Journalisten. Einzig die Staatsmedien dürfen seither Nachrichten verbreiten, doch auch sie sind streng zensiert. Ich habe also praktisch niemals in meinem Leben erlebt, dass es in Eritrea freie Meinungsäußerung gab.

Es gibt kaum Nichtregierungsorganisationen, nur die Regierungspartei und eine einzige von der Regierung kontrollierte Zeitung. Das Rote Kreuz hat nicht das Recht, Gefangene zu besuchen, wie das normalerweise üblich ist. Dazu kommt, dass der Internetzugang sehr eingeschränkt ist.

Freie Wahlen sind nicht existent. Isayas Afewerki, der mittlerweile 73 Jahre alt ist, hat auch nicht im Geringsten vor, in Zukunft Wahlen oder andere Parteien zuzulassen. Eine Verfassung wurde zwar schon im Jahr 1997 geschrieben, sie trat aber nie in Kraft. Präsident Afewerki bezieht seine Legitimität vor allem aus seiner Rolle als Guerilla-Führer. Doch diese Legitimität ist längst verblasst.

ERSTE ETAPPE IN MEIN NEUES LEBEN

Am frühen Morgen des zweiten Januars 2014 erreichte ich gemeinsam mit meinem Cousin Äthiopien. Unser Weg führte uns durch die Berge nach Süden. Sowohl mein Heimatort Bihat als auch Senafe, die Stadt, in der ich meine Ausbildung zum Kameramann absolviert hatte, liegen nahe der Grenze – deshalb gelang es uns, die Berge, die Eritrea von Äthiopien trennen, in einer Nacht hinter uns zu lassen.

Von meinen Fluchtplänen hatte ich zu Hause kein Wort gesagt. Ich hatte behauptet, dass ich zur Schule gehen würde, um meine Mutter nicht zu verletzen. Mit 500 Nakfa in der Tasche, umgerechnet heute etwa 30 Euro, die mein Cousin vorsorglich organisiert hatte, damit wir uns unterwegs etwas zu essen kaufen konnten, war ich auf und davon.

Ich war glücklich, dass mir auf der Flucht durch das Gebirge nichts passiert war und ich es geschafft hatte, Eritrea hinter mir zu lassen. Wo wir uns genau befanden, wussten wir nicht. Das Einzige, was wir wussten, war, dass wir die Grenze überquert hatten. Wir hatten keine Ahnung, in welche Richtung wir nun weiterlaufen sollten.

Zu unserem großen Unglück entdeckten uns äthiopische Soldaten, die die Berge mit Ferngläsern kontrollierten. Sie nahmen uns fest, und wir mussten ihnen mit erhobenen Händen bergauf zu ihrem Stützpunkt folgen.

Dieser war gut getarnt, und man hatte einen guten Blick über die Berge. Wir bemerkten, dass es hier sehr viele Soldaten gab, deren Unterkünfte unter der Erde versteckt waren. Wir wurden komplett durchsucht. Anhand der Fotos, die ich als Erinnerung dabeihatte, erkannten die Soldaten bald, aus welcher Region in Eritrea ich stammte.

Als sie sich untereinander berieten und auf einer Karte auf unser Land zeigten, wurde mir mit einem Mal klar, dass ich wahrscheinlich nie wieder in meine Heimat zurückkehren würde. Mit einem Mal bekam ich großes Heimweh. Unser Geld wurde uns von den Soldaten erst einmal weggenommen. Dann gab es Frühstück für alle, doch wir bekamen nichts, obwohl wir großen Hunger hatten. Später brachen wir mit einer Gruppe Soldaten zu Fuß in die kleine Grenzstadt Zela Ambesa auf. Das war anstrengend für uns, und vor lauter Durst vergaßen wir bald unseren Hunger.

»Bitte, ich verbrenne, können wir irgendwo Wasser besorgen?«, bat ich die Soldaten.

Vergebens – wir mussten einfach weiterlaufen.

Sie nahmen uns Gürtel und Schuhe weg, sodass wir unsere Hosen festhalten mussten und nicht weglaufen konnten. Der Boden war sehr felsig, und unsere Füße taten bald fürchterlich weh. Die herumliegenden Nadeln der Bäume bohrten sich in unsere Füße, und sie begannen zu bluten. Niemand kümmerte sich um unser Leiden.

Nach vier Stunden Marsch erreichten wir Zela Ambesa. Dort brachte man uns zur Polizei, die uns in einen Raum sperrte, in dem schon viele andere Menschen ausharrten. Wir erfuhren, dass manche hier schon seit Wochen eingesperrt waren.

Es gab keine Toilette, sondern nur einen Eimer, und es stank furchtbar. Diese Zustände erschreckten mich sehr. Alles, was wir zu essen bekamen, waren eine trockene Semmel und etwas Tee. Weil wir Hunger hatten, fragten wir nach dem Geld, das uns die Polizisten weggenommen hatten. Zunächst wollten sie es uns nicht geben, aber nachdem wir darauf bestanden, willigten sie ein, es in äthiopische Währung umzutauschen. Die Polizisten betrogen uns allerdings, denn sie tauschten es zu einem sehr schlechten Kurs um.

Alle eritreischen Flüchtenden, die in dem Raum eingesperrt waren, waren sehr hungrig, daher bestachen wir die Wachen, damit sie uns Essen brachten. Auf diese Weise gaben wir unser ganzes Geld aus – wir hatten keine andere Wahl. Wir aßen gemeinsam aus einer Schüssel, obwohl sich niemand vorher die Hände gewaschen hatte. Letztendlich wurden alle satt. Von daheim waren wir es gewohnt, gemeinsam zu essen, und es war für uns völlig normal, uns auf der Flucht gegenseitig zu helfen– deswegen machten wir das gern. Niemand von uns hätte allein essen wollen, wenn gleichzeitig andere nur zuschauen durften und Hunger litten. Das wäre nicht richtig gewesen. Ohne wechselseitige Hilfe und Solidarität hätte außerdem niemand von uns die Flucht überstanden.

In dieser Nacht mussten wir wie Sardinen aneinandergedrängt schlafen. Der Raum war dermaßen überfüllt, dass die äthiopische Lagerleitung am darauffolgenden Tag beschloss, mich, meinen Cousin und einige andere Flüchtende an einen anderen Ort zu verlegen.

Mit einem Jeep brachte man uns zunächst in die etwa 35 Kilometer südlich liegende Stadt Adigrat, wo wir eine Nacht blieben. In der Polizeistation mussten wir ohne Decken nur auf ganz dünnen Matratzen auf dem Betonboden schlafen und froren dabei entsetzlich.

Am nächsten Morgen ging es um sechs Uhr weiter, und wir mussten wieder in einen Jeep steigen. Wir waren an die zwanzig Leute, und es war unglaublich eng. Wir saßen dicht an dicht gedrängt. Die Luft war sehr schlecht. Einer der Gefangenen ertrug das nicht und musste sich nach einer Stunde übergeben. Daraufhin wurde die Luft natürlich noch unerträglicher. Uns wurde allen schlecht. Einer nach dem anderen übergab sich. Ich selbst hielt lange durch und versuchte, durch meine Kleidung zu atmen. Irgendwann wurde auch mir speiübel. Ich hatte zwar nichts gegessen, musste aber ebenfalls würgen. Meine Nachbarin übergab sich auf meine Kleidung, sodass mir nichts anderes übrig blieb, als sie auszuziehen.

So fuhren wir den ganzen Tag lang, bis wir das Flüchtlingslager Endabaguna erreichten. Später erfuhr ich, dass dieser Ort weithin bekannt ist: Ein Erstaufnahmezentrum, von dem aus viele Flüchtende aus Eritrea auf andere Camps im Land verteilt werden. Man brachte uns zu einem umzäunten Platz, der teilweise überdacht war. Hier wurden schon sehr viele Eritreer festgehalten. Insgesamt waren wir wohl 4.000, wenn nicht sogar 6.000 Menschen.

Niemand durfte die große Halle verlassen, in die wir hineingetrieben worden waren. Bewaffnete Soldaten bewachten den Ort. Die Versorgung war sehr schlecht. Jeder musste warten, bis er aufgerufen und weggebracht wurde. Mit großem Schrecken stellte ich fest, dass es Flüchtende gab, die bereits seit über einem Jahr in diesem Lager festsaßen.

Es machte mir große Angst, wie die Menschen hier behandelt wurden. Aufgrund der Tatsache, dass so viele hier zusammen eingesperrt waren, kam es unter ihnen oft zu Gewalt und Verletzungen. Ich hätte gern meine Kleidung gewechselt, hatte aber nur das, was ich am Leib trug. Um die Kleider zu waschen, fehlte es an ausreichendem Wasser.

Für die Nacht brachte man uns in ein anderes Haus, das an das große Gebäude grenzte. Dort war es sehr eng, und wir waren dazu verdammt, buchstäblich übereinanderzuliegen. Es gab weder Matratzen noch Decken. Diejenigen, die keinen Platz zum Schlafen fanden, mussten sich an Türen und Wände lehnen.

Obwohl die Bedingungen in Endabaguna so hart und unmenschlich waren, trug mich in diesen ersten Wochen meiner Flucht die Hoffnung auf ein besseres Leben. Ich war mir sicher, dass ich die Torturen in diesem Lager bald überstanden hätte. Obwohl noch die Sahara und Libyen vor mir lagen, sah ich mich schon in Europa. Bald sollte ich jedoch erfahren, dass der Weg dorthin viel länger, entbehrungsreicher und qualvoller sein würde, als ich es hier in diesem äthiopischen Lager annahm.

In Endabaguna herrschte militärischer Drill: Jeden Morgen um sechs Uhr wurden wir nach draußen gebracht und mussten uns in Zweierreihen aufstellen, damit durchgezählt werden konnte. Viele Inhaftierte versuchten bei dieser Gelegenheit zu fliehen. Die bewaffneten Soldaten, die vor und hinter uns standen, hielten sie aber auf und schlugen sie mit Stöcken.

Tag für Tag führte man uns auf den großen Platz vor der Halle, wo es jeden Morgen dasselbe Frühstück gab: eine trockene Semmel und einen ungesüßten Tee, der nach nichts schmeckte. Nicht wenige Insassen wurden von diesem Essen krank. Die Sonne stach den ganzen Tag auf uns herab. Die Überdachung reichte nicht für uns alle, sodass viele Menschen in der heißen Sonne sitzen mussten.

Es gab zu wenig Wasser für alle – viele kollabierten deshalb. Auch ich hatte nicht genug Kraft, um mich durchzusetzen und mir einen Platz im Schatten zu erkämpfen. Meine Kleidung war mir schnell zu warm, deshalb behielt ich nur Unterhemd und kurze Hose an und »bastelte« mir aus den restlichen Kleidungsstücken einen Sonnenschutz, den ich auf dem Kopf trug.

Diejenigen, die den ganzen Tag über in der prallen Sonne verbringen mussten, waren völlig ausgetrocknet und stürzten sich auf jegliche Wasserreserven, die sie bekommen konnten. Da das Wasser aber meist sehr dreckig war und wir überhaupt nicht wussten, woher es kam, wurden viele davon krank.

Es war ein menschenunwürdiges Leben!

Während der Zeit im Camp betete ich häufig zu Gott, damit er mich von diesem schrecklichen Leben erlösen möge. Ich verstand nicht, warum er solche Qualen zuließ. Hier gab es für alle Menschen nur vier Toiletten, die immer dreckig und verstopft waren.

Nach Zahlen des UN-Flüchtlingswerks hielten sich im Juni 2013, also rund ein halbes Jahr vor meiner Ankunft, mehr als 70.000 Flüchtende aus Eritrea in Äthiopien auf. Die allermeisten, die aus Eritrea nach Äthiopien fliehen, kommen hier an und werden nach einer mehr oder weniger langen Wartezeit auf verschiedene andere Camps verteilt.

Und so erging es auch mir.

Am fünften Tag nach meiner Ankunft wurde ich aus dem Lager herausgeholt. Die Polizisten brachten mich in einen anderen Raum und stellten mir unzählige Fragen. Sie wollten genauestens wissen, warum ich hier war und wohin ich gehen wollte.

Nach dem Ende der Befragung hoben mich die Soldaten auf die Ladefläche eines Lkws, auf dem schon achtzig oder hundert andere Menschen warteten. Mit diesem völlig überladenen Lkw, der normalerweise zum Transport von Baumaterialien diente, fuhren wir los. Es war offensichtlich, dass die äthiopischen Soldaten nicht im Traum daran dachten, uns freizulassen. Ich musste mich also darauf einstellen, noch längere Zeit in Äthiopien festgehalten zu werden.

Mit der Zeit wurde die Landschaft um uns immer bergiger – doch wohin man uns eigentlich brachte, wusste niemand.

Weil die Ladefläche schrecklich überfüllt war, saßen die Menschen auch auf dem Dach der Fahrerkabine und auf den Seitenwänden. Mir war es in der Mitte viel zu eng, und die Leute um mich herum übergaben sich, weshalb ich versuchte, auf die hintere Ladeklappe zu klettern, um frische Luft zu bekommen. Dort stank es aber fürchterlich nach Abgasen, und ich saß in den Staubwolken, die die Reifen auf dem lehmigen Boden aufwirbelten.

Manchmal fuhren wir so schnell durch die Kurven, dass sich der Lkw auf bedrohliche Weise neigte und fast umkippte. Auf der einen Seite der unbefestigten Straße ging es sehr steil bergab, und wir befürchteten schon, von der Straße abzukommen, weil der Fahrer so schnell fuhr. Ich musste mich sehr gut festhalten, um nicht das Gleichgewicht zu verlieren und in die Tiefe zu stürzen. Wer hätte mich in diesem einsamen Gebirge gefunden und gerettet?

Nach etwa eineinhalb Stunden erreichten wir ein Camp mit vielen Zelten. Wir hatten die Fahrt lebend überstanden. Obwohl vollkommen unklar war, was nun auf uns zukam und wie lange man uns hier festhalten würde, war ich sehr froh, dass wir nicht mehr in Endabaguna ausharren mussten. Obwohl es schon dunkel war, mussten wir absteigen und uns selbst einen Platz zum Schlafen suchen. Alles, was wir bekamen, war eine Karte, mit der man sich etwas zu essen holen konnte.

Einige von uns wurden direkt am Lkw von ihren Bekannten abgeholt. Ich jedoch wusste nicht, wohin ich gehen sollte, und kannte hier auch niemanden. So lief ich zwischen den Zelten herum und suchte nach Menschen aus meiner Heimatregion. Doch leider fand ich niemanden, und so legte ich mich schließlich unter einen Baum und schlief ein.

Weil die Nacht sehr kalt war und ich entsetzlich fror, war ich am kommenden Morgen schon sehr früh wach, während alle anderen noch schliefen. Wie am vorhergehenden Tag lief ich weiter im Flüchtlingslager herum und versuchte, jemanden zu finden, den ich von zu Hause kennen könnte.

Gegen sieben Uhr morgens stieß ich dann auf eine orthodoxe Kirche und ging hinein, um zu beten. Mit der Zeit kamen immer mehr Menschen in die Kirche. Irgendwann sprachen mich ein Junge und ein Mädchen, die aus meiner Region stammten und die mich erkannten, an. Endlich vertraute Gesichter! Die beiden nahmen mich mit zu ihrem Zelt, und ich durfte bei ihnen schlafen. Wie erleichtert war ich, nicht mehr allein zu sein. Wir unterhielten uns lange. Als das Mädchen ihre Familienfotos hervorholte, erkannte ich auf einem der Bilder einen meiner Cousins.

Es stellte sich heraus, dass auch er in diesem Camp feststeckte. Am nächsten Morgen kam er vorbei, um mich zu sehen, und obwohl er mich nicht gleich erkannte, war die Wiedersehensfreude groß. Er begann sofort, ausführlich über das Camp und seine Erlebnisse hier zu erzählen. Er war etwas älter als ich und berichtete, dass er schon fast zwei Jahre hier sei. Die Entstehung dieses Camps habe er von Anfang an miterlebt. Zu Beginn, so berichtete er, sei auch er im Camp von Endabaguna untergebracht gewesen. Dort sei ihm dieselbe Behandlung wie mir widerfahren: Als das Camp aus allen Nähten geplatzt sei, habe man ihn zusammen mit vielen anderen Menschen an diesen Ort gebracht.

Damals, so erzählte er, lebte hier noch niemand. Es gab nur einen dürren Wald und ein ausgetrocknetes Flussbett. Die äthiopischen Soldaten gaben den eritreischen Flüchtenden einige wenige Baumaterialien, mit denen sie Hütten und Zelte errichten sollten, die am Ende nicht einmal für alle reichten. So schliefen in einem dieser Zelte manchmal mehr als zwanzig Menschen.

Die Flüchtenden lebten hier unter improvisierten Umständen – sich an diesem Ort eine Zukunft aufzubauen, war undenkbar. Viele waren obdachlos oder schliefen in Zelten oder Baracken, in denen sie ganz und gar nicht gegen die Witterung geschützt waren. An eine Arbeit, der die Menschen hätten nachgehen können, oder an eine Schule, die man hätte besuchen können, war nicht zu denken. So saßen die meisten den ganzen Tag lang nur herum, weil sie nichts zu tun hatten.

Das alles machte mir große Sorgen, und ich wusste, dass ich hier unter keinen Umständen bleiben konnte. Ich fragte mich, wo ich denn wohl hingehen müsse, um ein besseres Leben zu finden. Die Berichte meines Cousins machten mich so schwermütig und traurig, dass ich ihn nach einer Weile bat, mit dem Erzählen aufzuhören. Auch wenn all diese Informationen für uns sehr wichtig waren – ich konnte seinen Ausführungen nicht mehr länger zuhören. Wenn dieses Camp wirklich meine Zukunft bedeuten sollte, würde ich lieber sterben, als hier leben zu müssen.

Ich wollte doch nur frei sein! Mein Ziel war es, an einen sicheren Ort zu gelangen, an dem die Menschenrechte gewahrt wurden, an dem ich eine gute Ausbildung machen und glücklich sein konnte. Wie lange würde es dauern, so fragte ich mich, bis diese Wünsche, die wohl jeder Mensch teilte, in Erfüllung gingen?

Selbstverständlich entging es meinem Cousin nicht, dass ich mich schlecht fühlte, und er wollte mir helfen. Deshalb fragte er mich, ob er mir in der kleinen Steinhütte, die er sich gebaut hatte, Obdach geben sollte. Ich willigte ein. In der Hütte war es angenehmer, da sie sich untertags nicht so stark aufheizte wie die vielen Zelte. Ich war dankbar, bei ihm zu sein, und entschloss mich, erst einmal hierzubleiben.

Er teilte sein Essen mit mir, und nachts schliefen wir vor der Hütte, weil es drinnen zu heiß war. Morgens gingen wir gemeinsam zu einer Wasserstelle und holten Wasser. Neben dem Fluss war die Wasserstelle in den Boden gegraben worden, da niemand das Wasser direkt aus dem Fluss trinken wollte. Das durch den Boden gefilterte Wasser füllten wir mithilfe eines Bechers in einen Plastikkanister, den wir wiederum zu unserer Hütte schleppten, wo wir das Wasser an einer Feuerstelle kochten. Das dafür notwendige Feuerholz schlugen wir mit einer Axt aus dem nahe gelegenen Wald. Das fiel mir schwer, weil ich noch sehr geschwächt war. Da wir keine richtigen Schuhe hatten, bohrten sich die Nadeln der Bäume in unsere Sohlen. Dadurch entzündeten sich unsere Füße oft und begannen zu eitern, sodass wir nicht mehr laufen konnten.

Beim Fällen der Bäume kam es immer wieder zu Unfällen, aber die Verletzten konnten nicht medizinisch versorgt werden, weil man selbst in der Krankenstation keine Hilfe bekam. All das erinnerte an das berühmte Buch »Archipel Gulag« des russischen Schriftstellers Alexander Solschenizyn, in dem er das Leben in den Lagern Stalins beschreibt.

Doch nicht nur die Entbehrungen und die tödliche Lange-weile, die im Camp vorherrschten, quälten uns – es kam auch immer wieder zu Vergewaltigungen von Mädchen und Jungen. Weil es so heiß war, schliefen die Mädchen wie alle anderen unter freiem Himmel und waren somit ein leichtes Ziel für die Soldaten.

Nach etwa zwei Wochen wachte ich eines Morgens auf und musste plötzlich feststellen, dass mein Cousin nicht mehr da war. Er war weggegangen, ohne mir etwas davon zu erzählen. Erst von anderen Leuten erfuhr ich, dass er versuchen wollte, den Sudan zu erreichen. Wahrscheinlich hatte er Angst, dass ich ihn begleitet hätte, hätte er mir davon erzählt. Und als klei-ner Junge wäre ich ihm bei der gefährlichen Flucht wohl nur zur Last gefallen.

Da ich jedoch unter keinen Umständen in diesem Camp blei-ben wollte und mich so wie alle hier nach einer besseren Zu-kunft sehnte, beschleunigte das plötzliche Verschwinden mei-nes Cousins nur noch meinen Drang, von hier fortzukommen und Richtung Sudan aufzubrechen. Ich wusste bereits, dass es in unserem Camp Schlepper gab, die in der Lage waren, die Flucht zu organisieren. Mein Cousin hatte über Verbindungs-leute der Schlepper für mich bezahlt, und so konnte ich sicher sein, dass sie mich aus dem Lager bringen und in den Sudan schleusen würden.

Ich möchte davon absehen, dieses System der Geldüber-mittlung genau zu erklären, da ich niemanden in Gefahr brin-gen will. Ich möchte nur so viel sagen: Um flüchten zu können, musste ich mich auf Schlepperbanden einlassen. Ich hatte keine andere Wahl. Daran hat sich nichts geändert: Noch heute müs-sen sich viele Tausende Flüchtende aus Eritrea an Schlepper wenden, um das Land verlassen zu können. Wir tragen keine Schuld an den misslichen und oft gewaltvollen Verhältnissen auf den Fluchtrouten. Wer mit Schleppern reist, zu denen kein familiärer oder freundschaftlicher Kontakt besteht, wird an vielen Stationen der Flucht dazu gezwungen, Verwandte anzurufen, sei es in der Heimat oder im Exil. Diesen Verwandten wird über Verbindungsleute Geld abgepresst.

Gäbe es sichere Wege, Eritrea oder andere Länder, in denen die Menschenrechte verletzt werden, zu verlassen, müsste kein einziger Mensch mehr in der Wüste oder im Mittelmeer sterben. Schleppern, die ihre Macht missbrauchen und Menschen quälen und ihre Familien ausbeuten, wäre sofort jegliche Geschäftsgrundlage entzogen.

AUFBRUCH RICHTUNG SUDAN

Bereits wenige Tage, nachdem mein Cousin aufgebrochen war, holten die Schlepper abends, als es dunkel wurde, alle Menschen, die weggehen wollten, heimlich aus dem Camp und sammelten sie zunächst in einem tiefen, trockenen Flussbett, das man durch die vielen darin wachsenden Sträucher nicht einsehen konnte. Wir waren insgesamt an die 200 Menschen.

Als alle da waren und es völlig dunkel war, gingen wir los. Wir liefen in zwei Reihen durch den dichten Wald, um nicht gesehen zu werden. Alle wurden angewiesen, absolut leise zu sein. Ohne zu zögern, schlugen die Schlepper alle, die aus der Reihe traten oder miteinander sprachen. Das Unterholz war sehr dicht, sodass wir immer wieder Äste ins Gesicht bekamen oder in Dornenbüschen hängen blieben, bis wir völlig zerkratzt waren. Die Nadeln der Bäume bohrten sich in unsere Füße.

Nach ungefähr einer Stunde erreichten wir einen Lkw, der auf der gegenüberliegenden Seite eines Flusses versteckt war. Um ihn zu erreichen, mussten wir zuerst den Fluss durchqueren. Obwohl uns die Schlepper gesagt hatten, dass dieser nicht tief sei, fürchteten sich viele von uns vor dem schnell fließenden Wasser.

Ich konnte ja nicht schwimmen, und allein das Geräusch des Wassers machte mir Angst. Weil ich mich zunächst weigerte, in den Fluss zu gehen, packte mich einer der Schlepper einfach an der Hand und zog mich hinein.

Das Wasser reichte mir bis zum Oberschenkel, und ich schaffte es, das andere Ufer sicher zu erreichen. Dort mussten wir alle auf den Lkw klettern. Der obere Teil der Ladefläche war mit Baumstämmen beladen, unter denen nur ein kleiner Raum von ungefähr eineinhalb Metern Höhe blieb. In diesen mussten wir uns dicht aneinandergedrängt setzen. Als alle eingestiegen waren, wurde die Lücke mit weiteren Baumstämmen verschlossen. Planen und Spanngurte hielten die Baumstämme an ihrem Platz.

Wir saßen in Reihen Rücken an Rücken mit dem Vordermann und hielten uns, so gut es ging, fest. Dennoch stießen sich viele den Kopf an und trugen Beulen davon. Wir konnten kaum atmen und versuchten, uns Luft zuzufächeln. Immer wieder wurden Menschen während der Fahrt ohnmächtig.

Wir sahen nicht, wohin wir fuhren, wussten nicht einmal die Himmelsrichtung. Alle hatten große Angst, nach Eritrea zurückgebracht zu werden. Unser Ziel war jedoch der Sudan. Wir waren dazu verdammt, den Schleppern zu vertrauen.

Wir fuhren die ganze Nacht hindurch. Um vier Uhr morgens, als es noch dunkel war, hielten wir an. Man gab uns die Anweisung, schnell und möglichst unauffällig in einen Bus umzusteigen. Für einen kurzen Moment konnten wir durchatmen und spürten wieder Leben in uns. Die Schlepper befahlen uns, uns zu beeilen – niemand durfte uns beobachten.

Auch in diesem Bus war es sehr eng und warm. Die Vorhänge waren zugezogen, und wir durften die Fenster nicht öffnen, damit uns niemand sehen konnte. Wer es trotzdem tat, wurde von den Schleppern umgehend mit einem Stock geschlagen.

So fuhren wir bis zum Nachmittag, bis wir schließlich auf eine Straßenkontrolle stießen. Die Straße war mit einer Schranke versperrt. An der Seite der Straße, im Schatten, saßen Wachposten mit Gewehren.

Wir bekamen die Anweisung, unsere Köpfe geduckt zu halten und still zu sein, sonst, so sagten die Schlepper, würden wir alle sterben.

Dann plötzlich geschah das Unfassbare: Der Fahrer stieg unvermittelt und ohne dass wir auch nur im Geringsten damit gerechnet hatten, mit voller Kraft auf das Gaspedal und durchbrach so die Schranke. Die Grenzwachen begannen, sofort zu schießen. Unzählige Kugeln durchschlugen den Bus – der Lärm war ohrenbetäubend. Wir gerieten in Panik. Neben mir wurden Menschen von den Kugeln zum Teil schwer verletzt. Nichtsdestotrotz raste der Busfahrer in etwa eine Stunde lang weiter und achtete nicht auf die Schmerzensschreie der Verletzten.

Es war eine wirklich apokalyptische Fahrt.

Schließlich hielten wir an einem Waldstück, wo schon zwei Männer auf uns warteten. Wir mussten wiederum schnell aussteigen und den Männern in den Wald folgen. Der Bus fuhr weiter, die Verletzten hingegen wurden einfach an der Straße zurückgelassen. Man überließ sie schlichtweg ihrem Schicksal. Auch im Wald drängten uns die Schlepper zur Eile. Wir waren verängstigt und panisch – viele stolperten über Wurzeln oder Äste.

Nach einer Viertelstunde erreichten wir ein Versteck in einer Senke. Wir hatten auf dem ganzen bisherigen Weg weder gegessen noch getrunken und waren sehr durstig, doch es gab hier kein Wasser. Die Schlepper sagten uns, dass wir hier warten sollten, und ließen uns allein. Sobald sie weg waren, machten wir uns auf die Suche nach Wasser, aber wir fanden nur eine alte Viehtränke mit verschmutztem Wasser.

Uns blieb nichts anderes übrig, als uns damit zufriedenzugeben. Als es dunkel wurde, kamen die Schlepper zu unserer

Überraschung mit drei Traktoren und Anhängern zurück. Damit fuhren wir auf steilen und holprigen Waldwegen weiter. Wir wurden von den Ästen der Bäume geschlagen, und immer wieder fielen Menschen hinunter. Dann wurde angehalten, bis alle wieder aufgestiegen waren. So fuhren wir bis drei Uhr morgens. Schließlich mussten wir wieder absteigen und zu Fuß weiterlaufen. Wir waren alle durstig und müde, durften aber keine Pause machen. Vor lauter Hunger begannen wir, Früchte von den Bäumen zu pflücken, die wir nicht kannten. Die Früchte waren trocken und verschlimmerten unseren Durst nur noch mehr.

Ich hatte meine Schuhe auf dem Weg verloren und lief nur mit meinen Socken. Die Steine und der Boden waren sehr heiß, und meine Füße taten weh. Streckenweise konnte ich nur noch auf einem Bein hüpfen. Gegen zehn Uhr morgens erreichten wir eine Ruine, in der wir uns den ganzen Tag über verstecken mussten.

Als die Schlepper gegangen waren, machten wir uns wieder sofort auf die Suche nach Wasser. Manche Menschen wurden vor Durst ohnmächtig. Meine Lippen waren aufgesprungen. Die Zunge klebte an meinen Gaumen. Nach zwanzig Minuten Suche fanden einige von uns eine Wasserstelle. Dort war ein Hirte, der ihnen einen Kanister lieh. Damit gelang es ihnen, das Wasser zur Ruine zu transportieren. Den Menschen, die ohnmächtig geworden waren, goss man etwas Wasser aufs Gesicht. Ihre Körper waren schon furchtbar heiß. Das Wasser half ihnen, wieder zu Kräften zu kommen.

Doch die Verschnaufpause nahm ein jähes Ende: Der Hirte, der uns zuvor noch geholfen hatte, hatte die Armee verständigt – und so sahen wir uns plötzlich einer Gruppe von äthiopischen Soldaten gegenüber, die uns sofort festnahmen. Wir versuchten zu fliehen – alle liefen in unterschiedliche Richtungen davon.

Die Soldaten eröffneten daraufhin das Feuer und verletzten viele von uns. Andere, die sich wegen der Schüsse auf den Boden geworfen hatten, wurden sofort festgenommen. Insgesamt schnappten die Soldaten neunundzwanzig von uns. Auch ich wollte weglaufen, wusste aber nicht, wohin. Außerdem hatte ich nicht genug Kraft und wurde ebenfalls festgenommen.

Die Soldaten banden uns die Hände hinter dem Rücken fest und nahmen uns Gürtel und Schuhe weg. So war jeder weitere Fluchtversuch unmöglich. In diesem Zustand mussten wir zu einem verlassenen Dorf laufen. Der Boden war sehr heiß und verbrannte meine bloßen Füße. Ich hatte mich an Steinen und Dornen verletzt, sodass meine Füße nun auch bluteten.

Ohne Gürtel rutschte meine Hose ständig nach unten. Mit nach hinten gefesselten Händen war es unmöglich, sie festzuhalten. Aus diesem Grund musste ich die ganze Zeit gebeugt laufen, um zu verhindern, dass sie ganz nach unten rutschte. Obwohl ich meine Hände kaum bewegen konnte, versuchte ich, in die Gesäßtaschen zu greifen und die Hose festzuhalten.

Der Weg war sehr beschwerlich, und mein Durst verschlimmerte sich immer weiter. Nach etwa einer Stunde erreichten wir ein Dorf mit einfachen Lehmhütten. Dort gab es einige Fässer mit altem Wasser, das die Hirten zurückgelassen hatten. Es war dreckig, doch wir hatten keine andere Wahl, als aus diesen Fässern zu trinken.

Weil mir die Hände noch immer auf den Rücken gefesselt waren, versuchte ich, die oberste Schicht Dreck zur Seite zu blasen und direkt aus dem Fass zu trinken. Die Mädchen aus unserer Gruppe, deren Hände nicht gefesselt worden waren, halfen uns, indem sie mir und den anderen Wasser ins Gesicht und über die Kleidung spritzten. Das kühle Wasser linderte unsere Schmerzen ein wenig. Als alle getrunken hatten, liefen wir noch einige Minuten weiter, bis wir eine Straße erreichten. Dort wartete bereits die Polizei mit einem Kleinbus auf uns.

Einem Mann aus unserer Gruppe gelang es, sich während des Einsteigens an die Seite zu drängen und wegzulaufen. Obwohl die Soldaten sofort auf ihn schossen, schafften sie es nicht, ihn zu treffen – er lief zickzack und warf sich immer wieder auf den Boden. Außerdem war es bereits etwas dämmrig. Wir taten unser Möglichstes, um die Soldaten vom Schießen abzuhalten, doch sie hörten nicht auf uns. Nach einer Weile erreichte der Flüchtende eine Senke und konnte dadurch entkommen.

Wir waren erschüttert und standen wie gelähmt da. Es blieb uns nichts anderes übrig, als den Befehlen der Soldaten Folge zu leisten und wieder in den Bus zu steigen. Es sprach sich herum, dass wir nun in ein Gefängnis in Gondar, der zweitgrößten Stadt Äthiopiens, gebracht werden sollten. Somit war mein erster Versuch, den Sudan zu erreichen, gescheitert.

Um sieben Uhr abends erreichten wir schließlich Gondar. Dort erwartete uns bereits die nächste böse Überraschung: Denn anstatt uns ins Gefängnis zu werfen, versuchten die Polizisten unverhohlen, uns an andere Schlepper zu verkaufen. Aber sie sollten sich damit verkalkulieren. Es stellte sich heraus, dass sie einen zu hohen Preis veranschlagten – der Schlepper, mit dem die Polizisten verhandelten, weigerte sich, die geforderte Summe zu zahlen.

Stattdessen riet er uns, in einem unbemerkten Moment wegzulaufen, damit sie uns später in der Stadt finden konnten. Da aber überall Polizisten mit Waffen standen, konnte zunächst niemand fliehen. Wenn nur jemand einen Schritt zur Seite machte, wurden sofort die Waffen entsichert. Jeder, der versucht hätte wegzulaufen, wäre sofort erschossen worden.

In der Zwischenzeit war der Schlepper in einen erbitterten Streit mit dem Polizisten geraten. Nach langem Hin und Her brachte man uns letztendlich doch ins Gefängnis. Die Polizisten waren wütend, weil sie nichts verdient hatten, und ließen ihre Wut an uns aus. Viele von uns wurden geschlagen. Die drei Mädchen, die bei uns waren, wurden von uns getrennt, während man die Männer und Jungen ins Gefängnis brachte.

Dort saßen wir nun unter verurteilten Verbrechern und Mördern. Das Gefängnis war überfüllt, und wir mussten über viele Menschen, die auf dem Boden saßen, steigen. Es stank ganz fürchterlich, und statt Toiletten gab es nur Plastikkanister, die vor Urin und Fäkalien überquollen.

An diesem Abend bekamen wir nichts zu essen. Die einheimischen Gefangenen bekamen ihr Essen von ihren Familien, aber diese teilten nicht mit uns. Allein der Geruch des Essens verschlimmerte unseren Hunger noch weiter. Wir erkundigten uns, ob man irgendwo etwas zu essen organisieren könne, mussten aber hören, dass man nichts bekam, wenn man keine Familie hatte, die einen unterstützte. Aus Verzweiflung kauften wir den anderen Gefangenen mit dem Geld, das wir noch übrig hatten, eine Schüssel mit Essen ab. Dieses Essen bestand aus Resten, die vom Boden aufgesammelt worden waren. Es war verdreckt und sicher nicht gesund, doch wir aßen es trotzdem.

In dem Raum, in dem wir gefangen gehalten wurden, gab es kein Licht, weswegen einige Männer Kerzen angezündet hatten. Das machte die stickige Luft im Raum noch unerträglicher.

Mir war enorm heiß – all diese Dinge wurden mir viel zu viel. Irgendwann konnte ich kaum noch atmen. Die anderen machten sich deswegen große Sorgen um mich und fächelten mir Luft zu. Als es mir immer schlechter ging, trommelten sie gegen die Tür und versuchten, die Wärter um Hilfe zu bitten. Die Wärter kamen zwar – doch statt mir zu helfen, entsicherten sie nur ihre Waffen und bedrohten uns.

Wir hätten ihnen viel Geld zahlen müssen, das wir nicht hatten, damit sie geholfen hätten. Gegen Mitternacht ging es mir wieder etwas besser, und wir lehnten uns zum Schlafen gemeinsam an die Wand – denn am Boden fanden wir keinen Platz mehr.

Mitten in der Nacht schreckte ich mit einem Mal hoch – mit Entsetzen stellten wir fest, dass jemand die Kleider eines Flüchtenden, der mit uns hier angekommen war, durchsuchte. Sofort war uns klar, dass es andere Gefangene waren, die uns bestehlen wollten.

Wir hatten unser Geld vorsorglich in einem sicheren Versteck in unseren Unterhosen vernäht. Der Mann, der angegriffen wurde, stieß die Diebe fort – dadurch kam es im Handumdrehen zu einem brutalen Streit.

Wir waren hoffnungslos in der Unterzahl und wurden von den anderen überwältigt. Viele von uns wurden geschlagen. Ein Junge wurde sogar mit einem Messer schwer verletzt. Durch unsere Schreie und den Tumult wurden die Wärter aufmerksam und öffneten die Türen. Ohne lange zu fackeln, schossen sie mit ihren Gewehren in die Decke.

Sofort war es still. Natürlich hatten sie keinerlei Interesse daran, zu erfahren, was eigentlich passiert war. Die restliche Nacht standen wir alle mit dem Rücken zur Wand, um sofort zu sehen, ob ein weiterer Angriff drohte. Den Jungen, der mit dem Messer verletzt worden war und der stark blutete, versuchten wir mit zerrissenen Kleidungsstücken zu verarzten.

Statt meine Flucht fortsetzen zu können, um endlich frei zu sein, saß ich nun also in einem äthiopischen Gefängnis, zusammengepfercht mit gewöhnlichen Dieben und Verbrechern, vor deren Gewaltbereitschaft wir nicht sicher waren. Hätte ich damals geahnt, dass das erst der Anfang meiner Odyssee sein sollte, hätte ich vielleicht davor zurückgeschreckt, Eritrea zu verlassen. Aber welche Wahl hatte ich denn? Sollte ich mein ganzes Leben in der eritreischen Diktatur fristen? Die Qualen der Flucht waren schlimm, doch beim eritreischen Militärdienst traumatisiert zu werden oder gar zu sterben, war keine lockendere Vorstellung.

Am Morgen um sechs Uhr brachte man uns dann nach draußen. Die Gefangenen stellten sich in einer Reihe an, um Frühstück zu bekommen. Wir aber wussten nicht, wo genau wir uns anstellen sollten, und standen nur vor der Tür, weshalb uns bereits die nächsten Schläge von den Wärtern drohten.

Der verletzte Junge lag noch immer im Inneren des Gefängnisses. Es ging ihm sehr schlecht. Er hatte große Schmerzen, und er konnte nicht laufen. Zwei von uns mussten ihn nach draußen tragen.

Die anderen Gefangenen, die um uns herumstanden, lachten uns nur aus und spuckten auf unser Essen. Das trockene Brot und der Tee, den wir bekamen, waren so geschmacklos, dass wir es kaum herunterbrachten.

Nach dem Essen mussten die anderen Gefangenen wieder nach drinnen gehen, nur wir sollten draußen bleiben. Denn die Wärter hatten plötzlich im Sinn, uns in einen anderen

Raum zu sperren. Dieser Raum war sehr klein und eng, und wir konnten darin nur dicht gedrängt sitzen. Nach und nach bekamen wir großen Durst und Hunger – aber den ganzen Tag über kümmerte sich niemand um uns.

Als die Ersten von uns ohnmächtig wurden, versuchten wir aufs Neue, die Wärter zu alarmieren. Doch niemand reagierte auf unser Schreien und Klopfen mit Händen und Füßen. Erst als uns Hände und Füße schmerzten, hörten wir auf damit. Am Ende saß jeder in einer Ecke. Viele weinten.

War das der Preis dafür, frei sein zu dürfen? Diese Frage sollte ich mir in den kommenden Monaten immer wieder stellen.

Die Tränen trockneten im Nu auf unseren Gesichtern. Wir hatten nur drei Flaschen, in die wir pinkeln konnten, und als diese voll waren, versuchten wir mit großer Mühe und unter Schmerzen, unseren Urin zu unterdrücken.

Doch nicht alle konnten sich zurückhalten, und so war bald der ganze Boden nass. Manche von uns versuchten gar, ihren eigenen Urin zu trinken. Auch mein Durst war so quälend, dass ich es versuchte – aber ich musste würgen und ließ sofort davon ab.

Erst am Nachmittag brachte man uns in Dreiergruppen zur Toilette. Dort hatte man aber nur vier Minuten Zeit, während die äthiopischen Wärter bewaffnet danebenstanden und zur Eile drängten. War man nicht schnell genug, wurde man getreten. Die Toilette war völlig überfüllt, und es stank fürchterlich. Trotz des Ekels, den wir empfanden, beeilten wir uns und hielten uns mit einer Hand die Nase zu.

Auf dem Rückweg zu unserem Raum durfte man sich noch ein Stück Brot und einen Becher Tee mitnehmen, dann wurden wir wieder eingesperrt. Das Brot schmeckte widerlich.

Ich konnte es kaum runterwürgen und musste mich meist wieder übergeben, nachdem ich es gegessen hatte. Wie oft dachte ich in diesem Gefängnis an das Brot und an die Mahlzeiten, die mir meine Mutter zubereitet hatte. Mir ging es sehr schlecht, doch niemand meiner Begleiter konnte mir helfen, denn wir alle waren geschwächt.

Manche waren so schwach, dass sie nicht einmal mehr richtig aufstehen konnten. Sie torkelten ein kleines Stück weit und fielen dann sofort wieder hin. Meine Augen waren trocken. Irgendwann konnte ich die Welt um mich herum nur noch wie durch einen Schleier wahrnehmen. Wir waren ganz verzweifelt und baten die Polizisten, uns freizulassen. Wir hatten schließlich nichts verbrochen, unser einziges Verbrechen war, in Freiheit und Sicherheit leben zu wollen.

Es dauerte ganze zwei Wochen, bis wir schließlich freikamen. Um unsere Freilassung zu erreichen, legten wir unser ganzes Geld zusammen. Wir bekamen 2.000 äthiopische Birr zusammen, was rund 55 Euro entspricht – das war den Wärtern aber nicht genug, sie verlangten 3.000 Birr. Doch wo hätten wir das restliche Geld auftreiben sollen?

Die Polizisten waren von vorn bis hinten korrupt und interessierten sich überhaupt nicht für uns, sondern nur für unser Geld. Zum Glück fanden wir nach einer gewissen Zeit in diesem Gefängnis aber andere Gefangene mit gutem Willen und Hilfsbereitschaft, die die fehlenden Birr für uns bezahlten.

So kam es, dass wir auf der offenen Ladefläche eines Lkws wieder zurück zu dem ersten Camp in Endabaguna gebracht wurden. Wir setzten also unsere absurde und qualvolle Odyssee in die Richtung fort, aus der wir gekommen waren. Das alles kam mir vor wie ein Albtraum.

Abermals mussten wir die gefährliche Strecke durch die Berge zurücklegen, die wir schon einmal gefahren waren. Die Straße durch die Berge war nicht geteert, sehr schmal, und links von uns ging es steil nach unten. Manchmal neigte sich der Lkw in den Kurven zur Seite, und die Räder des Wagens hingen bedrohlich in der Luft. Zudem brannte den ganzen Tag die Sonne auf uns herunter. Wir hatten großen Durst, sodass uns die Zunge am Gaumen klebte. Das Metall des Lkws war so heiß, dass man sich verbrannte, wenn man durch die abrupten Schwankungen dagegenfiel. Wir atmeten die ganze Zeit über den Staub der Straße ein.

Nach fünf Stunden hielten wir neben einem Fluss, und wir durften unter Bewachung der Soldaten ins Wasser, um uns zumindest ein bisschen abzukühlen. Der Fluss war jedoch sehr verschmutzt – in ihm trieben große Mengen an Müll, und das Wasser schäumte. Trotzdem tranken wir von dem Wasser.

Danach fuhren wir weiter und erreichten nach einem Tag Endabaguna. Noch vor dem Camp mussten wir alle absteigen und den Rest des Weges zu Fuß gehen. Wir fanden uns in einer Gruppe von sieben Jungen zusammen, manche gleich alt wie ich, manche älter. Wir mussten ohne jedes Licht unseren Weg durch den Wald finden. Weil wir Angst hatten, liefen wir, obwohl wir alle müde und hungrig waren und unsere Füße immer schwerer wurden. Wir versanken im Sand, sodass wir oft stolperten. Als wir nach einer Weile eine Straße erreichten, versuchten wir, vorbeifahrende Autos zu stoppen. Schließlich hielt ein Lieferwagen an. Doch er nahm nur einen Jungen mit, der sich am Fuß verletzt hatte und kaum noch laufen konnte.

Um etwa zehn Uhr morgens erreichten wir endlich das Camp. Wir waren die ganze Nacht hindurch gelaufen. Ich musste mit Ernüchterung feststellen, dass in der Zwischenzeit alle Sachen, die ich in der Hütte zurückgelassen hatte, in der mein Cousin und ich gelebt hatten, gestohlen worden waren.

Mittlerweile waren zwei Mädchen in die Hütte eingezogen, die neu in das Camp gekommen waren und nicht gewusst hatten, wohin. Sie boten mir zwar an, zu dritt in der Hütte zu wohnen, weil ich aber die Mädchen überhaupt nicht kannte, lehnte ich ab. Da ich sie aber auch nicht aus der Hütte verjagen wollte, ließ ich sie dort allein und ging stattdessen zu einer eritreischen Frau, die mit ihren Kindern im Camp lebte und die ich bei meinem Aufenthalt zuvor kennengelernt hatte. Sie nahm mich mit offenen Armen auf und bot mir sogleich einen Schlafplatz an.

Mir ging es in dieser Zeit nicht gut. Die Erlebnisse der letzten Wochen hatten mir sehr zugesetzt. Langsam realisierte ich, dass mir noch viele Prüfungen bevorstanden, bis ich in Frieden und Sicherheit würde leben können. Doch zurückzukehren nach Eritrea war ausgeschlossen. Mein Drang nach Freiheit war größer als die Angst vor den möglicherweise noch bevorstehenden Qualen.

Ich konnte in diesen Tagen nichts essen, nur ein bisschen trinken. Eine Woche lang blieb ich nur in der Hütte. Weil ich so schwach war, konnte ich mir nicht einmal meine Essensration abholen. Meine Bekannte versuchte, sie mir mitzubringen, aber die Wärter lehnten ab. Ich war auf ihre bedingungslose Hilfe angewiesen. Selbst zum Pinkeln brauchte ich jemanden, der mir nach draußen half.

All das war mir sehr unangenehm. Nach einiger Zeit war mein Zustand so schlecht, dass ich zur Krankenstation des Lagers gebracht wurde. Doch dort bekam ich keine Untersuchung – stattdessen wollte mir das Lagerpersonal einfach Tabletten geben, deren Einnahme ich schlicht verweigerte.

Zum Glück verbesserte sich mein gesundheitlicher Zustand nach einigen Tagen wieder, und ich konnte draußen ein bisschen spazieren gehen. Meine Bekannte und andere Häftlinge zwangen mich sanft dazu, wieder zu essen.

Ich war ja erst vierzehn Jahre alt und auf die Hilfe von Erwachsenen angewiesen. Am nächsten Tag war ich wieder in der Lage, mir mein Essen selbst zu besorgen, obwohl man sich dafür ab dem frühen Morgen stundenlang in der prallen Sonne anstellen musste.

Die Lagerleitung sah vor, dass sich acht Leute bei der Essensausgabe jeweils einen Sack Mehl und einen Kanister Öl teilen mussten. Außerdem gab es noch eine kleine Schüssel Zucker für jeden. Diese Lebensmittel hätten für einen Monat reichen sollen. Dafür war es aber viel zu wenig, und bei der Verteilung gab es immer Streit. Viele Leute versuchten durch Tricks oder pure Gewalt, mehr zu bekommen, als ihnen zustand.

So wollte ich auf Dauer nicht dahinvegetieren.

Ich wusste ja schon seit Langem, dass es in diesem Lager keinerlei Perspektive auf ein besseres Leben gab – für niemanden. Deshalb beschloss ich, so bald wie möglich von hier fortzukommen. Da es beim ersten Versuch nicht geklappt hatte, nahm ich mir vor, es diesmal mit anderen Schleppern zu versuchen. Das notwendige Geld organisierten wir abermals über eritreische Verwandte, die entweder zu Hause oder im Exil lebten.

ZWEITER VERSUCH

Nach wenigen Tagen war die neue Gruppe beisammen. Die Schlepper bestachen die Wachen des Lagers, und so konnten wir entkommen. Zunächst gingen wir zwei Tage lang zu Fuß Richtung Sudan. Ein weiteres Mal mussten wir den Weg über die Berge nehmen, und wieder gingen wir bis an die Grenze unserer körperlichen und psychischen Belastbarkeit. Der Weg war sehr anstrengend und gefährlich, da hier wilde Tiere lebten. Viele Menschen gaben auf und liefen einfach nicht mehr weiter, so wurde die Gruppe immer kleiner.

Nach zwei Tagen hatten die Schlepper einen Truppentransporter organisiert, der offensichtlich dem Militär zugeordnet wurde und womit wir problemlos durch alle Kontrollen kamen. Die Soldaten grüßten uns sogar, nachdem sie die Schranken geöffnet hatten. Wir waren insgesamt etwa 200 Menschen.

Nach fünf Stunden Fahrt mussten wir wieder aussteigen und zu Fuß weiterlaufen, denn es gab, so sagte man uns, nun zu viele Kontrollen auf den Straßen, bei denen uns auch der Truppentransporter nicht mehr schützen konnte.

Wir liefen durch eine sehr abgelegene Gegend. Dabei vergewaltigten die Schlepper immer wieder Mädchen und kleine Jungen im Wald. Wir versuchten, das zu verhindern, doch keiner konnte wirklich etwas dagegen tun. Wenn ihre Opfer anschließend nicht mehr aufstehen konnten, ließen die Schlepper sie einfach liegen. Wir versuchten oft, den Mädchen und Jungen heimlich zu helfen, nachdem sie die Gewalttaten erlitten hatten.

Wir liefen Tag und Nacht. Dabei regnete es immer wieder, sodass unsere Kleidung durchnässt war. Wir hatten nichts zum Wechseln dabei und mussten uns deshalb nachts mit den nassen Kleidern zum Schlafen unter die Bäume legen.

Ich erinnere mich ganz besonders an eine Nacht. Der Himmel war stockdunkel, und es blitzte. Wir hatten Angst. Große Hagelkörner prasselten auf uns herab. Zu diesem Zeitpunkt war nur noch einer der Schlepper bei uns. Er befahl uns, hier auf ihn zu warten. Dann ging er weg, vermutlich um in einem Haus an einem trockenen Platz zu schlafen.

Wir hatten keine andere Wahl, als auf ihn zu warten und zu versuchen, etwas Schlaf zu bekommen. Wir bemühten uns, einen halbwegs trockenen Fleck zu finden – doch der Boden war vom Regen bereits völlig durchnässt. Wenigstens für die Mädchen wurde aus den Ästen der Bäume eine Art Bett gebaut. Ich selbst suchte mir allein zwischen den Bäumen einen Schlafplatz.

Obwohl ich in dieser Nacht todmüde war, konnte ich nicht schlafen. Es war bitterkalt. In meinen nassen Gewändern fror ich und zitterte am ganzen Körper. Irgendwann hielt ich es nicht mehr aus – ich stand wieder auf und begann, mich zu bewegen. Viele taten es mir gleich.

Nach einer Weile kam ich mit einem Mann aus unserer Gruppe ins Gespräch. Um uns abzulenken, gingen wir gemeinsam auf und ab und unterhielten uns. Unsere durchnässten Kleider waren schwer, und unsere Füße blieben im matschigen Boden stecken. Am liebsten hätten wir unsere Kleider weggeworfen, aber wir hatten ja nichts anderes dabei.

Ich schlug vor, die Kleider auszuziehen und auszuwringen, was wir dann auch taten. Am liebsten hätten wir diesen Ort verlassen, aber weil es immer noch stockdunkel war, hatten wir keine Ahnung, in welche Richtung wir laufen sollten. Und so setzten wir uns auf einen Stein und erzählten uns gegenseitig Geschichten, bis die Sonne aufging.

Auch am Morgen regnete es unaufhörlich weiter. Als alle wach waren, setzten wir uns zusammen und überlegten, was wir machen wollten, falls die Schlepper gar nicht mehr zurückkommen würden.

Die einhellige Meinung war, dass wir dann auf eigene Faust weiterlaufen würden. Es dauerte schließlich bis acht Uhr, bis zwei der Schlepper wiederauftauchten. Sie machten sich nicht einmal die Mühe, uns zu grüßen, sondern forderten uns lediglich auf, ihnen zu folgen. Wir mussten in einer Reihe laufen und durften dabei keinen Lärm machen oder reden.

Wem es nicht gut ging, der wurde aufgefordert, sich an die Seite zu setzen. Die Schlepper versprachen, diese Leute später nachzuholen – doch das war eine blanke Lüge. So ließ man Menschen aus unserer Gruppe zum Sterben zurück. Wenn sie nicht das Glück hatten, dass andere ihnen halfen, verhungerten oder verdursteten sie einfach.

Als wir schon eine Weile durch die Wildnis gelaufen waren, wurde ein Junge von einer Giftschlange gebissen, weil er, wie alle anderen auch, barfuß gelaufen war. Wir hatten keinerlei Medikamente dabei, um ihm zu helfen. Deshalb liefen zwei Leute aus unserer Gruppe mit einem der Schlepper los, um Hilfe zu holen. Wir waren verzweifelt – viele weinten und schrien, weil wir den Jungen nicht verlieren wollten. Die Suchtrupps kamen schließlich mit einem Hirten zurück. Aber auch er hatte keine Medikamente bei sich und konnte nicht helfen.

Der Zustand des Jungen verschlechterte sich rapide. Es dauerte nicht lange, bis er schließlich starb. Die beiden Schlepper wollten seine Leiche einfach zurücklassen, doch wir bestanden darauf, ihn zu beerdigen. Die Schlepper wollten davon nichts wissen – und als ob das nicht alles schon schlimm genug gewesen wäre, brach plötzlich ein heftiger Streit zwischen den Schleppern und dem Hirten aus. Die Schlepper boten ihm Geld, um zu verhindern, dass er uns verriet. Der Hirte lehnte jedoch ab, wünschte uns viel Glück und wollte sich davonmachen. Als ihn einer der Schlepper deswegen schlagen wollte, zog er sofort sein Messer. Der Schlepper wich zurück, während sich der Hirte einige Meter von uns absetzen konnte. Noch während wir aufgebracht diskutierten, holte der Hirte sein Handy aus der Tasche und begann zu telefonieren. Uns war klar, dass er die Armee verständigte.

Kurze Zeit später waren wir auch schon von bewaffneten äthiopischen Soldaten umzingelt. Einer der Schlepper geriet in Panik und versuchte zu fliehen, aber die Soldaten reagierten sofort und schossen vor ihm auf den Boden – der Schlepper warf sich auf die Erde und ergab sich.

Nun wendete sich das Blatt, und unsere Peiniger wurden von den Soldaten verprügelt und mit den Kolben der Gewehre geschlagen. Doch für uns brachte diese gewaltsame Änderung der Lage keinesfalls eine Verbesserung. Während die Soldaten nun die Schlepper fesselten, schickten sie sich an, uns alle gemeinsam in ein Gefängnis zu bringen. Die Soldaten hatten inzwischen Verstärkung bekommen. Es waren nun in etwa um die dreißig Mann, und sie eskortierten uns zum Gefängnis. Die Leiche des Jungen, der vor nicht einmal einer halben Stunde gestorben war, nahmen sie mit. Niemand aus unserer Gruppe hatte eine Chance oder genug Kraft wegzulaufen.

So brachte man uns schließlich ins Gefängnis Himora, das auf äthiopischem Territorium im Dreiländereck zwischen Äthiopien, Eritrea und dem Sudan liegt. Es dient normalerweise als Gefängnis für Äthiopier.

Dort angekommen, wurden die Schlepper von uns getrennt, und wir kamen in einen Raum, in dem schon rund dreißig andere Menschen eingesperrt waren, die auch auf der Flucht aufgegriffen worden waren. In dem kleinen Raum war es so eng, dass wir nur stehen konnten.

Die Zeit dort war schrecklich.

Jeden Morgen um sechs Uhr gab es ein Stück Brot und einen Becher Tee, den man kaum heruntergebracht hat. Nachmittags bekamen wir einen wässrigen Eintopf mit ein bisschen Brot. Viele Menschen wurden von diesem Essen krank und bekamen Durchfall. Nur einmal am Tag ließ man uns auf ein freies Feld, wo wir urinieren konnten. Dabei wurden wir die ganze Zeit von Soldaten bewacht und auch geschlagen.

Wer genug Geld hatte, konnte sich freikaufen. Diejenigen, die nicht zahlen konnten, waren wochen-, ja monatelang eingesperrt. Wir trafen hier auf Menschen, die schon drei Monate hier waren. Ich hatte noch 700 Birr in Scheinen bei mir, doch diese waren auf dem Weg nass geworden und viele davon zerrissen.

Niemand half mir – jeder dachte nur an sich. Nach eineinhalb Wochen in diesem schrecklichen Lager wurde ich schließlich krank. Ich musste mich übergeben, wurde ohnmächtig. Aus Mitleid mit mir legten zwanzig Leute ihr ganzes Geld zusammen. Ich war ja erst vierzehn Jahre alt. Sie sammelten 2.000 Birr – und Gott sei Dank: Es reichte, damit ich und sieben andere Menschen, deren Gesundheitszustand sehr schlecht war, das Gefängnis verlassen durften. Die äthiopischen Soldaten, die sich von uns bestechen ließen, setzten uns einfach vor die Tür. Wir wussten nicht, wohin wir gehen oder wen wir um Hilfe bitten sollten. Wir hatten weder Essen noch Wasser und auch kein Geld mehr, um uns etwas kaufen zu können.

Ohne Orientierung irrten wir umher. Die Sonne brannte ohne Gnade auf uns herunter, und wir waren schnell sehr durstig. Bald hielt uns die Polizei auf und stellte uns zur Rede, weil wir ohne gültige Papiere unterwegs waren. Zu unserem großen Schrecken brachten sie uns in ihrem Polizeiwagen sogar zurück zu dem Gefängnis, aus dem wir gerade freigelassen worden waren. Sie dachten, dass wir von dort ausgebrochen waren.

All das schien mir wieder wie in einem Albtraum: Angekommen beim Gefängnis, sagte der Direktor den Polizisten, dass sie uns wieder gehen lassen sollten. Das Hin und Her zehrte ungemein an unseren Kräften.

Als wir uns, wieder auf uns allein gestellt, in einem verlassenen Haus ausruhten, schien alles wieder von vorn loszugehen: Neue Schlepper kamen auf Motorrädern zu uns und boten uns für Geld, das wir später über unsere Verwandten bezahlen sollten, an, uns weiterzuhelfen.

Wir willigten ein, und so brachte uns einer dieser Schlepper schließlich zu einem verborgen gelegenen Dorf. Dort wies er uns an, uns in einem unterirdischen Kanal zu verstecken. Doch hier erwartete uns eine weitere böse Überraschung: Heimlich hatten sich drei Kriminelle angeschlichen, die mit Beilen und Stöcken bewaffnet waren und uns ausrauben wollten. Ob die Diebe mit den Schleppern unter einer Decke steckten, wussten wir nicht – alles ging sehr schnell: Wir hatten nichts, um uns zu verteidigen.

Die Verbrecher waren vermummt. Wir konnten nur ihre Augen sehen. Sie forderten Geld von uns und drohten unumwunden, uns zu töten, wenn wir nicht zahlen würden. Als während der Auseinandersetzung ein Junge aus unserer Gruppe mit dem Beil an der Schulter verletzt wurde, stürzten wir uns, unbewaffnet, wie wir waren, todesmutig auf unsere Angreifer und verteidigten uns nach Kräften.

Da wir in der Überzahl waren, konnten wir die Diebe nach kurzer Zeit tatsächlich überwältigen. Als wir ihnen die Masken herunterrissen, stellten wir mit Schrecken fest, dass wir diese Männer kannten. Es waren verurteilte Verbrecher, die mit uns im Gefängnis in Himora eingesperrt gewesen waren. Beim Freigang auf dem offenen Feld waren wir ihnen mehrmals begegnet.

Trotz der Gewalt, die sie uns antun wollten, ließen wir die Banditen laufen. Während sie sich aus dem Staub machten, drohten sie uns noch, mit Verstärkung wiederzukommen und uns zu töten. Darauf wollten wir es nicht ankommen lassen. So warteten wir mit großer Ungeduld, dass der Schlepper eine Fluchtmöglichkeit für uns organisierte.

Zum Glück kam er bald zurück und wies uns an, ihm geduckt und so schnell wie möglich zu folgen. Wir liefen so hastig durch den Wald, der uns umgab, dass unsere Herzen wie wild schlugen. Geschwächt, wie wir waren, stolperten wir immer wieder über Wurzeln und fielen hin. Die Äste der Bäume schlugen uns ins Gesicht, aber die Angst trieb uns an.

Der Junge, der mit dem Beil verletzt worden war, kam ohne unsere Hilfe nicht weit, und wir mussten ihn die meiste Strecke tragen. Zwei der Mädchen waren ebenfalls so schwach, dass sie Hilfe brauchten. Ich war zu klein und geschwächt, um eines der Mädchen tragen zu können; aber ich bot ihr an, wenigstens ihre Taschen zu tragen. Selbst diese waren schwer für mich, und ich fiel damit oft hin.

Flucht ist doch kein Verbrechen, dachte ich oft. Wie konnte es sein, dass Menschen wie ich, die dem Zugriff einer brutalen Diktatur entkommen wollten, auf solch gefährlichen Routen reisen mussten? Warum war es in der heutigen modernen Zeit nicht möglich, dass wir mit einem sicheren Transportmittel an einen sicheren Ort gebracht wurden?

Nach etwa fünf Stunden erreichten wir in einer nahe gelegenen Ortschaft einen Lieferwagen, der in einer Seitenstraße abgestellt worden war und den der Schlepper für unsere weitere Flucht bereitgestellt hatte. Er drängte uns, rasch einzusteigen, und schloss die Tür. Ich war so erschöpft, dass ich einfach umfiel und auf den Taschen liegen blieb, die sich auf dem Boden der Ladefläche befanden. Doch auch hier war von Ruhe und Sicherheit keine Rede. Der Laderaum war sehr dunkel, und es gab kaum Luft, wodurch mir das Atmen äußerst schwerfiel. Noch dazu quälte uns die Ungewissheit, wie lange wir in diesem engen Laderaum würden ausharren müssen.

Nach ein paar Stunden hielt der Lieferwagen, und wir mussten aussteigen. Wir hatten einen großen Fluss erreicht. In einiger Entfernung sahen wir, dass auf der Straße, die über den Fluss führte, Polizisten alle Fahrzeuge kontrollierten. Dort wären wir mit Sicherheit entdeckt worden. Deshalb wurden wir abermals ein ganzes Stück abseits der Straße in ein Versteck am Ufer gebracht und mussten dort erst einmal warten.

Gegen elf Uhr abends, als es schon dunkel war, sollten wir den Fluss schwimmend durchqueren. Viele von uns konnten

nicht schwimmen, fürchteten sich vor dem Wasser und weigerten sich deshalb, den Anweisungen zu folgen.

Die Schlepper, die mittlerweile zu fünft waren, begannen
daraufhin, uns mit Stöcken zu schlagen. Offenbar kannten sie
den Fluss und konnten gut schwimmen. Während sie uns schlugen, beteuerten sie gleichzeitig, dass sie uns helfen würden,
wenn jemand bei der Durchquerung des Flusses in Schwierig-
keiten kommen würde – doch wir konnten und wollten ihnen
nicht vertrauen.

Obwohl ich geschlagen wurde, weigerte ich mich, ins Wasser
zu gehen. Denn mir wurde mit einem Mal klar, dass es sich hier
um den Fluss mit dem Namen Tekeze handeln musste, in dem
meine Schwester bei ihrer Flucht im Jahr 2009 ertrunken war.

Ich war wie gelähmt – das Wasser war dunkel und sah bedrohlich aus. Ich war von der Erinnerung an meine Schwester
überwältigt, und ich musste weinen. Ich habe meine Schwester
sehr geliebt und wollte hier nicht wie sie sterben. Für meine Familie war ihr Tod schon schlimm genug. Aber es half nichts, ich
musste den Fluss durchqueren. Der Schlepper bedrängte mich
und sagte mir, ich solle die Augen schließen und mich gut an
ihm festhalten.

So liefen wir in den Fluss. Anfangs ging mir das Wasser bis
zum Bauch, aber mit der Zeit wurde der Fluss immer tiefer.
Irgendwann stand mir das Wasser bis zum Kinn, und ich konnte gerade noch atmen. Ich geriet in Panik, schluckte immer wieder Wasser und wollte umdrehen. Schließlich packte mich der
Schlepper und zog mich an meinem Hemd durch den Fluss.

Er hatte einen leeren Plastikkanister dabei, an dem ich mich
festhielt. So erreichten wir das andere Ufer. Alle, die wie ich
nicht schwimmen konnten, wurden auf dieselbe Weise auf die

andere Seite gebracht. Doch viele von uns hatten ihre Schuhe und Taschen im Fluss verloren.

Tropfnass mussten wir nun weiterlaufen. Und wieder ging es in völliger Dunkelheit durch einen Wald. Man konnte überhaupt nichts sehen – abermals schlugen uns die Äste der Bäume ins Gesicht. Unwillkürlich musste ich an den Jungen denken, der durch den Schlangenbiss gestorben war. Ich wollte mich ständig umsehen, weil ich fürchtete, dass ein wildes Tier hinter oder neben mir auftauchen könnte. Ich war barfuß und erschrak jedes Mal, wenn ich auf etwas Weiches trat.

Nach etwa einer Stunde zwang man uns ein weiteres Mal auf ein Fahrzeug, das für unsere Gruppe viel zu wenig Platz bot. Es handelte sich um einen Pick-up, der im Wald auf uns wartete. Sobald wir uns auf die viel zu enge Ladefläche gequetscht hatten, fuhren wir los. Es ging querfeldein durch den Wald. Der Boden war sehr uneben, und es gab häufig Löcher. Der Wagen hielt immer wieder abrupt und ohne jegliche Vorwarnung an, sodass wir allesamt durcheinanderfielen. Außerdem kam es mehrfach vor, dass Menschen von der Ladefläche stürzten und sich dabei schwer verletzten.

Die Fahrt war sehr anstrengend, und ich hielt mich krampfhaft fest, um nicht auch hinunterzufallen. Während wir so durch den Wald fuhren, hörte ich ganz in der Nähe immer wieder Schreie von Hyänen. Das machte mir zusätzlich große Angst.

Je weiter wir fuhren, desto größer wurde meine Unruhe, bis unser Pick-up an einem sehr steilen Abhang plötzlich in Schieflage geriet und wir allesamt von der Ladefläche fielen. Ich hatte dabei noch verhältnismäßig Glück – denn ich saß in der Mitte der Ladefläche, fiel auf andere Menschen und wurde nicht allzu schwer verletzt. Trotzdem tat mir nach diesem Unfall meine rechte Hüfte sehr weh, und ich konnte anfangs nicht richtig atmen. Doch vielen ging es wesentlich schlechter als mir. In unserer Gruppe gab es Menschen, deren Gelenke ausgerenkt wurden und die Knochenbrüche erlitten. Diejenigen, die auf diese Weise schwerer verletzt worden waren, wurden gefragt, ob wir umdrehen und Hilfe holen sollten – aber da wir wussten, dass der Sudan nicht mehr weit entfernt war, wollten auch sie trotz ihrer Schmerzen um jeden Preis dieses Ziel erreichen. Und so fuhren wir weiter.

Mittlerweile war der Morgen gekommen. An einem Ort mitten im Nichts hielten wir an und mussten aussteigen. Hier gab es weder Bäume noch Schatten. Die Schlepper sagten uns ohne weitere Erklärungen, dass wir hier auf ein anderes Auto warten sollten, und fuhren einfach zurück. Wasser ließen sie uns keines da.

So waren wir wieder einmal auf uns allein gestellt. Wir hatten nichts, um uns vor der Sonne zu schützen, und litten schon sehr bald großen Durst. Viele wurden ohnmächtig. Ich selbst legte mich einfach auf den Boden und hoffte, auch diese harte Prüfung zu überstehen. Wir waren noch nicht mal im Sudan angelangt. Ich wusste, dass ich aller Wahrscheinlichkeit nach auch in diesem Land nicht vor Verfolgung sicher sein konnte. Die weitere Route führte durch die Wüste in das vom Bürgerkrieg zerrüttete Libyen. Wie sollte es mir bloß gelingen, sicher nach Europa zu gelangen?

Meine Lippen und mein Gaumen waren völlig ausgetrocknet, alles klebte aneinander. Mit der Zeit war ich ganz mit Sand bedeckt, den der Wind über mich gelegt hatte. Mir ging es immer schlechter. Sobald ich meine Augen öffnete, wehte Sand hinein, und ich konnte nicht mehr richtig sehen. Ich versuchte, meine Augen mit meiner Hand zu schützen. Ich wünschte mir nichts sehnlicher als eine Sonnenbrille. Ein banaler Gebrauchsgegenstand des alltäglichen Lebens, dem man in normalen Situationen keine große Bedeutung beimisst.

Es dauerte eine gefühlte Ewigkeit, bis der Pick-up, der uns weitertransportieren sollte, endlich kam. Die neuen Schlepper waren noch unfreundlicher und brutaler als die letzten und begannen diejenigen, die verletzt waren und nicht sofort einsteigen konnten, ohne Vorwarnung zu schlagen.

Es gab auch alte Menschen in unserer Gruppe – auch sie schlug man. Die Schläge waren sehr hart, und die Körperstellen, die getroffen wurde, schwollen sofort an und begannen zu bluten. Zum Glück halfen diejenigen, denen es ein bisschen besser ging, den anderen, auf die Ladefläche zu kommen. Auch ich wurde getragen.

Zu diesem Zeitpunkt ging es mir so schlecht, dass ich nicht einmal mehr wusste, wo ich eigentlich war. Die Schlepper interessierten sich in keinster Weise für meine Verfassung, und wenn mir nicht andere geholfen hätten, wäre ich einfach liegen geblieben und vom Sand begraben worden.

Ich war meinen Helfern unendlich dankbar – ohne sie hätte ich nicht überlebt.

Sie legten mich auf die Ladefläche, wo ich in einem halb ohnmächtigen Zustand einfach weiterschlief. Einige versuchten, mich mit ihren Kleidern vor der Sonne zu schützen. Weil es mir auf der Fahrt sehr schlecht ging, waren sie äußerst besorgt. Meine Augen waren verdreht, meine Zunge war völlig ausgetrocknet und hing mir aus dem Mund. Mein Zustand wurde so besorgniserregend, dass meine Helfer sich dazu durchrangen, die Schlepper zu alarmieren.

Diese machten zunächst keine Anstalten zu helfen. Anstatt anzuhalten, schossen sie mit ihren Gewehren einfach in die Luft, damit die Menschen still waren. Doch meine Begleiter gaben nicht auf und begannen, laut zu schreien, weil sie nicht wollten, dass schon wieder einer aus der Gruppe starb.

Schließlich gab der Fahrer nach und hielt an. Mit einem Becher goss man mir etwas Wasser in Gesicht und Mund. Zusätzlich wurde ein Stück Stoff angefeuchtet und mir zur Kühlung auf die Stirn gelegt. Zusammen mit einem improvisierten Sonnenschutz hielt das Stück Stoff lange kühl.

Außer mir ging es auch noch anderen Leuten schlecht, aber der Fahrer hatte nicht genug Wasser für alle. Deshalb entschloss er sich kurzerhand, besonders schnell zu fahren, um das Versteck, zu dem er uns bringen sollte, möglichst bald zu erreichen.

Der Umstand, dass er mit Vollgas unterwegs war, hatte natürlich zur Folge, dass die Unebenheiten noch schlimmer schmerzten und wir einen wahrlichen Höllenritt durchlebten. Ich wurde immer wieder in die Luft geschleudert und landete auf der harten Ladefläche. Mein Rücken tat furchtbar weh.

Deshalb versuchten meine Mitreisenden, mich nach unten zu drücken, damit ich mich nicht verletzte. Mittlerweile waren wir nicht mehr im Wald, sondern auf einer schlecht asphaltierten Straße unterwegs. Der Fahrtwind pfiff uns um die Ohren. Alle hofften, diese Schreckensfahrt irgendwie zu überleben.

Nach fünf Tagen, es war abends, kamen wir schließlich im Versteck der Schlepper an. Dort mussten alle aussteigen. Weil ich immer noch krank und sehr schwach war, halfen mir meine Begleiter und stützten mich.

Alle waren in ängstlicher Anspannung. Wohin würden wir

als Nächstes gebracht werden? Unsere Schlepper führten uns zunächst zu einem Haus mit einem großen Raum, in dem schon etwa zwanzig Menschen waren.

Meine Begleiter setzten mich vor dem Haus an die Wand und wachten über mich. Alle anderen setzten sich ebenfalls auf den Boden und verbargen den Kopf in den Armen. Obwohl wir schon lange nichts mehr gegessen hatten, dachte niemand daran – das Wichtigste für uns war Wasser.

Die Schlepper hatten den Boden befeuchtet, damit es rund um das Haus nicht staubte – das Wasser auf dem Boden glitzerte in der Sonne. Dies machte unseren Durst noch schlimmer, denn wir selbst hatten kein Wasser.

In dieser Ortschaft schien es auch gar kein fließendes Wasser und auch keinen Brunnen zu geben. Bis auf den befeuchteten Boden vor dem Haus war alles sehr trocken. Die äußeren Mauern des Dorfes bestanden aus demselben Lehm wie der Boden, sodass man sie kaum erkennen konnte.

Die Schlepper begannen nun ein zynisches Spiel: Für einen Schluck Wasser verlangten sie Geld und wollten uns nichts geben, bevor wir nicht bezahlt hätten. In unserem Zustand hatten wir keine Kraft zu diskutieren. Es half nichts – diejenigen, die Geld hatten, bezahlten, um endlich an Wasser zu kommen. Diejenigen, die nicht bezahlen konnten, wurden in das Haus zu den Menschen gesperrt, die bereits vor unserer Ankunft hier ausgeharrt hatten.

Wir litten eine gefühlte Ewigkeit, bis wir endlich einen Kanister voll Wasser und drei Becher bekamen. Wir teilten das Wasser, sodass jeder von uns trinken konnte. Die Becher wurden von vielen Menschen benutzt. Wir konnten keine Rücksicht darauf nehmen, ob jemand krank war oder nicht.

Den Menschen, die bereits vor uns hierhergebracht worden waren, ging es sichtlich noch schlechter als uns. Als ich sie sah, erschrak ich und fragte sie mit großem Schrecken, warum sie in einem so bedauernswerten Zustand waren.

Was sie mir daraufhin erzählten, verstärkte meine Angst und Beklommenheit noch mehr. Ich musste hören, dass die Schlepper die hier gefangenen Menschen immer wieder schlugen und misshandelten. Ihre Körper waren von Narben übersät, und viele waren verletzt.

Jeden Tag, so berichteten sie, wurden sie an Händen und Füßen gefesselt und mussten sich mit dem Bauch auf den Boden legen. Dann schlug man sie mit Stöcken am ganzen Körper. Vor allem gab es Schläge auf die Fußsohlen, damit sie nicht weglaufen konnten. Immer wieder, so erzählten sie mit ängstlichen Stimmen, wurden sie nach draußen geholt. Dort gab man ihnen ein Telefon, mit dem sie ihre Familie anrufen mussten, um diese nach Geld zu fragen. Auch dabei schlug man sie, damit die Angerufenen ihr Weinen und ihre Schreie hören konnten. Oft hielten die Schlepper ihnen sogar eine Pistole an die Schläfe oder quälten sie mit glühendem Metall, um so die Familien noch mehr unter Druck zu setzen.

Die Schlepper bedrohten diejenigen, die nicht zahlen konnten, mit dem Tod. Diese brutale Taktik war meist wirksam: Die auf diese Weise Gequälten flehten ihre Familien an, sich notfalls irgendwo Geld zu leihen, damit sie hier nicht sterben mussten.

In diesem Dorf, so berichteten sie weiter, kam einem niemand zu Hilfe, wenn man misshandelt wurde und schrie. Hier gab es nur die Schlepper. Da diese den Gefangenen offenbar jegliche Möglichkeit vorenthielten, sich zu waschen, klebten den Menschen das Blut und der Dreck auf dem Körper. Ihre Narben platzten augenscheinlich immer wieder auf, und viele verloren noch mehr Blut, was sie weiter schwächte.

Sie konnten sich kaum mehr bewegen, und viele brachen gleich wieder zusammen, sobald sie aufgestanden waren. Egal, in welcher Position sie sich auf den kahlen Betonboden legten, sie hatten schlimme Schmerzen.

Ich erfuhr außerdem, dass die Mädchen, die hier ausharren mussten, immer wieder von der Gruppe getrennt und vergewaltigt wurden. Sie versuchten, sich zu wehren, aber die Schlepper zwangen sie mit Waffengewalt, mit nach draußen zu gehen. Auf verheiratete Frauen wurde keine Rücksicht genommen. Ihnen nahm man einfach die Eheringe ab.

Auch draußen, so sagte man mir, wehrten sich die Mädchen und Frauen weiter, doch auf Dauer hatten sie nicht genug Kraft. Sie wurden auf den Boden gedrückt und mit einem Schal geknebelt, damit sie nicht schreien konnten. Nachdem mehrere Männer über sie hergefallen waren, ließ man sie einfach auf dem Boden liegen. Viele der Mädchen waren noch Jungfrauen und sehr jung. Auch ihnen gab man kein Wasser, um sich waschen zu können.

Es dauerte nicht lange, bis ich selbst Zeuge dieser menschenverachtenden Misshandlungen wurde. Morgens, wenn wir Freigang hatten und nach draußen kamen, fanden wir die Mädchen und Frauen im Freien vor – wir taten unser Möglichstes, um uns um sie zu kümmern. Manche von ihnen waren da schon tot.

Die Mädchen und Frauen litten unter den despotischen Zuständen in diesem Lager zweifelsohne am allermeisten. Ich war wütend und verzweifelt, dass ich die Gewalt, die ihnen angetan wurde, nicht verhindern konnte. Viele von ihnen kamen wie ich aus Eritrea, und ich litt mit ihnen. Ich hätte sie gern mehr unterstützt, war aber zu schwach, um viel tun zu können. Selbst wenn ich bei Kräften gewesen wäre, hätte ich die Vergewaltigungen nicht stoppen können.

Jeden Abend holten die Schlepper zwei von uns und teilten sie dazu ein, für alle Gefangenen Nudeln zu kochen. Diese waren völlig geschmacklos und ohne Salz. Doch sie waren das Einzige, was wir den ganzen Tag zu essen bekamen.

In dieser Zeit verließ mich oft der Mut. Ich wollte nach Hause in mein Dorf und zu meiner Mutter. Die täglichen Qualen waren so schlimm, dass ich es bereute, von zu Hause aufgebrochen zu sein. An Rückkehr war nicht mehr zu denken – wer hätte mich nach Eritrea zurückgebracht? Und außerdem: So groß mein Heimweh auch war, zu Hause wäre ich mit Sicherheit zum gefürchteten Militärdienst einberufen worden. Ich hatte keine andere Wahl, als meinen Weg fortzusetzen.

Nach einigen Tagen wurde meine Gruppe von den anderen, die schon länger hier waren, getrennt. Wir ahnten Schlimmes und machten uns darauf gefasst, dieselbe Tortur über uns ergehen lassen zu müssen, wie diejenigen, die das Pech hatten, schon länger hier zu sein.

Und so kam es auch: Wir mussten uns in eine Ecke setzen und wurden nach Geld gefragt. Zunächst drohten uns die Schlepper damit, dass wir nichts zu essen bekommen würden, wenn wir nicht zahlten.

Am nächsten Tag brachte man dann jeweils drei von uns in einen kleinen Raum. Wir wussten bereits, dass hier die Misshandlungen stattfanden. Irgendwann war dann auch ich an der Reihe. Der Boden und die Wände dieses Raumes waren voller Blut, und es stank schrecklich.

Wir bekamen jeweils ein Telefon und sollten damit unsere Familien anrufen. Einer von uns dreien konnte niemanden erreichen. Daraufhin schlug einer der Schlepper ihn sofort mit einem Stock auf den Rücken. Mich überfiel eine quälende Angst, und ich sagte mir innerlich, dass ich diese Tortur nicht aushalten würde.

Dann kam ich dran. Ich brauchte fünf vergebliche Versuche, bis ich endlich Glück hatte und einen meiner im Exil lebenden Cousins erreichte. Ich war unglaublich erleichtert, mit jemandem aus meiner Familie sprechen zu können.

Weil ich nicht wusste, wie lange ich telefonieren konnte, kam ich ohne Umschweife zur Sache und bat ihn sofort, mir zu helfen. Ich rief eindringlich ins Telefon, dass es mir schlecht ginge und dass ich ohne die Hilfe meiner Familie keine Chance haben würde zu überleben.

Mein Cousin war sofort bereit, mir zu helfen, hatte aber selbst nicht genug Geld. Die Schlepper verlangten sage und schreibe 1.600 Dollar – eine ungeheure Summe. Mein Cousin sagte mir, dass er nur 800 Dollar habe und nicht wisse, woher er das restliche Geld nehmen solle. Die Schlepper wachten argwöhnisch über mein Gespräch. Schließlich riss einer der Schlepper mir das Telefon aus der Hand und begann selbst, mit meinem Cousin zu sprechen.

Wie wir es bereits befürchtet hatten, sagte der Schlepper – er war Äthiopier – meinem Cousin nun zuerst auf Arabisch und dann auf Tigrinya, dass ich sterben würde, wenn er heute nicht zahlen könnte. Danach legte er einfach auf.

Um mich weiter zu demütigen, ließen mich die Schlepper den ganzen Tag in der prallen Sonne sitzen, bis mein Cousin das Geld bezahlt hatte. Das war furchtbar, weil ich sowieso schon Fieber hatte und die Hitze meinen Gesundheitszustand noch verschlimmerte. Mein Körper glühte förmlich.

Der Durst war unerträglich, und immer wenn einer der Schlepper vorbeikam, flehte ich um Wasser – doch vergebens. Mein Cousin hatte in der Zwischenzeit alles getan, um das fehlende Geld zu organisieren, und rief nach ein paar Stunden wieder an. Der Schlepper nahm das Telefon ab. An seiner Reaktion bemerkte ich, dass mein Cousin das geforderte Geld tatsächlich einem Verbindungsmann der Schlepper übergeben hatte. Auch hier möchte ich davon absehen, die genauen Umstände der Geldübermittlung zu erklären, um meine Familie nicht zu gefährden. Es sind die eisernen Gesetze der Fluchtrouten, die viele Menschen dazu zwingen, sich auf gefährliche Schlepperstrukturen einzulassen. Wer flüchtet, hat oft keine Wahl.

Ich realisierte, dass sich mein Cousin große Sorgen um mich machte, weil er bei unserem ersten Telefonat aufgrund meiner leisen Stimme schon eine Ahnung davon bekommen hatte, dass ich sehr krank war. Deshalb erkundigte er sich bei seinem zweiten Anruf, ob ich noch lebte.

Der Schlepper sagte ihm in einem zynischen, lapidaren Ton, dass er gar nicht sicher sei, ob ich nicht schon gestorben sei – doch auf die Bitte meines Cousins wurde ich herbeigerufen und durfte mit ihm sprechen.

Mein Cousin fragte mich Löcher in den Bauch, aber ich war so schwach und ausgetrocknet, dass ich kaum mit ihm reden konnte. Ich konnte nur weinen und war mir selbst gar nicht sicher, ob ich diese schreckliche Situation überleben würde.

Trotz des schlimmen Zustands, in dem ich war, und trotz des Umstandes, dass wir einander nicht sehen konnten, merkte ich an der Stimme meines Cousins, wie sehr er in Angst und Sorge um mich war. Ich war ergriffen und unglaublich erleichtert, dass er das notwendige Geld beisammenhatte und bereits bezahlt hatte. Unwillkürlich begann ich zu weinen.

Als der Schlepper meine Tränen sah, fragte er mich, warum ich denn weine, wo doch das Geld nun bezahlt sei. Brüsk nahm er mir das Telefon wieder aus der Hand und sprach selbst wieder mit meinem Cousin. Dann legte er auf.

Mein Cousin hatte mein Leben gerettet.

Noch am selben Nachmittag kam ein Pick-up, mit dem alle, für die bezahlt worden war, in den Sudan gebracht wurden. Wir waren in etwa zwanzig Personen. Auf der Ladefläche war es wieder sehr eng. Ich konnte nicht einmal mehr selbstständig sitzen und lag einfach auf den Beinen der anderen. Und wieder fuhr der Fahrer sehr schnell, und wir verschwanden buchstäblich in einer Staubwolke. Meine Augen tränten vor lauter Staub.

Bei Sonnenuntergang erreichten wir die Grenze zum Sudan. Ich war nun bereits über zwei Monate unterwegs. Es war für uns unmöglich, einfach über den Grenzübergang und in die erste sudanesische Stadt zu fahren, die auf der Strecke lag. Denn ein Pick-up, der auf der offenen Ladefläche eine Vielzahl an Menschen transportierte, wäre natürlich sofort aufgefallen. Deshalb mussten wir außerhalb der Stadt in einem Wald aussteigen und uns dort verstecken, bis ein Bus kam, mit dem wir weitertransportiert wurden. Ich war noch so schwach und fühlte mich schwindelig, sodass ich nicht selbstständig einsteigen konnte. Andere Leute mussten mir bei den Treppen helfen und hievten mich auf einen Sitzplatz.

In dem Bus konnte uns niemand sehen, da alle Fenster mit dichten Vorhängen verhängt waren. Nachdem wir losgefahren und in die Vororte der sudanesischen Grenzstadt gekommen waren, konnten wir nicht einmal die Lichter der Stadt erkennen, deren Namen man uns nicht sagte. Bis heute kann ich nicht mit Sicherheit sagen, welche Stadt es war.

Wir wurden zum Haus der Schlepper im Zentrum der Stadt gebracht. Der Bus hielt direkt vor der Tür des Hauses, damit wir möglichst unbeobachtet aussteigen konnten. Die Schlepper standen an beiden Seiten der Tür und versuchten, uns zusätzlich noch mit ihren Körpern abzuschirmen.

Doch das nächste Unglück lauerte bereits: Trotz der Vorsichtsmaßnahmen der Schlepper hatte ein Mann unsere Ankunft aus dem Fenster seiner Wohnung im oberen Stock eines Nachbarhauses beobachtet und sofort Alarm geschlagen.

Innerhalb kürzester Zeit kamen von allen Seiten Autos mit Männern, die mit Stöcken bewaffnet waren. Außerdem kamen viele Anwohner aus den umliegenden Häusern heraus auf die Straße. Plötzlich war alles um uns herum laut und hektisch. Unsere Schlepper ergriffen Hals über Kopf die Flucht, und alle aus unserer Gruppe, die noch kräftig genug waren, rannten ebenfalls weg. Jeder dachte dabei nur daran, sich selbst zu retten. Ich jedoch war zu schwach, um wegzulaufen, und wurde gemeinsam mit vier anderen Flüchtenden festgehalten.

Während man die anderen vier sofort zu einem Auto trieb, war ich trotz der Gewalt viel zu geschwächt, um mich von der Stelle zu bewegen. Deshalb bedrängten mich die Angreifer und begannen schließlich, mit Füßen auf mich einzutreten. Dabei fluchten sie und redeten in einer Sprache über mich, die ich nur sehr schwer verstand.

Antworten konnte ich ihnen nicht. Soweit ich ihre Worte aufschnappen konnte, waren sie der Meinung, dass ich ohnehin nicht mehr lange leben würde. Nun begannen sie auch, mir ins Gesicht zu schlagen. Ein Schlag war besonders fest und schmerzte sehr. Ich blutete, und mein Gesicht schwoll im Nu an. Nachdem sie mich auf diese Weise misshandelt hatten, ließen sie mich einfach zurück.

Ich kauerte an der Wand des Hauses, hatte keinerlei Orientierung und wusste nicht, wie es nun mit mir weitergehen sollte. Ich war ganz allein, und um mich herum war plötzlich alles still. Niemand war da, den ich um Hilfe hätte bitten können.

In diesem Moment bat ich Gott, mich zu sich zu holen. Ich wäre gern gestorben, um die Schmerzen nicht länger ertragen zu müssen, konnte mein Leben aber nicht selbst beenden.

Doch nun geschah etwas, mit dem ich nicht gerechnet hätte. Einer der Schlepper kam wieder, um nachzusehen, ob noch jemand zurückgeblieben war. Ich hatte furchtbare Angst und hoffte, dass er nicht auf mich aufmerksam werden würde. Aber er fand mich, und statt mich zu quälen, wie es die anderen getan hatten, trug er mich in das Auto, mit dem er gekommen war, und brachte mich zu einem Haus.

Im Gegensatz zu den anderen Schleppern und den Angreifern war er nett zu mir. Er sah, dass es mir schlecht ging, und war offenbar bereit, mir zu helfen. Er gab mir Wasser und etwas zu essen. Obwohl ich großen Hunger hatte, konnte ich kaum schlucken und musste mich direkt wieder übergeben. Ich konnte nur das Wasser bei mir behalten. Der Mann sprach Amharisch, die Sprache, die in Nordäthiopien gesprochen wird – so konnten wir uns verständigen.

Um mich von meinen Schmerzen abzulenken, erzählte er mir Geschichten. Viele dieser Geschichten waren lustig und dazu gedacht, mich aufzuheitern. Doch in der Situation, in der ich mich befand, fiel es mir schwer zu lachen.

Ich konnte mich kaum auf die Worte des Mannes konzentrieren, und meine Augen fielen immer wieder zu. Das bereitete ihm offenbar Sorgen, und er meinte, dass er versuchen wolle, mich am kommenden Tag zu einem Arzt zu bringen. Er sagte allerdings auch, dass dies nicht ungefährlich sei und dass er mir nicht versprechen könne, dass es klappen würde.

Bald danach schlief ich auf der Matratze, auf der ich lag, ein. Mitten in der Nacht erwachte ich aus einem furchtbaren Albtraum – all die schrecklichen Erlebnisse der letzten Zeit suchten mich mit einem Mal heim. Zunächst wusste ich nicht, wo ich eigentlich war. Mein neuer Beschützer war sofort zur Stelle und beruhigte mich. Ich erzählte ihm von meinem Albtraum, danach blieb er bei mir, und wir schliefen beide ein.

Als ich frühmorgens aufwachte, war ich allein. Mein Beschützer hatte das Haus verlassen. Ich spürte sofort, dass ich Fieber bekommen hatte. Da ich großen Hunger hatte, begann ich, das Haus nach Essbarem zu durchsuchen. Aber alles, was ich fand, war ein Stück trockenes Brot. Trotz meines Hungers bekam ich das Brot nicht herunter. Mein Kopf dröhnte. Ich fand eine Flasche mit Wasser, wusch mein Gesicht, trank und leerte mir das restliche Wasser über den Kopf, um mein Fieber zu kühlen.

Ich hätte mich gern an die frische Luft gesetzt – doch ich traute mich nicht nach draußen, da ich Angst hatte, entdeckt zu werden. Die Ereignisse des vorhergehenden Tages hatten mir große Angst gemacht. Weil meine Hautfarbe heller ist als die der Sudanesen, wäre ich hier sofort erkannt worden. Ich beschloss also, mich wieder auf meine Matratze zu legen.

Weil ich nicht mehr schlafen konnte, starrte ich mit offenen Augen an die Decke und dachte über meine Zukunft nach. Alles war still und einsam rund um mich. Ich musste an all das denken, was ich in den letzten Wochen erlebt hatte: an die Durchquerung des Flusses, an meine Panik und an meinen Versuch, wieder umzukehren. Daran, als mich der Schlepper einfach gepackt und mit sich in den Fluss gezogen hatte, und an das Gefühl, als mir dann das Wasser bis zum Hals stand.

Nun, in diesem Haus in der sudanesischen Grenzstadt, von der ich nicht einmal den Namen wusste, fühlte ich mich sehr einsam. Während mir all diese Erinnerungen durch den Kopf gingen, kam der Mann zurück. Er berichtete, dass er versucht habe, mir einen gefälschten Pass zu besorgen, damit ich mich frei bewegen und zum Arzt gehen könne. Doch leider sei ihm das nicht gelungen.

Was er aber dabeihatte, waren frische Semmeln, eine Dose Bohnen und eine Dose Thunfisch, und so konnten wir zusammen frühstücken. Außerdem brachte er mir neue Kleider und Schuhe. All das tat er natürlich nicht aus Altruismus. Auch er war Schlepper, und mein Cousin sollte später ein weiteres Mal über einen Verbindungsmann Geld an ihn zahlen. Die Art des Schleppers, das Essen zuzubereiten, war für mich sehr ungewohnt, und aufgrund meiner schlechten Verfassung konnte ich noch immer kaum essen. Nachdem mein Beschützer fertig war, brachen wir trotz der fehlenden Papiere gemeinsam auf, um einen Arzt aufzusuchen.

Wir liefen durch die Straßen dieser mir völlig fremden Stadt und versuchten dabei, in Deckung zu bleiben und den Menschen aus dem Weg zu gehen. Nach zwanzig Minuten stießen wir unvermittelt auf eine Polizeistreife. Wir sahen, dass die Polizisten willkürlich Menschen kontrollierten und Geld von ihnen forderten.

Ich erschrak fürchterlich. Wir drehten sofort um und versuchten, uns so rasch wie möglich hinter den nächsten Häusern zu verstecken. Dort packte mein Begleiter mich am Arm und zog mich mit sich. Ich war noch schwach und deshalb nicht sehr schnell. Doch nun tat sich überraschenderweise eine weitere rettende Tür auf: Ein Mann hatte uns von seinem Auto aus beobachtet, war uns gefolgt und forderte uns nun auf einzusteigen.

Es stellte sich heraus, dass auch er ein Schlepper war. Ohne ihn wären wir mit Sicherheit von den Polizisten festgenommen worden. Wegen meiner Hautfarbe und den langen Haaren, die hier niemand auf diese Weise trug, war ich viel zu auffällig.

Unser unvermuteter Retter fuhr uns nun sogar zu einem Arzt.

Der Arzt untersuchte mich gründlich und nahm Blut ab. Danach fühlte ich mich noch schwächer, und ich zitterte am ganzen Körper. Der Arzt bestätigte, dass ich schwer krank war, und veranlasste sofort, dass ich in ein Krankenbett gelegt wurde. Danach bekam ich eine Infusion und eine Sauerstoffmaske. Außerdem gab mir der Arzt noch zwei Spritzen. Um mich zu erholen, sollte ich drei Stunden liegen bleiben.

Danach ging es mir endlich etwas besser, und das Fieber sank. Ich erklärte dem Arzt auch, dass ich kaum essen konnte, und er gab mir eine Tablette gegen Übelkeit. Die Banane, die er mir danach anbot, konnte ich bereits essen, ohne dass mir schlecht wurde.

Bevor ich schließlich gehen durfte, bekam ich noch neun Spritzen mit auf den Weg, von denen ich mir jeden Tag eine geben sollte. Das alles kostete mich 800 sudanesische Pfund, was in etwa 13 Euro entspricht. Ich hatte das Glück, dass meine

Familie mir über die Schlepper Geld geschickt hatte, und so konnte ich bezahlen.

In der Zwischenzeit hatte der zweite Schlepper ein Auto organisiert, mit dem er mich zu einem anderen Haus brachte. Dort warteten bereits sechs andere junge Männer, die so wie ich vorhatten, die Wüste Richtung Norden zu durchqueren.

Hier sollte ich bleiben und warten, bis genügend Menschen beisammen waren. Da ich mir die Spritzen, die mir der Arzt gegeben hatte, selbst nicht geben konnte, organisierte der Schlepper extra einen jungen Eritreer, der etwas von medizinischen Fragen verstand und der nun jeden Tag kam, um mir die Spritzen zu geben.

Nach vier Tagen ging es mir wieder so gut, dass ich die Spritzen, die nun noch übrig waren, verweigerte. Ich aß viel und kam wieder gehörig zu Kräften. In diesen Tagen stießen viele Menschen zu uns, sodass wir bald genug waren, um uns auf den Weg in die Wüste machen zu können. Mein Retter, der mich am Tag meiner Ankunft auf der Straße aufgelesen hatte, wollte eigentlich, dass ich noch bleibe, um wieder ganz gesund zu werden. Aber ich wollte keinen Tag länger in dieser Stadt bleiben.

Je näher der Tag der Abreise rückte, desto mehr stieg die Spannung in unserer Gruppe. Wir waren an die 230 Personen, die auf die Abreise warteten. Die Menschen gingen immer öfter in die Stadt, um sich mit Vorräten für den harten und langen Weg durch die Wüste einzudecken. Mich aber wollte der Schlepper nicht allein aus dem Haus lassen, und ich durfte den Ort nur in seiner Begleitung verlassen.

Ich fühlte mich sehr eingeengt und gestresst. Abends, wenn der Raum voll mit Menschen war, stank es fürchterlich. Ich sehnte nichts mehr herbei als unsere Abfahrt. Kurz bevor es losgehen sollte, bat ich schließlich einen Jungen aus unserer Gruppe, Vorräte für mich einzukaufen. Obwohl ich diesen Jungen gar nicht kannte, war er sehr nett zu mir und willigte ein.

Noch am selben Abend kam ein Bus, um uns abzuholen. Ich schmuggelte mich mit den vielen anderen Menschen nach draußen, sodass der Schlepper mich nicht bemerkte. Denn je mehr Zeit vergangen war, desto mehr hatte ich Angst, dass er mich vielleicht nicht gehen lassen würde. Wie schon beim letzten Streckenabschnitt waren wieder die Fenster des Busses verhängt, damit uns niemand von außen sehen konnte.

Im Inneren war es furchtbar stickig. Alle Fenster, außer dem des Fahrers, waren geschlossen. Ich setzte mich in eine der hinteren Reihen und konnte kaum atmen. So wurden wir aus der Stadt gebracht. Als die Schlepper uns nach etwa einer Stunde befahlen, auszusteigen, warteten bereits mehrere Pick-ups auf uns. Jedem Fahrzeug wurden dreißig Personen zugeteilt.

Wieder hatte ich große Angst vor der Fahrt auf der offenen Ladefläche – stieg aber trotzdem auf.

MEIN WEG DURCH DIE WÜSTE

Es war ein Montagabend um sechs Uhr, als wir vom Sudan aus mit einem Konvoi von vier Pick-ups in die Sahara aufbrachen. Unser Ziel war Libyen. Wiederum waren die Fluchtbedingungen gefährlich, um nicht zu sagen, lebensbedrohlich.

Nachdem wir zwei Stunden gefahren waren, kamen wir in eine Kontrolle des sudanesischen Militärs. Das Militär interessierte sich aber nicht für unsere Pässe, sondern konzentrierte sich allein darauf, alle Menschen sowie ihre Taschen, ihre Kleidung und sogar die Unterwäsche der Frauen zu durchsuchen. Ich habe das nicht verstanden. Wir durften ihre Frauen nicht einmal anschauen, und sie durften mit unseren Frauen machen, was sie wollten. Dabei waren sie auf der Suche nach Wertgegenständen wie Handys, Schmuck und Geld. Sogar die Eheringe nahmen sie an sich. Die Militärs durchsuchten auch Schwangere am ganzen Körper. Sie waren also nicht darauf aus, uns aufzuhalten – sie wollten uns nur unser Geld abnehmen. Das Schlimmste aber war, dass ein weiteres Mal Frauen aus unserer Gruppe mitgenommen und vergewaltigt wurden.

Nachdem das alles durchgestanden war und die Militärs uns weiterfahren ließen, fuhren wir noch eineinhalb Stunden durch die Dunkelheit. Insgesamt waren wir ein Konvoi von etwa 230 Menschen, beinahe alle aus Eritrea. Gegen Abend schlugen die Fahrzeuge jeweils unterschiedliche Routen ein, um uns während der Nacht an verschiedenen Orten zu verstecken. So wollten die Schlepper verhindern, dass sie im Falle eines Überfalls oder einer unerwarteten nächtlichen Kontrolle ihre gesamte »Fracht« verlieren würden.

Um halb zehn Uhr hielten wir schließlich an, und wir mussten aussteigen. Wir waren im Nirgendwo – weit und breit waren kein Haus und keine Siedlung zu sehen. Die Fahrer machten kehrt und teilten uns mit, dass sie am nächsten Morgen wiederkommen würden.

Wir mussten die Nacht ohne Licht unter den Bäumen im Sand verbringen. Wir hatten große Angst vor wilden Tieren wie zum Beispiel Schlangen. Ich hatte ja schon einmal auf dieser Flucht miterleben müssen, wie jemand durch den Biss einer Schlange sein Leben verloren hatte – auch hier hätte es keinerlei Medikamente gegeben, um einen Schlangenbiss zu behandeln. Ich kannte in dem gesamten Konvoi keine einzige Person und war der Einzige aus meiner Gegend. In dieser Nacht schlief ich allein neben den anderen Leuten auf dem Sandboden der Wüste.

Es war noch nicht Morgen, da weckte mich jemand und fragte mich, woher ich käme. Wir sprachen miteinander. Nach und nach merkte ich, wie sich die Menschen um uns herum für unser Gespräch interessierten. Sie hatten Mitleid mit mir – denn ich war wie so oft der Jüngste unter allen Flüchtenden. Sie versprachen, sich ab jetzt um mich kümmern zu wollen. Noch heute denke ich mit Schaudern daran zurück, dass ich ohne ihre Hilfe im Wüstensand vielleicht verloren gegangen wäre. Wie bei so vielen anderen Stationen auf dieser Flucht hätte es auch hier leicht passieren können, dass ich starb. Die Fahrer dieser Konvois suchen in der Regel nicht nach fehlenden Menschen. Sie fahren am nächsten Tag einfach weiter.

Um sechs Uhr morgens kam ein riesiger Lkw, der nun die unterschiedlichen Verstecke abfuhr und alle Menschen einsammelte. Nun waren wir wieder auf der offenen Ladefläche des Lasters beisammen, und es war wieder so schrecklich eng. Wir saßen auf den Essensvorräten und den Wasserreserven, die jeder von uns mitgenommen hatte. Dadurch gingen natürlich viele der Plastikflaschen kaputt, und alles rundherum wurde nass.

Ich hatte durch die Hilfe des Jungen, der für mich eingekauft hatte, Kekse, Ananas, Mangos und Wasser mit dabei und hütete diese Vorräte wie meinen Augapfel. Da ich nicht wusste, wie lange wir unterwegs sein würden, hatte ich jeweils vier Flaschen beziehungsweise Dosen gekauft.

Unterwegs merkte ich dann aber schnell, was am wichtigsten war. Die Essensvorräte rührte ich kaum an – als wirklich essenziell erwiesen sich die Wasservorräte und die Ananas.

Mit der Zeit wuchs unsere Sorge, ob das Wasser reichen würde, denn wieder einmal wussten wir nicht, wie lange wir noch unterwegs sein würden.

Am zweiten Tag hielten wir unvermittelt an, weil die Fahrer essen wollten. Wir aber wollten weiter, weil wir die Durchquerung der Sahara so schnell wie möglich sicher hinter uns bringen wollten. Die Menschen auf der Ladefläche begannen zu protestieren und weigerten sich abzusteigen. Doch wir wurden nur ein weiteres Mal mit äußerster Gewalt behandelt.

Die Fahrer begannen, uns mit einem Kabel-Fahrradschloss zu schlagen und die Menschen einfach von der Ladefläche zu stoßen. Auf Kinder, Schwangere und Kranke nahmen sie keine Rücksicht. Mit großem Schrecken mussten wir feststellen, dass wir diesen Leuten völlig egal waren. Für sie waren wir wie Tiere, und sie verdienten lediglich ihr Geld mit uns.

So blieb uns keine andere Wahl, als von der Ladefläche abzusteigen. Die Sonne prallte auf uns herab, und wir hatten keinerlei Sonnenschutz. Die Fahrer hingegen stellten für sich einen improvisierten Sonnenschutz auf, unter dem sie nun für sich kochten.

Uns war sehr heiß, und wir hatten schnell Durst, durften aber unser Wasser nicht holen. Jeder versuchte, sich mit seiner eigenen Kleidung vor der Sonne abzuschirmen. Dabei gab es eine bemerkenswerte Hilfsbereitschaft und Solidarität: Die Starken halfen den Schwächeren und ließen auch sie in den Schatten. Wir zerrissen Jacken, Hosen und Hemden, um damit Schatten zu machen.

Nach etwa einer Stunde durften wir wieder einsteigen. Jeder trank von den Wasserreserven, ganz gleich, ob die Flasche ihm gehörte oder jemand anderem. Auch auf dem Lkw hatten wir natürlich keinen Schatten – welch eine Qual. Wir aßen die übrigen Ananas und hofften, auf diese Weise Wasser zu sparen.

Wir fuhren eine gefühlte Ewigkeit.

Da es sehr eng war, vereinbarte ich mit einem Mädchen, dass wir uns abwechselnd auf den Schoß nehmen würden, um die Unebenheiten der Fahrbahn abzufedern und so die schlimmsten Schmerzen zu verhindern. Das Mädchen war wie ich aus Eritrea. Sie war höchstens sechzehn Jahre alt.

Der Schlepper, der auf dem Dach der Fahrerkabine saß, ein arabischer Mann, wurde auf uns aufmerksam und begann, uns von oben misstrauisch zu mustern. Plötzlich sprang er auf, schlug mir ins Gesicht und befahl dem Mädchen, zu ihm zu kommen. Das Mädchen weigerte sich und wollte sich wehren – doch es half nichts. Er stieß mich weg und befahl mir, mich ganz hinten auf die Ladeklappe zu setzen. Ich musste gehorchen. Ich saß dort bis zum Nachmittag. Das Festhalten war furchtbar anstrengend, und mir tat jeder einzelne Knochen weh.

Wir fuhren und fuhren. Rundum war nichts zu sehen außer Sand. Endlich hielt der Lkw irgendwann an, und wir mussten abermals aussteigen. Wir befanden uns in einer Art Mulde zwischen Sanddünen, die vor Blicken geschützt war.

Dieser Ort war anders als der vorherige. Ich traute meinen Augen nicht: Überall lagen Rucksäcke, Knochen und tote Menschen umher. Teilweise waren sie schon fast vollständig vom Sand bedeckt. Wir waren extrem verstört und verängstigt – neben der Sorge um uns selbst waren viele unglaublich aufgebracht und alarmiert, weil sie es für möglich hielten, dass hier vielleicht vermisste Familienmitglieder oder Freunde, die sich vor ihnen auf den Weg gemacht hatten, zu Tode gekommen waren.

Ich wusste, dass die Schlepper schwache oder kranke Menschen nicht selten ermordeten und ihre Leichen auf der Wegstrecke zurückließen. Trotz des entsetzlichen Eindrucks, den dieser Ort auf uns machte, blieb uns nichts anderes übrig, als all unser Gepäck und unsere Vorräte abzuladen.

Abermals versuchten wir, mit verschiedenen Mitteln einen Sonnenschutz zu improvisieren. So leerten wir unsere Vorratssäcke aus, füllten sie mit Sand und stapelten sie zu einem kleinen Wall, um so an Schatten zu kommen. Dabei lernte ich einen anderen eritreischen Jungen kennen. Wir beschlossen, unseren Sonnenschutz für einige Mädchen frei zu machen, die besonders unter der Hitze litten und deren Lippen schon ganz aufgeplatzt waren.

Nachdem wir den Mädchen auf diese Weise notdürftig geholfen hatten, beschlossen wir, diesen unheimlichen Ort näher zu erkunden. Es war entsetzlich: Manchmal bemerkten wir eine im Sand begrabene Leiche erst, als wir auf sie traten.

Wir waren starr vor Schreck und fragten uns, ob unter den Menschen, die hier elend gestorben waren, vielleicht ein Cousin, ein Freund oder ein Nachbar sein könnte. Wenn wir Taschen oder Rucksäcke fanden, untersuchten wir diese nach Bildern oder Fotos. In manchen Fällen lagen die Taschen und Rucksäcke offenbar schon zu lange im Sand, und so konnten wir die Bilder nicht mehr richtig erkennen.

Wir waren von Angst erfüllt und befürchteten, dass wir nun selbst hier sterben könnten. Wir schworen einander, dass wir es nicht zulassen würden, hier zu sterben. Das Beste wäre, so dachten wir, die Zustände an diesem Ort fein säuberlich zu dokumentieren und mit einer Kamera oder mit einem Handy zu filmen, um später darüber Zeugnis ablegen zu können.

Aber uns fehlte jegliches technische Gerät, um das zu tun. Dann kam uns die Idee, auf den Kamm einer Düne zu klettern, um uns umschauen zu können und eine bessere Orientierung zu gewinnen. Wir mussten jedoch feststellen, dass wir bald bis zu den Oberschenkeln im Sand einsanken. Wir zogen unsere Schuhe aus und liefen barfuß weiter, obwohl der Sand auf unseren Sohlen brannte. Der Aufstieg stellte sich als zwecklos heraus: Nirgends konnten wir ein Haus oder einen anderen Ort erblicken, an den wir hätten gehen können.

Als ich zu meiner Gruppe zurückkam, trank ich erst mal eine halbe Flasche Wasser. Mir ging es hundsmiserabel. Ich hatte immer noch Durst, außerdem Hunger. Meine Füße taten weh. Ich wollte schlafen.

Ich grub mit meinen Händen ein Loch in den Sand, legte

mich hinein und versuchte, meine Beine mit meinem Rucksack und meinen Oberkörper mit meiner Jacke zu schützen. Eigentlich war ich nicht müde, doch in diesem Loch zu schlafen erschien mir als die einzige Möglichkeit, Wasser zu sparen und meinen Körper vor der Sonne zu schützen.

Doch die Ruhe dauerte nicht lange an: Ich wurde geweckt, weil eine Eidechse in das Loch gekrabbelt war, und niemand wusste, ob dieses Tier gefährlich war. Im Fall eines gefährlichen Bisses wären abermals keine Medikamente zur Hand gewesen. Meine Beschützer fingen das Tier ein und warfen es weit weg.

Wir warteten in etwa zwei Stunden. Danach erklärten uns die sudanesischen Schlepper knapp auf Arabisch, dass nun libysche Schlepper mit uns weiterfahren würden. Und tatsächlich: Einige Zeit später kamen bewaffnete Libyer, um uns abzuholen.

Sie machten einen extrem furchterregenden Eindruck. »Jalla, jalla!«, riefen sie und trieben uns auf die Ladeflächen ihrer Pick-ups.

Die libyschen Schlepper waren sehr unfreundlich zu uns und schlugen uns wieder mit einem Kabelschloss. Wir mussten uns sehr beeilen, wodurch einige ihr Gepäck zurücklassen mussten. Viele waren gezwungen, mit den Beinen nach außen auf der Ladekante zu sitzen.

Es fiel uns auf, dass die Fahrer fortwährend Haschisch rauchten. Unter Drogen, so sollte ich bald merken, hatten sie keine Angst und fuhren halsbrecherisch schnell.

Wenn die Fahrzeuge ruckartig über den Kamm einer Düne fuhren, wurden wir jedes Mal brutal in die Luft geworfen. Dabei wirbelten die Autos so viel Sand auf, dass die Menschen auf den Ladeflächen der hinteren Pick-ups den Sand in die Augen bekamen. Das wiederum führte dazu, dass manche beim Versuch, sich den Sand aus den Augen zu wischen, die Bordwand der Ladefläche, an der sie sich festgehalten hatten, losließen und hinunterfielen. Den Fahrern fiel es aber nicht im Traum ein, von selbst anzuhalten – man musste heftig protestieren, damit sie anhielten.

Es geschah auch immer wieder, dass die Wagen im Sand stecken blieben. In diesen Fällen befahlen uns die Fahrer abzusteigen. Wenn das nicht schnell genug geschah, zogen sie uns einfach von der Ladefläche und warfen uns in den Sand, wobei es immer wieder zu Verletzungen kam.

Als unser Pick-up wieder einmal stecken geblieben war, waren die Fahrer besonders sauer und ließen ihre Wut an uns aus. Sie zwangen uns dazu, mit unseren bloßen Händen die Reifen freizugraben. Der Sand drang dabei unter unsere Fingernägel, und wir schürften uns die Hände blutig. Ich hatte riesige Angst – denn die Libyer schlugen uns mit Schaufeln immer wieder auf den Rücken. Manche von uns konnten nach diesen Schlägen einfach nicht mehr aufstehen und blieben im Sand liegen. Als wir den Verletzten helfen wollten, sagten die Libyer, dass wir sie zum Sterben zurücklassen sollten. Sie zogen sie auf die Seite – niemand durfte zu ihnen. Wer immer ihnen helfen wollte, wäre auch geschlagen worden.

Endlich waren die Autos freigeschaufelt. Doch anstatt weiterzufahren, machten sich die Schlepper in ihrem Übermut und ihrer Arroganz nun plötzlich einen Spaß daraus, mit den leeren Wagen über die Dünen zu rasen. Sie lachten dabei und feuerten sich gegenseitig an.

Wir nutzten die Gelegenheit, um die Verletzten notdürftig zu versorgen. Wir halfen, weil wir überzeugt davon waren,

dass man einen Menschen nicht einfach so sterben lassen durfte. Gerade hier in der Wüste sahen wir es als unsere Pflicht an,
uns gegenseitig zu unterstützen und aufeinander aufzupassen.
Die Familien der Opfer hätten nicht einmal über den Tod ihrer
Liebsten informiert werden können. In der Wüste gibt es kein
Handynetz und keinerlei geografische Orientierung. Niemand
hätte ordentlich begraben werden können.

Als die Schlepper ihrer Motorsport-Übungen überdrüssig
geworden waren, kamen sie plötzlich auf unsere Gruppe zu und
zogen sieben der Mädchen, die mit uns gekommen waren, von
uns weg. Sie zwangen sie, auf die Pick-ups zu steigen, und fuhren mit ihnen davon.

Wir ahnten Schlimmes – und tatsächlich sollte sich später
herausstellen, dass die Schlepper die Mädchen vergewaltigt
hatten. Eines der Mädchen wehrte sich mit all ihrer Kraft, auf
den Pick-up aufzusteigen, selbst als einer der Schlepper sie mit
einem Colt bedrohte. Sie sagte den Männern, sie könnten sie
ruhig erschießen, denn sie sei hier, weil sie in Freiheit leben
wollte, und nicht, um von ihnen misshandelt zu werden. Alle
rund um uns weinten, weil niemand ihr helfen konnte. Das
Mädchen schrie und schrie, bis die Männer irgendwann von ihr
abließen und sie zu uns zurückkommen durfte.

Nachdem die Schlepper die Mädchen zu unserer Gruppe
zurückgebracht hatten, verschwanden sie erneut hinter einer
Düne, um Essen zuzubereiten – aber natürlich nicht für uns.
Uns gingen langsam die Vorräte aus, und über all die schrecklichen Dinge, die wir erlebten, legte sich einmal mehr das quälende Gefühl von Hunger und Durst.

Wir begannen zu diskutieren, was wir machen sollten. Einige schlugen vor, zu den Fahrern zu gehen und sie um Essen

zu bitten. So geschah es auch. Doch vergebens: Die Schlepper schickten unsere Abgesandten mit den Worten »Mir ist es egal, wenn ihr sterbt« wieder fort und bedrohten sie mit ihren Gewehren.

Erst später kam einer der Fahrer und schmiss uns ein Paket mit Schokokeksen zu. Das reichte natürlich nicht für alle, weshalb manche Erwachsene, vor allem die Frauen, ihren Keks mit den Kindern teilten und andere aufforderten, es ihnen gleichzutun. Wir bekamen auch etwas Wasser, aber es war sehr wenig; deshalb beschlossen wir gemeinsam, dass zuerst die kleinen Kinder trinken sollten und dann die Älteren.

Bald brach die Nacht über uns herein. Ich konnte nicht schlafen, weil ich großen Hunger und auch große Angst hatte. In meiner Verzweiflung stand ich auf, ging umher und beobachtete die schlafenden oder in sich zusammengekauerten Menschen.

Während ich den Sonnenaufgang erwartete, begann ich zu beten. In meine Gebete schloss ich auch meine Familie mit ein – meine Sorgen waren groß, denn ich hatte ja keine Nachrichten von ihnen und wusste nicht, wie es ihnen ging. Bestimmt machten sie sich große Sorgen um mich.

In dieser Nacht zweifelte ich daran, ob ich den Weg durch die Wüste überleben würde. Gern hätte ich meine Familie angerufen, um ihnen zu sagen, dass ich lebte, doch mein Handy war mir zusammen mit all meinen anderen Sachen weggenommen worden, und die Handys, die wir noch hatten, funktionierten nicht.

Das Beten half mir, diese entsetzliche Nacht zu überstehen. Es war mein Vater, der mich gelehrt hatte, dass Beten immer half. Das war in dieser Situation meine Rettung.

Um drei Uhr morgens kamen die Fahrer, um uns zu holen. Weiter und weiter fuhren wir durch die Wüste. Und wie schon am Vortag blieben die Pick-ups immer wieder im Sand stecken, sodass alle aussteigen mussten, um sie wieder freizugraben und rauszuschieben.

Bei einer dieser furchtbaren Freischaufelaktionen versank ich bis zu den Oberschenkeln im Sand. Da ich ja noch klein war und nicht viel Kraft hatte, kostete es mich ungemein viel Mühe, mich wieder zu befreien. All das war enorm anstrengend und brachte mich an meine körperlichen und psychischen Grenzen. Ich gab die Hoffnung nicht auf, weil ich ja das klare Ziel vor Augen hatte: in Freiheit zu leben.

Ein weiteres Mal hatten wir unseren Pick-up freigeschaufelt, stiegen wieder auf die Ladefläche und fuhren weiter. Nach einer Weile bemerkte ich, dass sich unter den Schleppern, die vor uns in der Fahrerkabine saßen, panische Aufregung breitmachte. Einer von ihnen hatte offenbar mit seinem Fernglas ein anderes Fahrzeug erspäht.

Bald war uns klar, dass die Schlepper davon ausgingen, es könnten Banditen sein, die uns ausrauben wollten. Weil die Schlepper nur an sich dachten, hielten sie einfach an und warfen uns in den Sand. Sie bläuten uns ein, dass wir den Banditen keinerlei Informationen über sie geben sollten. Dann fuhren sie, so schnell sie konnten, weg.

Unser Entsetzen war groß: Nun waren wir ohne Wasser und ohne Essen allein in der Wüste und wussten nicht, ob die Fahrer jemals zurückkommen würden.

Wir saßen ohne Schutz in der prallen Sonne, und schon nach kurzer Zeit hatte ich großen Durst. Abermals klebte meine Zunge am Gaumen, und ich hatte nicht genug Kraft, um aufzustehen. Die Menschen, die am nächsten um mich herum saßen, machten sich immer mehr Sorgen um mich und hatten Angst, dass ich sterben könnte. Deshalb versuchten sie, unter den anderen Flüchtenden Wasser für mich zu finden.

Wir waren nun mehrere Hundert Leute – Muslime und Christen. Von den Christen hatte niemand mehr Wasser dabei, die Muslime aber schon, weil sie mit einem anderen Auto gekommen waren. Mir ging es immer schlechter, ich konnte mich kaum bewegen, und meine Zunge und mein Hals waren staubtrocken.

Einige Leute versuchten, mir zu helfen, indem sie ein Loch in den Sand gruben, um meinen Hals mit Sand aus den tieferen Schichten zu kühlen. Doch das half kaum, denn auch dieser Sand war heiß. Schließlich schlug mir jemand vor, dass ich in eine leere Flasche pinkeln und meinen Urin trinken solle, um nicht zu verdursten. Da ich kaum etwas getrunken hatte, konnte ich gar nicht urinieren.

Meine Begleiter baten nun die Muslime, die wie wir an diesem Ort im Stich gelassen worden waren, um Wasser. Die meisten wollten aber nicht helfen und sagten, dass es ihnen egal wäre, ob ich sterben würde.

Doch wie so oft auf dieser Flucht geschah nun plötzlich etwas, womit ich nicht gerechnet hätte: Ein alter sudanesischer Mann kam auf mich zu und flößte mir langsam und behutsam drei Verschlusskappen Wasser ein. Das half mir, obwohl es nur so wenig war. Als die Menschen, die rund um mich saßen, das sahen, schienen auch sie zu bemerken, wie schlecht es um mich stand. Sie schickten sich nun an, aus ihrer Kleidung einen Sonnenschutz für mich zu bauen.

Die Zeit verging, und inzwischen waren wir wohl schon seit

einigen Stunden an diesem verlassenen Ort mitten in der Wüste. Mein Durst verschlimmerte sich wieder, und weil nun wirklich kein Wasser mehr zu bekommen war, versuchten die Leute, mich mit Geschichten abzulenken, um zu verhindern, dass ich einschlief. Einzuschlafen wäre in dieser Situation des akuten Wassermangels lebensbedrohlich gewesen.

Die Geschichten gefielen mir – und ich lauschte. Heute ist mir klar: Wenn meine Begleiter sich nicht so sehr um mich gekümmert hätten, hätte ich den Weg durch die Wüste vielleicht nicht geschafft und wäre, wie viele andere, gestorben. Meine Familie hätte niemals von meinem Schicksal erfahren. Ich hatte wirklich großes Glück.

Letztendlich kamen die vermeintlichen Banditen gar nicht zu uns, aber nach geschlagenen vier Stunden kamen die Schlepper schließlich zurück. Weil ich vollkommen schwach und ermattet war, nahmen mich zwei Leute an den Armen, um mich zu stützen und bei den Fahrern erneut um Wasser zu bitten. Sie waren sogar bereit, dafür auf ihre eigene Ration zu verzichten.

Zuerst wollten die Fahrer nicht helfen und sagten abermals, dass es ihnen egal sei, ob ich leben oder sterben würde, und dass es das Beste wäre, mich in der Wüste zurückzulassen. Dabei bedrohten sie uns mit Gewehren und schossen in die Luft, um uns Angst einzujagen.

Doch abermals geschah etwas äußerst Bemerkenswertes: Meine Mitreisenden weigerten sich geschlossen, auf den Pickup aufzusteigen, und forderten, dass ich Wasser bekommen müsse. Und siehe da: Die Schlepper gaben nach und holten eine Tasse Wasser für mich. Das meiste davon schütteten sie mir mit der Hand ins Gesicht, einen kleinen Teil davon durfte ich trinken.

Ein weiteres Mal war mein Leben gerettet.

Wir stiegen auf und fuhren weiter. Wie schon zuvor rasten die Fahrer buchstäblich durch die Wüste. Wir wurden auf der Ladefläche auf unerträgliche Weise hin und her geschüttelt. Und nicht nur das: Wenn unser Pick-up mit hoher Geschwindigkeit vom Kamm einer Düne nach unten sauste, kam es vor, dass einige Leute über das Dach des Wagens auf die Motorhaube geschleudert wurden.

Das führte zu allerlei Verletzungen. Die Fahrer hielten zwar an, damit alle wieder aufsteigen konnten, aber sie drohten immer wieder damit, dass sie das nächste Mal einfach weiterfahren würden. Deshalb versuchten wir, auf der Ladefläche eine halbwegs gute Sitzordnung zu finden, um das Schlimmste zu verhindern: Die Männer setzten sich auf den Rand der Ladefläche und hielten sich mit aller Kraft fest. Frauen und Kinder saßen auf unseren Knien, in der Mitte der Ladefläche. So versuchten wir, einander zu sichern.

Doch auch diese Vorsichtsmaßnahmen reichten nicht aus. Nach einigen Stunden konnte sich ein eritreischer Mann nicht mehr halten und fiel von der Ladefläche. Der libysche Fahrer hielt nicht an, obwohl wir energisch mit den Händen auf das Dach des Pick-ups trommelten. Als der Fahrer uns weiter ignorierte, blieb uns nichts anderes übrig, als einer nach dem anderen von der Ladefläche zu springen.

Nun erst gab der Fahrer nach und hielt an. Die Fahrer der anderen Wagen bemerkten nun ebenfalls, dass etwas nicht in Ordnung war, und fuhren auf uns zu. Als die Fahrer hinuntersprangen, merkten wir sofort, dass sie nichts Gutes im Sinn hatten. Mit ihren Gewehren liefen sie auf uns zu, schossen in die Luft und in den Sand neben uns und brüllten uns an. Sie waren der festen Überzeugung, dass wir den Fahrer unseres Wagens geschlagen hätten.

Trotz dieser Einschüchterungen machten sich einige aus unserer Gruppe auf und gingen die paar Hundert Meter Strecke zurück, um den Mann zu suchen, der vom Pick-up herabgestürzt war. Er hatte sich bei seinem Sturz ein Bein gebrochen und konnte nicht laufen, weshalb wir ihn zum Wagen zurücktragen mussten.

Die Schlepper wollten ihn allen Ernstes hier in der Wüste zurücklassen – doch das nahmen wir nicht hin. Wir beschlossen gemeinsam, ihn in die Mitte der Landefläche auf die Beine der Frauen und Mädchen zu legen. Der arme Mann hatte furchtbare Schmerzen. Da wir keine Medikamente hatten und in unserer Gruppe auch kein Arzt vertreten war, konnten wir ihm nicht viel helfen. Während der weiteren Fahrt litt er unglaubliche Qualen.

So ging es weiter. Uns allen war sehr heiß, wir hatten Hunger und Durst und konnten uns kaum noch festhalten. Immer mehr Menschen wurden ohnmächtig und fielen einfach über die anderen.

Wir konnten uns kaum noch bewegen und wussten nicht, ob wir diese Fahrt überleben würden. Am Schluss waren nur noch neun Leute bei Bewusstsein. Mit Entsetzen bemerkte ich, dass uns der Fahrer im Rückspiegel beobachtete und über unser Elend lachte.

Nach weiteren zwei Stunden Fahrt versuchten wir ein weiteres Mal zu protestieren und schlugen gegen die hintere Scheibe der Fahrerkabine. Zwar hielt der Fahrer nun kurz an, aber unsere Bitte, die Kinder, die ja am meisten litten, mit zu sich nach vorn in die geschützte Fahrerkabine zu nehmen, lehnte er ab.

Stattdessen zwang er nun zwei Mädchen, nach vorn in die Fahrerkabine zu kommen. Wir ahnten bereits, was das bedeuten würde: Und tatsächlich begann er, die Mädchen zu belästigen, sobald wir wieder losfuhren. Obwohl sich die jungen Frauen wehrten, versuchte er ohne Unterlass, ihre Brüste anzufassen – dabei zerriss er ihre Kleidung. Wir konnten nur versuchen, den Mädchen durch unsere Zurufe Mut zu machen – mehr konnten wir nicht tun.

Nach langer Zeit machten wir endlich wieder eine Pause. Zuerst verstanden wir nicht, aus welchem Grund wir anhielten. Dann stellte sich heraus, dass hier Benzinfässer vergraben waren. Die Schlepper bargen sie und machten sich dann daran, das Benzin mit in etwa einem Drittel Wasser zu strecken.

Doch nicht etwa, um damit die Pick-ups zu befüllen. Wir sollten diese Mischung mit einem Schlauch trinken. Die Schlepper taten das, damit wir nicht zu viel tranken. Weil ich so klein und schwächlich war, kam zuerst ich an die Reihe. Mein Verlangen nach Flüssigkeit war so groß, dass ich den bitteren und ätzenden Geschmack des Benzins gar nicht bemerkte.

Rund um mich riefen die Leute, dass ich nur einen kleinen Schluck nehmen sollte – ich aber trank und trank. Plötzlich bekam ich einen Schlag an den Kopf, und einer der Libyer drohte, mich zu erschießen, wenn ich nicht aufhörte zu trinken. Mit seiner Pistole im Anschlag zwang er mich, mich mit dem Kopf an den Knien auf den Boden zu kauern. Ich spürte den Colt im Genick und wagte es kaum zu atmen.

Der Schlepper befahl mir, in dieser Position dreißig Minuten lang hocken zu bleiben – so lange, wie die anderen in der Gruppe brauchten, um ebenfalls zu trinken. Nach etwa zwanzig Minuten ließ er von mir ab und entfernte sich ein paar Meter von mir. Ich nutzte die Gelegenheit sofort, lief weg und versteckte mich. Zu meinem Glück bemerkte der Schlepper zu spät, dass ich ihm entkommen war.

Nachdem alle etwas getrunken hatten, mussten wir wieder aufsteigen. Ich passte auf, dem Schlepper, der mich zuvor bedroht hatte, nicht aufzufallen. Unser Konvoi setzte sich wieder in Bewegung. Von dem Benzin bekam ich nun stechende Bauchschmerzen. Und ich war nicht der Einzige: Vielen wurde auf der Fahrt von dem Benzin schlecht, und sie übergaben sich.

Überall auf der Ladefläche und auf unseren Körpern war Erbrochenes, und dadurch wurde natürlich denjenigen, die sich nicht übergeben hatten, auch noch schlecht. Ich versuchte, bewusst wegzuschauen und den Brechreiz zurückzuhalten, doch umsonst. Auch mir wurde speiübel, und alles, was ich getrunken hatte, kam wieder heraus. Da ich lange nichts mehr gegessen hatte, konnte ich mich irgendwann nicht mehr übergeben und musste nur noch würgen.

Es waren furchtbare Stunden.

In der nächsten Nacht hielten wir bei einer Gruppe von Häusern an und mussten ohne zu trinken und zu essen auf dem Betonboden schlafen. Ich tat kaum ein Auge zu, weil mir immer noch schlecht war und ich gleichzeitig Hunger und Durst hatte.

Wieder überkam mich schreckliches Heimweh. Zu Hause hatte meine Mutter immer für mich gesorgt. Hier, während dieser schrecklichen Flucht, war ich nun völlig auf mich allein gestellt. Ohne die Hilfe und Solidarität meiner Mitreisenden wäre ich verloren gewesen. Ich war ja noch ein Kind. Doch der Weg zurück in die Heimat war abgeschnitten. Mit blieb keine Wahl, als mit den Schleppern weiterzureisen.

Um drei Uhr morgens kam plötzlich der Befehl zur Weiterfahrt. Die Schlepper trieben uns aus dem Haus und zwangen uns, wieder aufzusteigen. Dann fuhren wir bis zwölf Uhr mittags durch.

In diesem Rhythmus ging es noch zwei Tage lang weiter. Als wir schon kurz vor Libyen waren, nahm unsere ohnehin schon schreckliche und lebensbedrohliche Fahrt eine drastische Wende: Bei einem alten Haus zwangen Kriminelle unseren Konvoi mit Waffen zum Anhalten, und wir mussten alle absteigen.

Die Männer trugen schwarze Kleidung und hatten sich schwarze Tücher um den Kopf gewickelt, die nur einen schmalen Spalt um die Augen frei ließen. Sie brachten uns allesamt in den Keller des Hauses. Dort stellten sie die Bedingung, dass jeder von uns 600 Euro zahlen müsse. Bevor das Geld nicht bezahlt sei, dürften wir nicht weiterfahren.

Dabei schritten sie auch selbst zur Tat und durchsuchten uns nach Geld oder Wertsachen. Dies ging mit ungeheurer Brutalität vonstatten. Wir wurden geschlagen und gedemütigt. Schließlich musste ein junger Mann vortreten und sich mit erhobenen Händen an die Wand stellen. Sie forderten ihn auf, zu zahlen und seine Wertgegenstände herauszugeben.

Als er beteuerte, nichts zu besitzen, drohten ihm die Banditen, seine Hände abzuhacken oder ihn zu erschießen. Der junge Mann wiederholte seine Aussage und sagte in seiner Verzweiflung, dass ihn die Banditen ruhig erschießen sollten.

Daraufhin nahmen sie ihn mit nach draußen. Nach einer Weile hörten wir Schüsse. Kurz darauf kamen zwei der Männer mit einer Tasse voll Blut zu uns in den Keller zurück. Auf diese Weise wollten sie uns glauben machen, sie hätten den jungen

Mann erschossen. Später stellte sich heraus, dass es sich um eine Scheinexekution gehandelt hatte und dass die Banditen in die Luft geschossen hatten, anstatt auf unseren Gefährten zu zielen. Woher das Blut stammte, das sie uns gezeigt hatten, kann ich nicht sagen.

Die Lage spitzte sich von Minute zu Minute immer weiter zu: Die Männer nahmen einen nach dem anderen aus unserer Gruppe mit und erklärten, alle zu erschießen, die nicht zahlen würden. Ich hatte unglaublich große Angst. Die Fahrt durch den Sudan hatte ich überlebt, ich war schon fast in Libyen. Ich wollte unter keinen Umständen sterben. Alles in allem hatte ich bereits 1.600 Euro für diese Flucht bezahlt – ich wollte und konnte nicht ein weiteres Mal zahlen.

Die Banditen dachten, dass ich aus Angst leichtfertig alles über meine Familie ausplaudern würde, weil ich noch so ein kleiner Junge war. Meine immer größer werdende Wut über ihr brutales Vorgehen gab mir plötzlich eine Kaltschnäuzigkeit, mit der ich selbst nicht gerechnet hatte. Ich sagte ihnen geradeheraus, dass ich kein Geld mehr hatte und dass ich es auch nicht einfach herbeizaubern könnte.

Mein plötzlicher Mut brachte mich dazu, ihnen offen zu sagen, dass ich in meiner Heimat kein gutes Leben gehabt hatte und warum ich geflohen war: »Ich will doch nur frei sein.«

Ich hatte mich bereits damit abgefunden, ohnehin an diesem verlorenen Ort erschossen zu werden. Und so redete ich frei von der Leber einfach weiter und fragte die Männer, was sie sich eigentlich dabei dachten, andere Menschen dermaßen zu quälen und sie auszurauben.

Unerschrocken sagte ich auf Tigrinya und in meinem gebrochenen Arabisch: »Ich weiß nicht, wer du bist, ich sehe nur deine Augen. Vielleicht hast du ein Kind, so wie ich eines bin. Denke daran: Ich bin nicht anders als dein Kind!«

Der Bandit antwortete: »Warum redest du so viel? Willst du nicht leben?«

»Natürlich will ich. Ich habe meine Heimat verlassen, weil ich in Freiheit leben möchte. Ihr aber quält uns und wollt uns Angst einjagen.«

Der Mann fragte mich weiter nach meinen Eltern, da er natürlich darauf abzielte, dass ich sie anrief, um sie um Geld zu bitten. Er fragte ein weiteres Mal, ob ich an meinem Körper Geld oder Wertgegenstände versteckt hätte. Ich erklärte nüchtern und mit einem zynischen Ton, dass mir andere Banditen bereits alle meine Sachen gestohlen hätten und dass ich nun nichts mehr am Leib tragen würde.

»Okay«, sagte der Bandit, »wenn du sagst, du hast nichts mehr, werden wir dich jetzt durchsuchen. Wenn wir doch etwas finden, schlachten wir dich wie ein Schaf.« Daraufhin begann er mich zu durchsuchen und schnitt mein Hemd mit einem Messer auf.

Ich hatte vorsorglich all das restliche Geld, das mir mein Cousin über die Verbindungsleute hatte zukommen lassen, in mein Hemd eingenäht. Zwar durchtrennte der Bandit zusammen mit meinem Hemd einen der Geldscheine, aber er fand nichts.

Voller Wut packte er mich, schleppte mich nach draußen und sagte, dass ich jetzt auch sterben müsse. Wie der junge Mann vorhin musste auch ich mich in den Sand legen und in der Sonne ausharren. Ich durfte mich nicht bewegen, und weil mein Hemd aufgeschnitten war, wurde mir schrecklich heiß. Irgendwann begann meine Nase zu bluten. Die Räuber standen mit ihren Gewehren hinter mir und achteten darauf, dass ich mich nicht bewegte. Das Blut lief mir in den Mund, und ich schluckte es herunter. Nach einer Weile hörte das Blut auf zu rinnen und trocknete auf meinem Körper.

Durch all diese Torturen versuchten die Kidnapper natürlich nur, mir Angst zu machen – aber ich hatte keine Angst mehr. Ich dachte, dass ich sowieso sterben würde, auch weil ich so viel Blut verloren hatte. Vor meinem inneren Auge sah ich mich bereits als vertrocknete Leiche im Sand liegen. Meine einzige Sorge war, dass meine Familie dann nichts von meinem Tod erfahren würde.

Die Banditen hatten es bald satt, mit uns an diesem Ort auszuharren. Sie schienen einen Plan auszuhecken. Plötzlich schnappten sie mich, warfen mich auf die Ladefläche eines der Pick-ups und fesselten mich dort an einen Reservereifen. Dann fuhren sie mit mir los, während alle anderen Flüchtenden zurückblieben.

In einer Senke zwischen den Dünen hielten sie an. Was ich dort sah, war furchterregend: Wie schon vor mehreren Tagen sah ich viele tote Menschen umherliegen, die teilweise schon vom Sand begraben waren.

Die Entführer sprangen ab und unterhielten sich in einer Sprache, die ich nicht verstand. Nach einer Weile sagte einer der Männer auf Arabisch, dass sie mich nun hierlassen würden und dass mich dasselbe Schicksal ereilen würde wie die Menschen, die hier schon vor mir umgekommen waren.

Doch auch bei diesen Worten hatte ich meine Angst fast zur Gänze vergessen. Das Einzige, was ich fürchtete, war, dass sich mein Todeskampf lange hinziehen könnte. Lieber wäre ich gleich gestorben. Ich rechnete bereits damit, dass man mich aufschlitzen und meine Organe herausschneiden würde, um sie zu verkaufen. Denn auch das passiert oft in der Wüste.

Wieder einmal kam alles anders als gedacht. Der Stopp an diesem entsetzlichen Ort war nur dazu gedacht gewesen, meinen Willen zu brechen und mich weiter einzuschüchtern. Anstatt mich also hier zurückzulassen, fuhren die Banditen kurze Zeit später mit mir allein davon. Soweit ich das erahnen konnte, verfolgten sie nun offensichtlich den Plan, mich weiterzuverkaufen.

Nach etwa einer halben Stunde kamen wir bei einer Gruppe von Kamelhirten an. Und hier geschah nun das, wovor mir graute und wovor ich seit dem Beginn meiner Flucht Angst gehabt hatte: Ich wurde wie eine Kuh am Markt verscherbelt. Die Banditen sahen in mir keinen Menschen, sondern einen Gegenstand oder im besten Fall ein Nutztier, mit dem sie Geld verdienen konnten.

Ich hatte keine Ahnung, aus welchen Gründen und mit welchen Absichten mich die Kamelhirten gekauft hatten. Mir graute davor, was nun mit mir geschehen würde. Aber dann geschah abermals etwas Unerwartetes: Sowohl die Banditen, die mich soeben verkauft hatten, als auch die Kamelhirten fuhren weg und ließen mich mit den Kamelen einfach mutterseelenallein.

Alles, was es an diesem Wüstenort gab, war ein kleines Zelt sowie ein Becken mit Salzwasser und Wasserlinsen. Aus diesem Becken trank ich nun wie die Kamele mit dem bloßen Mund. Bevor sie weggefahren waren, hatten mir die Hirten noch drei Tafeln Schokolade gegeben und mir eingebläut, dass ich das Zelt nicht betreten dürfe. So blieb ich einfach bei den Kamelen.

Geschlagene drei Tage lang war ich mit den Tieren allein. Was für eine bizarre und merkwürdige Lage, in die ich da geraten war! Nachts war alles um mich herum stockdunkel. An Flucht war nicht zu denken. Ich war mitten in der Wüste und hatte keinerlei Orientierung.

Wenn sich die Kamele zum Schlafen hinlegten, legte ich mich einfach zu ihnen und wärmte mich an ihren Körpern. Wie eigenartig, dachte ich: Ich kenne diese Tiere nicht, doch sie sind gut zu mir. Sie beißen und treten mich nicht, und im Gegensatz zu den Menschen führen sie nichts gegen mich im Schilde.

Am vierten Tag kamen die Hirten schließlich zurück und holten mich ab. Sie brachten mich an einen anderen Ort, der ebenso verlassen war wie der vorherige, und verkauften mich mit Gewinn weiter. Der Mann, der mich kaufte, brachte mich zu einer Gruppe von Eritreern und Sudanesen, die ebenfalls versklavt worden waren. Sofort erkannte ich, dass es sich hier um dieselbe Gruppe handelte, von der ich vor wenigen Tagen in der Wüste getrennt worden war! Die Wiedersehensfreude war trotz unserer tragischen Lage riesengroß.

Wir wurden nun in ein Haus gesperrt und ein weiteres Mal nach Geld gefragt. Viele Menschen ließen sich von ihren Familien freikaufen, um so ihr Leben zu retten. Doch es gab auch Menschen, die nicht bezahlen konnten. So erging es einem etwa zwanzigjährigen Jungen aus dem Sudan, der kein Geld hatte und der auch nicht wusste, wen er um Hilfe fragen sollte.

Er hatte große Angst vor dem, was nun mit ihm passieren würde. Da ging er eines Abends mit seinem Gebetsschal auf die Toilette und erhängte sich dort. Zunächst bemerkten wir nichts, aber als der Junge längere Zeit nicht zurückkam, stießen einige

Männer die Tür auf und fanden ihn – da kam für den Jungen schon jede Hilfe zu spät.

Für mich war es unfassbar, dass die Leute, die uns hier festhielten, keine Spur von Mitgefühl zu haben schienen. Wir wollten den Leichnam unseres Gefährten beerdigen, aber unsere Peiniger trachteten nur danach, den leblosen Körper des Jungen möglichst schnell loszuwerden. So zwang man einige von uns mit Waffengewalt, den Leichnam irgendwo in der Erde zu vergraben. All das machte mich sehr traurig und wütend.

Da wir keine Handys mehr hatten und auch keinen Kontakt zur Familie des Jungen, konnten wir seine Angehörigen nicht benachrichtigen.

In dieser Nacht konnte ich nicht schlafen. Ich musste immerzu an diesen jungen Mann denken. Die Sorgen kamen zurück – ich hatte die ganze Nacht lang Tränen in den Augen.

Auch an meine Heimat musste ich denken, an die schönen Dinge, die ich dort erlebt hatte: Ich dachte an meine Familie und wie ich mit meiner Schwester gespielt hatte. An meinen Vater, mit dem ich immer gebetet, und an die Kinder, mit denen ich auf den Straßen und Feldern unseres Dorfes gespielt hatte.

Wenn man in Eritrea in Freiheit hätte leben können, wäre ich nicht durch diese gefährlichen Länder gereist. Ich hätte es nicht auf mich nehmen müssen, von Menschen geschlagen, gedemütigt und versklavt zu werden. Ich hätte nicht mitansehen müssen, wie Frauen vergewaltigt wurden.

Vor meiner Flucht aus Eritrea hatte ich bereits gewusst, dass es sehr gefährlich werden würde, und ich hatte auch Angst davor gehabt. Aber mir war keine andere Wahl geblieben: In meiner Heimat hatte ich für mich keine Zukunft gesehen. Ich hätte nichts lernen können – meine einzige Perspektive wäre ein endloser Militärdienst gewesen. Ich hatte mir bereits als Kind geschworen, niemals einen Menschen zu töten Es war eine sehr schwere Entscheidung für mich gewesen, meine Heimat und meine geliebte Mutter zu verlassen, aber ich hatte nicht anders gekonnt.

Mein Drang nach Freiheit ließ mich all diese schlimmen Dinge überstehen und trieb mich weiter – in das dunkelste Kapitel meiner Flucht.

IN DER LIBYSCHEN HÖLLE

Im Januar 2014 war ich von Eritrea aufgebrochen. Ich hatte zwei Monate in Äthiopien verbracht, zwei Wochen im Sudan und ungefähr acht Tage in der Wüste, auf dem Weg nach Libyen. Nun war März, und anstatt endlich an einem sicheren Ort anzukommen, war ich als vierzehnjähriger Junge an Kamelhirten verkauft worden.

Ich konnte nicht fassen, was geschehen war, und grübelte über die Geschehnisse der letzten Tage nach. Je länger ich darüber nachdachte, desto stärker hatte ich den Eindruck, dass dieser Deal nur ein Manöver war, um mir und meiner Familie noch mehr Geld aus der Tasche zu ziehen. Ich hatte die starke Annahme, dass sich die Käufer und Verkäufer untereinander kannten. So war es am Ende zu der absurden Situation gekommen, dass ich nach einigen Tagen zu meiner ursprünglichen und noch fast vollständigen Gruppe, mit der ich die Wüste durchquert hatte, zurückgebracht worden war.

In dem Haus warteten bereits andere Flüchtende, die das Geld für die Schlepper aufgetrieben hatten und nun hier ausharrten, bis es weiterging. Alles hing davon ab, ob man bezahlen konnte oder nicht.

Wie oft dachte ich damals in meinen kindlichen Fantasien daran, meine Peiniger mit waghalsigen Karateschlägen zu besiegen; ihnen ihre Waffen zu entwenden und mich selbst und andere Flüchtende zu befreien; der Qual ein Ende zu machen und Gerechtigkeit walten zu lassen. In meinen Tagträumen war ich der Held. Die Schlepper hatten keine Macht mehr über uns.

All diese Träumereien hatten natürlich nicht das Geringste mit der Realität zu tun. Die Türen des Hauses waren verschlossen, und wir durften uns nicht frei bewegen. Für die vielen Menschen gab es sehr wenig Platz, und ein weiteres Mal mussten wir übereinander schlafen. Da es keine Matratzen oder Decken gab, legten wir unsere Kleidung auf den Boden und schliefen abwechselnd darauf.

Von anderen Häftlingen erfuhren wir, dass in diesem Raum bereits Menschen gestorben waren. Andere waren misshandelt worden, und man sah die Blutspuren noch überall an den Wänden und am Boden.

Die Tatsache, dass immer wieder Menschen starben, hatte damit zu tun, dass viele geschwächt waren, nichts zu essen bekamen und keine Decken hatten. Unter uns waren auch einige Mädchen, die in der Nacht immer wieder von den Libyern geholt und vergewaltigt wurden. Manchmal vergewaltigten die Verbrecher auch junge Männer. Die jungen Frauen, denen man diese schlimme Gewalt antat, durften sich danach nicht einmal waschen.

Ich musste in dieser Zeit sehr oft an meine Schwester denken und an das, was ihr passiert wäre, wenn sie hier gewesen wäre. Niemand von uns konnte sicher sein, dass die Männer, von denen die Gewalt ausging, nicht ansteckende Krankheiten hatten. Selbst wenn ein Mädchen oder eine Frau mit ihrem Mann unterwegs war, war sie nicht sicher. Die Libyer fragten den Mann in solchen Fällen, ob die Frau zu ihm gehöre, und nahmen sie dann trotzdem mit.

Als Verpflegung gab es am Morgen für jeden einen Becher Tee ohne Zucker und eine Semmel ohne Salz, die sich zwei Leute teilen mussten. Tagsüber bekamen wir nichts. Am Abend wurden dann einige der Gefangenen ausgewählt, um einen großen Topf mit Nudeln zu kochen, die wir uns danach teilen mussten.

Weil ich noch so klein war, aßen einige der Erwachsenen weniger, damit ich mehr bekommen konnte. Ich war unendlich dankbar für diese Solidarität und Hilfe. Ohne diesen Beistand wäre ich wahrscheinlich gestorben.

Manche der Menschen, die ich in diesem Lager traf, waren bereits seit sechs Monaten hier. Viele wurden aufgrund des schlechten Essens und der mangelnden Hygiene krank. Wenn jemand nach Hilfe oder Medikamenten für die Kranken fragte, konnte man keine Unterstützung erwarten. Die Libyer sagten einfach, dass es ihnen egal sei, ob wir sterben würden oder nicht.

Ihr Hass und ihre Verachtung waren gegenüber den christlichen Gefangenen noch größer als gegenüber den muslimischen. Deshalb kontrollierten sie bei allen, ob sie etwa ein Kreuz um den Hals trugen.

Eine der Wachen kam ständig rein und suchte wie ein Besessener nach Kreuzen. Wenn er eines fand, versuchte er zunächst, es abzureißen. Klappte das nicht, so verbrannte er den Besitzer des Kreuzes mit einer glühenden Zigarette im Gesicht. Die geraubten Kreuze wurden danach auf einen Haufen geworfen, mit Benzin übergossen und angezündet.

Menschen, denen es nicht gelang, das Geld für die Weiterreise zusammenzubekommen, wurden fortwährend geschlagen, bis sich die Haut von ihrem Rücken löste. Andere wurden erschossen. Wieder andere zwang man, mit bloßen Füßen durch die Glut eines offenen Feuers zu laufen. Meine Weggefährten, die seit dem Aufbruch aus Äthiopien auf mich aufgepasst hatten, und ich konnten zum Glück bezahlen, und so entgingen wir dieser unmenschlichen Folter.

Nach ein paar Tagen wurde ich dann auch von dem Mann mit der Zigarette erwischt. Ich saß gerade mit dem Rücken an die Wand gelehnt in einer Ecke und war in Gedanken versunken, als er plötzlich vor mir stand. Er erblickte das Kreuz, das ich durch eine Unachtsamkeit nicht versteckt trug, zog es mit einer ruckartigen Bewegung hervor, drückte mir seinen Fuß an die Brust und riss mit all seiner Kraft an der Kette. Ich allerdings reagierte schnell und packte die Kette mit beiden Händen, um nicht von ihm verletzt zu werden. Doch es half nichts – er riss meine Kette auseinander.

Nachdem er mir mein Kreuz weggenommen hatte, zerrte er mich in einen anderen Raum und stellte mir Fragen über Fragen über meine Religion. Unumwunden sagte er, dass ich, um weiterleben zu können, Muslim werden müsse.

Ich stellte mich dumm und sagte ihm, dass ich sehr gern leben wolle, dass ich aber auch hier sei, um meine Freiheit zu finden – meine Religion, so schloss ich, wolle ich beibehalten. »Ich wurde als Christ geboren«, fuhr ich fort, »und werde es bleiben, bis Gott mich zu sich ruft.«

Der Mann entgegnete: »Ich lasse dich nicht weiterreisen, wenn du kein Muslim wirst. Du wirst genau wie die anderen Menschen hier sterben. Wenn du auf mich hörst, kannst du für mich als Schlepper arbeiten und hier in Freiheit leben.«

Ich spürte wieder eine ungeheure Wut in mir aufsteigen. Und mit der Wut kam der unerschütterliche Wille, mich gegen diese Torturen zur Wehr zu setzen. »Du weißt gar nicht, was Freiheit bedeutet«, entgegnete ich. »Ich möchte nicht für dich als Schlepper arbeiten und Menschen, die Schutz und Freiheit suchen, das antun, was du mir antust. Ich habe meine Heimat verlassen, um frei zu sein. Und nun soll ich so werden wie du?« Meine Rage verlieh mir eine plötzliche ungeahnte Autorität. Im Brustton der Überzeugung schleuderte ich ihm meine Worte entgegen. »Ich möchte nicht tun, was du sagst. Du führst ein schlechtes Leben. Ich bin zwar noch jung, vielleicht so alt wie deine Kinder. Wenn du mir wirklich helfen möchtest, dann hilf mir, von hier wegzukommen.«

Der Mann bebte vor Wut, doch er musste akzeptieren, dass ich meine Religion nicht aufgeben wollte. Als Strafe band er mich mit einem Kabelschloss mit den Händen an der Wand fest. So gefesselt musste ich die ganze Nacht hindurch ohne Essen und Trinken aufrecht stehen.

Die Nacht war unbeschreiblich grauenvoll. Niemand hatte auch nur das geringste Interesse daran, ob ich noch am Leben war oder nicht. Erst am nächsten Morgen wurde ich befreit und durfte wieder zurück zu den anderen.

Die Qualen zogen sich weiter hin.

Drei Wochen lang musste ich in diesem Lager ausharren. Die Dinge, die ich in dieser Zeit miterlebte, waren schrecklich: Immer wieder wurden Menschen geschlagen, kamen aufgrund der schlimmen Haftbedingungen zu Tode oder wurden erschossen.

Aus unserer Gruppe konnten schließlich nur etwa 130 für die Weiterreise bezahlen – darunter war auch ich. Die Schlepper brachten uns nach diesen drei Wochen in einen anderen Raum. Doch was für ein Albtraum: Hier herrschten noch schlimmere Bedingungen als zuvor.

Wir bekamen nun fast gar nichts mehr zu essen. Toiletten gab es keine. Die Libyer kontrollierten uns durch die Fenster des Gebäudes. Den Innenhof überwachten sie vom Dach aus. Als ob das nicht schon schlimm genug gewesen wäre, waren Fenster und Wände mit Stacheldraht gesichert.

Um der Unterversorgung mit Lebensmitteln beizukommen, beschlossen wir, Geld zu sammeln und die Wachen zu bestechen, damit sie uns etwas zu essen gaben. Wir gaben das Geld einem eritreischen Jungen, der hier für die Kriminellen arbeitete.

Aber er haute uns übers Ohr: Die Menge an Lebensmitteln, die er uns gab, war im Verhältnis zu dem Geld, das wir ihm zugesteckt hatten, viel zu gering. Aber wir hatten jetzt jedenfalls Nudeln, die wir uns in einem großen Topf, den uns die Libyer gaben, selbst ohne Salz oder Soße kochten. Das Feuer dafür schürten wir aus alten Möbeln, die verstreut herumlagen.

Man sagte uns, dass wir hier nun auf den Lastwagen warten sollten, der uns weiterbringen würde. Die Libyer hatten uns versprochen, dass er am nächsten Tag kommen würde – doch diese Information stellte sich als ein zynischer Scherz heraus.

Am Ende sollten wir einen Monat lang warten, bis der Lastwagen kam.

Hier im Lager gab es noch andere Jungen in meinem Alter. Um uns die Zeit zu vertreiben, spielten wir Schach. Schachbrett und Figuren bastelten wir uns aus Papier und Baumharz selbst. Aber das lenkte uns nur zeitweilig von Hunger und Durst, von den Läusen und Flöhen ab.

Weil wir so nicht mehr weiterleben wollten, begannen ich und einige andere Jugendliche in unserer Verzweiflung, mit der Elektrik zu spielen, um uns Stromschläge zuzufügen. So hofften wir, unserem Leben selbst ein Ende setzen zu können. Und weil auch ich nicht mehr weiterwusste, beteiligte ich mich an diesen bewusst selbstmörderischen Aktionen. Erst als sich ein Junge an einem Kabel den Finger verbrannte, beschlossen die Erwachsenen, die rund um uns saßen, auf uns aufzupassen.

Endlich kam der versprochene Lkw. Genau genommen handelte es sich um einen großen Kühllastwagen. Man befahl uns, alles bis auf kurze Hosen und Unterhemden auszuziehen und dann in den Innenraum zu steigen. An der Rückwand waren bis unter die Decke Cola-Kisten gestapelt, die zur Tarnung dienten.

Geld hatte ich zu diesem Zeitpunkt keines mehr. Alles, was ich noch bei mir hatte, war eine Zigarettenpackung, auf der ich möglichst gut getarnt die Telefonnummer einiger meiner Verwandten notiert hatte.

Denn wir waren uns sicher: Früher oder später würden Schlepper oder Banditen uns ein weiteres Mal dazu zwingen, mit ihren Handys unsere Verwandten anzurufen und ihnen Geld abzupressen.

Ich wusste also, dass diese Telefonnummern überlebenswichtig für mich waren. Einige hatte ich in der Zigarettenschachtel notiert, andere, wie die meines Cousins, kannte ich auswendig.

Wir waren insgesamt etwa 180 Menschen. Damit alle Platz fanden, befahlen die Libyer, dass wir uns jeweils auf den Schoß des anderen in mehreren Reihen übereinandersetzen sollten – um zu verdeutlichen, was sie meinten, packten sie mich am Arm und zogen mich einfach auf die Beine eines anderen aus unserer Gruppe. Dabei schlugen sie mir mit einem Stock auf den Kopf. So ging es vielen, doch niemand beschwerte sich oder wagte es aufzubegehren.

Als alle Menschen auf diese Weise in den Laderaum hineingepfercht worden waren, verbauten die Schlepper den Ausgang zuerst mit Cola-Kisten in drei Reihen bis unter die Decke. Danach verschlossen sie die hinteren Türen des Lasters mehrfach.

Es war erst sechs Uhr abends, aber da der Aufleger des Lkws keine Fenster hatte, war es plötzlich stockdunkel. Etwa eine halbe Stunde später setzte sich der Lastwagen in Bewegung. Schon nach kurzer Zeit wurde die Luft immer schlechter, und das Atmen fiel uns immer schwerer. Außerdem wurde es sehr kalt.

Neben mir saßen einige Mädchen, die noch jünger waren als ich und die den Mangel an Sauerstoff nicht lange aushielten. Sie fingen an, zu weinen und laut zu schreien. Daraufhin begannen einige stärkere Männer, gegen die Wände zu schlagen. Mir war speiübel, und ich befand mich bereits in einer Art Dämmerzustand. Ein Junge, mit dem ich mich auf der Flucht angefreundet hatte, nahm sich meiner in dieser katastrophalen Situation an und sprach mir Mut zu.

Wegen der Schreie und des lauten Klopfens hielt der Fahrer dann irgendwann an. Doch anstatt die Türen des Kastenwagens zu öffnen, stieg er auf das Dach des Lkws und begann, mit einer Art Schweißgerät ein kleines Loch in das Dach zu schneiden. Die Szene war absurd und auf dramatische Weise grotesk. Beim Durchtrennen des Metalls flogen die Funken in das Innere des Wagens und verletzten einige von uns.

Der Fahrer bog nun das Stück Metall, das er an drei Seiten abgetrennt hatte, um. Die Luftzufuhr, die dadurch entstand, war aber zu vernachlässigen und half uns in unserer Not kaum. Der Fahrer war offensichtlich der Annahme, dass er seine Schuldigkeit getan hatte. Er beschimpfte uns und rief uns zu, dass wir nun leise sein sollten. Dann ging er zurück in die Fahrerkabine und fuhr weiter.

Da die Luft immer noch knapp war und auch durch den Fahrtwind keine Verbesserung eintrat, machten sich einige von uns daran, die Kartons von Taschentuchpackungen, die herumlagen, in Stücke zu reißen und an diejenigen zu verteilen, denen es besonders schlecht ging. Mit den Kartonstücken konnten sie sich Luft zufächeln. Wir verteilten die Kartonstücke, die übrig geblieben waren, unter den anderen Mitreisenden. Es folgte der gemeinsame Beschluss, dass sich diejenigen, die besonders schlimme Atemnot hatten, nebeneinanderlegen sollten, damit die anderen sie besser versorgen konnten.

Nun bauten wir aus Karton eine Art Schlot, um die Luft durch das Loch in das Innere zu leiten. Manche, denen es sehr schlecht ging, wurden von den Stärkeren nach oben in die Nähe des Lochs gehalten, um ihnen das Atmen zu erleichtern.

Mein neuer Freund fächelte mir fortwährend Luft zu, und so ging es mir nach etwa einer Stunde wieder besser. Davor war ich tatsächlich kurz vor dem Ersticken gewesen, sodass ich gar nicht mehr gewusst hatte, wo ich überhaupt war. Nach etwa zwei Stunden war ich wieder so bei Kräften, dass ich nun auch anderen Leuten helfen konnte.

So fuhren wir die ganze Nacht. Es war eine schlimme Erfahrung, in diesem kalten Lkw zu sitzen, keine Luft zu kriegen und nichts tun zu können. Unser Ziel war ja eigentlich die libysche Küste, um von dort aus weiter nach Italien zu fahren. Gegen zehn Uhr morgens hielten wir plötzlich an. Wir wussten zunächst nicht, weshalb. Nachdem eine halbe Stunde lang gar nichts passiert war, fingen die Menschen an zu rufen und gegen die Wände zu schlagen.

Bald realisierten wir, dass wir von einer Miliz gestoppt worden waren, die die Ladung kontrollieren wollte. Wir hörten, wie unser Fahrer sagte, dass er nur Coca-Cola transportieren würde und dass er den Schlüssel zum Laderaum nicht dabeihabe.

Doch da war es bereits zu spät: Die Polizisten hatten den Lärm gehört, der aus dem Inneren des Lkws kam, und machten sich nun daran, das Schloss der hinteren Tür mit einem Hammer aufzubrechen. Unter uns breitete sich Angst und Schrecken aus. Mit einem Ruck wurde die Hecktür aufgerissen. Was danach geschah, kann ich bis heute nicht fassen: Anstatt die Kisten zur Seite zu räumen, begannen die Soldaten einfach, mit ihren Pistolen in das Innere des Laderaums zu schießen. Es brach schreckliche Panik aus – jeder versuchte, aus der Schusslinie zu kommen. Wenige Augenblicke später kletterte einer der Polizisten auf das Dach, um nun auch von oben durch das vorhin aufgeschnittene Loch das Feuer auf uns zu eröffnen.

Wir hatten Todesangst. Um aus dem Anhänger fliehen zu können, stemmten wir uns gegen die Cola-Kisten. Doch sie waren mit Gurten festgezurrt und bewegten sich nicht.

Da schnitten die Polizisten plötzlich die Gurte durch – viele Dutzende Menschen krachten zusammen mit den Kisten nach draußen. Da wir viele Stunden lang in der Dunkelheit eingesperrt gewesen waren, war das Tageslicht blendend hell. Erst nach einer gewissen Zeit realisierte ich, dass viele Menschen durch die Schüsse verletzt und manche sogar getötet worden waren. Ich blieb wie durch ein Wunder unversehrt. Entsetzlicherweise kannte ich drei der Getöteten. Sie waren mir während der Flucht ans Herz gewachsen. Ich konnte nichts mehr für sie tun.

Nun waren wir offenbar in Libyen. Doch wo genau wir gelandet waren und wem wir hier eigentlich ausgeliefert waren, blieb für uns schleierhaft. Mein Körper war furchtbar unterkühlt und ohne ordentliche Kleidung fror ich auch hier draußen unter der Sonne.

Die Toten begruben wir einfach am Straßenrand. Von manchen der Verstorbenen wussten wir nicht einmal, wie sie hießen. Trotzdem fühlten wir uns durch die gemeinsame Flucht wie eine Familie. Wir waren von riesiger Trauer um die Getöteten erfüllt. Die Verletzten versuchten wir, notdürftig zu versorgen.

Die Polizisten machten sich nun daran, auf einem freien Feld neben der Straße Stacheldraht auszurollen. Sie zwangen uns, uns in die Mitte des Feldes zu setzen. Ohne etwas zu essen zu bekommen, mussten wir in dieser Stacheldrahtumzäunung Stunden um Stunden warten. Ohne Uhren und Handys verloren wir komplett das Zeitgefühl. Außerdem war völlig unklar, wie lange man uns hier festhalten würde. Ich hatte ungeheure Angst, und mir ging es nicht gut. Die Libyer hielten Abstand von uns, da sie befürchteten, dass wir ansteckende Krankheiten haben könnten.

Mir und ein paar kleineren Kindern gaben sie hingegen eine Tasse Orangensaft. Es war das erste Getränk, das ich in den letzten vierundzwanzig Stunden bekommen hatte. Es half etwas.

Besonders schlimm erging es dem Fahrer unseres Lkws. Für die libyschen Polizisten war es offensichtlich, dass er uns versteckt hatte, um das Geld, das er von uns bekommen hatte, nicht mit ihnen teilen zu müssen. Mit ihm hatten die Polizisten keine Gnade: Sie fesselten ihm die Hände auf den Rücken. Jeder Einzelne von ihnen schlug ihn, bis ihm das Blut über das Gesicht lief. Danach warfen sie ihn einfach zu uns auf das Feld.

Nun hatten die Polizisten das Ruder in der Hand. Sie schlüpften selbst in die Rolle der Schlepper, und ganz offensichtlich hatten sie nicht vor, uns besser zu behandeln als der Schlepper, der uns hierhergebracht hatte.

Sie testeten, ob sie den riesigen Lkw selbst fahren konnten, und als sie das Gefährt in Gang gebracht hatten, befahlen sie uns allesamt, wieder in den Laderaum zu steigen. Der Fahrer, der uns in den Tagen zuvor bis aufs Blut gequält hatte und nun zum Gequälten geworden war, musste auch einsteigen und wurde mit uns zusammen eingeschlossen.

So fuhren wir viele weitere Stunden. Der Lkw war unglaublich schnell, und alle wurden wild durcheinandergewirbelt. Schließlich hielten wir an. Wir mussten alle aussteigen und realisierten, dass wir uns auf einer Straße befanden, die komplett vom Militär abgeriegelt war. Auf beiden Seiten der Straße standen Männer mit Waffen, unter ihnen viele, die nicht älter waren als ich.

Wir mussten uns in zwei Reihen aufstellen und in der Mitte der Straße geradezu auf ein Lager zulaufen. Die Militärs sagten uns, dass sie jeden, der sich zu viel bewegen oder aus der Reihe treten würde, sofort erschießen würden. Viele von uns waren enorm geschwächt, weil sie einen ganzen Tag lang weder gegessen noch getrunken hatten. Manche stolperten, fielen hin oder kollabierten und wurden auf der Stelle erschossen.

Die Toten wurden einfach auf der Straße liegen gelassen. Niemand durfte sich um sie kümmern, selbst wenn es sich um einen Verwandten oder einen guten Freund handelte. Ich habe bis heute nicht erfahren, was mit den Leichen dieser Menschen geschehen ist.

DAS MASSAKER IM LIBYSCHEN GEFÄNGNIS

Nach diesem furchtbaren Marsch brachten die Schlepper alle Gefangenen in einen der Räume des riesigen Lagers. Dort ereignete sich unmittelbar nach unserer Ankunft eine absurde Begebenheit. Vertreter des Roten Kreuzes besuchten uns. Sie hatten Videokameras dabei und wählten fünf Flüchtende aus, denen sie in verschiedenen Sprachen viele Fragen stellten. Dabei ging es vor allem darum, warum die Menschen von zu Hause weggegangen waren und warum sie nun hier seien. All das zeichneten sie auf Videogeräten auf. Doch geholfen haben uns die Mitarbeiter des Roten Kreuzes nicht.

Nach dieser befremdlichen und für uns komplett unnützen Episode brachte man uns in einen anderen Raum mit Sandboden, wo jeder von uns eine Semmel und einen Tee bekam. Weder die Semmel noch der Tee schmeckten uns, aber weil wir alle großen Hunger und Durst hatten, aßen und tranken wir alles, was wir kriegen konnten. Überall standen Soldaten, die uns bewachten. Ich sah mich um und stellte fest, dass wir eigentlich in einem großen ehemaligen Stall waren. Dach und Wände waren teilweise schon eingestürzt.

Nach und nach erfuhren wir von denjenigen, die bereits seit längerer Zeit hier waren, dass viele Menschen, die auf dem Weg nach Norden hierher entführt worden waren, in diesem Lager ums Leben kamen. Manche, so erzählte man uns, wurden erschossen, von anderen wurden die Organe entnommen, und viele von denen, deren Gesundheitszustand noch besser war, wurden einfach an andere Menschenhändler weiterverkauft.

Es geschah buchstäblich hier an diesem Ort, dass Menschen mit einem Messer aufgeschlitzt wurden, nachdem man sie umgebracht hatte. Ich hatte noch nie in meinem Leben so ein Gefängnis gesehen. Es war die Hölle auf Erden. Ich musste drei Wochen hier ausharren, bevor ich gemeinsam mit anderen in einem Müllwagen an einen anderen Ort gebracht wurde. Die Soldaten hatten uns gesagt, wir würden an die Küste gebracht werden. Diese Nachricht hatte Erleichterung ausgelöst und Hoffnungen geweckt – wir dachten, Libyen endlich verlassen zu können.

Doch weit gefehlt. Anstatt zur Küste brachte man uns in ein anderes, noch viel größeres Gefängnis. Dort wurden wir ein weiteres Mal komplett durchsucht. Die libyschen Wachen dieses Gefängnisses fragten mich erneut nach Geld. Ich aber hatte schon lange kein Geld mehr bei mir – außerdem war ich bereits in dem vorhergehenden Gefängnis penibel untersucht worden. Die Wachen schlugen mich, rissen an meinen Haaren und brüllten mich an: »Wer von deinen Mitreisenden hat Geld?«

Ich erwiderte, dass ich das nicht wisse, und erntete noch mehr Schläge. Obwohl mir die Wächter eine Pistole an den Kopf hielten, verriet ich keinen meiner Mitreisenden. Niemand wusste, was nun mit uns geschehen würde. Nach einer Weile sagten die Wächter zu mir, dass ich dazu bestimmt worden sei, für sie als Hirte in den Bergen zu arbeiten. Dafür boten sie mir sogar ein Gewehr an. Ich lehnte ab – ich hatte nie gelernt, mit einer Waffe umzugehen, und wollte das auch nicht. Ich war nicht diesen weiten Weg gekommen, um in den libyschen Bergen als versklavter Hirte zu arbeiten, unter Bedingungen, die ich nicht kannte und die mich vielleicht das Leben kosten würden. Mein großer Traum war, in Frieden und Freiheit zu leben.

Später war dann wieder alles anders als zuvor angedroht: Zusammen mit dem Freund, der mir in dem Kühllastwagen zur Seite gestanden war, wurde ich in eine riesengroße Halle gebracht, in der bestimmt über 4.000 Menschen waren. Es waren ausschließlich Männer. Es war so eng, dass man, um voranzukommen, über die Beine der anderen steigen musste.

Aufgrund dieses unbeschreiblichen Gedränges blieb ich anfangs einfach direkt vor der Tür stehen. Erst später, als es dunkel war und die meisten Menschen schliefen, tastete ich mich ins Innere der Halle vor, um jemanden zu suchen, den ich kannte oder der aus meiner Heimatregion kam. Und tatsächlich: Nach einer Weile erkannte mich ein Mann und sprach mich an. Er forderte mich auf, mich zu ihm zu setzen und bei ihm zu bleiben.

Ich versuchte, zur Ruhe zu kommen. Doch aufgrund der riesigen Anzahl an Menschen war es sehr laut. Es gab keine Betten, und die Menschen schliefen buchstäblich übereinander. Wie ich mich auch hinlegte, ich fand keinen Schlaf.

So beschloss ich, die Halle weiter zu erkunden und mir dabei all die Menschen, die das gleiche Schicksal erleiden mussten wie ich, genauer anzusehen. Es war unfassbar: Manche schliefen sogar oben auf den Trennungsmauern, die die Toiletten umgaben. Sie wurden von anderen dort hochgehoben, und es kam vor, dass sie auf die anderen herabfielen, wenn sie sich im Schlaf zu sehr bewegten.

Andere kletterten bis unter die Decke und improvisierten mit ihren Kleidungsstücken Hängematten, in die sie sich legten. Alle versuchten, auf nur irgendeine erdenkliche Weise einen Platz zum Schlafen zu finden.

Ich versuchte, mit Leuten ins Gespräch zu kommen, um

herauszufinden, was hier vor sich ging. So erfuhr ich, dass manche bereits einen Monat hier ausharrten, andere ein halbes Jahr und einige sogar schon ein ganzes Jahr. Ich fragte auch, wo und wie oft man duschen könne und was es zu essen gäbe.

Ihre Antworten erschreckten und irritierten mich zutiefst. Einmal im Monat, so sagten sie, würden alle Menschen nach draußen gebracht und mit einem Schlauch abgespritzt. Davon abgesehen gab es keine Möglichkeit zu duschen.

Morgen für Morgen weckten uns die libyschen Wärter und zwangen uns, nach draußen zu gehen. Dort gab es eine Tasse Tee und eine Semmel für jeden. Ich erfuhr, dass man hier auch geschlagen wurde, wenn man sich zum Essen anstellte. Bei vielen Leuten sah man die Striemen auf dem Rücken und die Narben auf dem ganzen Körper.

Mir graute vor der Vorstellung, hier Wochen, Monate, ja Jahre zubringen zu müssen. Im Lager herrschte eine strikte Geschlechtertrennung. Mädchen und Frauen waren in einem anderen Trakt eingesperrt. Wir sahen sie nur am Morgen, wenn das mickrige Essen ausgegeben wurde.

Die Wachen waren ständig in unserer Nähe und untersagten uns, mit den Frauen und Mädchen zu reden. Sogar Blickkontakt aufzunehmen war verboten. Für viele in unserem Männertrakt war das ein entsetzlicher Zustand, denn sie waren gemeinsam mit ihren Frauen, Schwestern oder Töchtern hier. Auch für mich war diese Situation unerträglich, denn ich hatte mich auf dem Weg mit vielen Mädchen angefreundet, von denen ich nun komplett isoliert war.

Ich war von den Zuständen in diesem Lager so schockiert, dass ich während der ersten Tage vor Wut und Verzweiflung keinen einzigen Bissen herunterbrachte.

Immer wieder versuchten einzelne Gefangene, aus dem Lager zu fliehen, aber dieses Unterfangen war aussichtslos. Es gab zu viele Wachen, und zusätzlich war das Gelände von Stacheldraht umgeben, in dem die Flüchtenden hängen blieben und sich verletzten. Die Gewalt an diesem Ort war unbeschreiblich.

Eines Abends kam es zur Revolte. Die libyschen Wachen wollten uns für die Nacht wieder in die Halle zurücktreiben. Doch viele weigerten sich. Die Wachen reagierten darauf, indem sie mit ihren Gewehren zunächst einfach in die Luft schossen. Als sich daraufhin noch immer niemand bewegte, begannen sie, wahllos in die Menge zu feuern und Menschen zu erschießen.

Insgesamt musste ich etwa drei Wochen an diesem Ort ausharren. Diese Zeit war schrecklich für mich. Die hygienischen Bedingungen waren entsetzlich. An manchen Tagen wurde ich nach draußen geholt und musste die Waffen der Libyer auseinandernehmen und reinigen. Weil ich mich mit Waffen nicht auskannte, hatte ich immer Angst, nicht schnell genug zu sein oder einen Schuss auszulösen. Wenn ich zu langsam war oder etwas nicht nach ihren Vorstellungen tat, musste ich zur Strafe den ganzen Tag lang in der Sonne liegen.

Die Wachen nutzten alle Arten der Demütigung und Erniedrigung: Sie bliesen mir Zigarettenrauch ins Gesicht, schmissen die Stummel auf den Boden und zwangen mich dazu, sie danach wieder einzusammeln. Sie versuchten auch, mich über meine Mitgefangenen auszuhorchen.

Draußen auf dem Hof sah ich oft, wie Wachen Mädchen aus der Gruppe zogen, um sie anschließend zu vergewaltigen. Die Mädchen wehrten sich, wurden aber mit Waffengewalt gezwungen. Ich erlebte, dass es zu ungewollten Schwanger-schaften kam. Aus Verzweiflung darüber erhängten sich einige der Frauen.

In all der Misere gab es aber doch auch immer wie-der Möglichkeiten des Widerstands: So schrieben viele der Mädchen und Frauen Botschaften auf kleine Zettel, die sie vor dem Eingang zu ihrem Trakt auf den Boden warfen. Ich tat dann so, als würde ich Zigaretten aufsammeln, und steckte die Zettelchen in meine Taschen. Anschließend ging ich in unse-ren Trakt und versuchte, diejenigen Männer zu finden, an die die Nachrichten gerichtet waren.

Viele dieser Botschaften waren aber nicht an eine spezielle Person adressiert. Die Mädchen versuchten auf diese Weise, irgendeine Art von Rettung oder Hilfe zu erlangen, und taten kund, dass sie vergewaltigt worden waren. Ihre gesamte Ver-zweiflung kam in diesen kleinen Briefen zum Ausdruck.

Sie schrieben von ungewollten Schwangerschaften, von Krankheiten und von dem Wunsch, sich das Leben zu nehmen. Es war schrecklich mitanzusehen, wie sehr die Ehemänner, Brüder und Väter litten, die wussten, dass die ihnen nahe-stehenden Frauen und Mädchen nur wenige Meter von ihnen entfernt Höllenqualen durchlitten. Wir konnten ihnen nicht helfen – alles, was wir tun konnten, war, zu beten.

Einmal erwischten mich die Wachen dabei, wie ich einige dieser Zettel bei mir trug. Als Strafe wurde ich in einem klei-nen Raum an Händen und Füßen gefesselt und stehend an die Wand gebunden. So musste ich die halbe Nacht ausharren. Da-nach gab man mir einen halben Becher Wasser und schick-te mich zurück zu meiner Gruppe. Meine Hände und Füße schmerzten unsäglich von den Fesseln.

In der kurzen Zeit meiner Abwesenheit war ein Mann aus unserer Gruppe plötzlich gestorben. Wir wussten nicht, was die Todesursache war, und ich werde es wohl auch nie erfahren. Die Leiche des Mannes blieb bis zum Morgen bei uns liegen.

Wir waren alle entsetzt und todtraurig. Obwohl ich den Mann nicht gekannt hatte, drehten sich all meine Gedanken darum, wer nun seine Familie informieren würde. Keiner von uns hatte ein Handy, um anzurufen oder eine SMS zu schicken. In dieser Nacht machte niemand ein Auge zu. Auch wollte am darauffolgenden Morgen niemand etwas essen oder sich von seinem Platz fortbewegen. Alle waren wie erstarrt. Dann nahmen die Wachen den leblosen Körper des Mannes mit, und wir hatten keine Möglichkeit zu erfahren, was sie mit dem Leichnam taten.

All unsere Gedanken kreisten nur darum, wie wir diesen furchtbaren Ort am schnellsten verlassen könnten. Doch die Chancen auf Flucht waren so gut wie nicht vorhanden. Eines Morgens wurden wir alle in den Hof gerufen und mussten uns in sieben Reihen hintereinander hinsetzen. Die Libyer erklärten auf Arabisch, dass sie uns nun mit drei Lastwagen an die Mittelmeerküste bringen würden.

Reihe für Reihe trieb man uns aus dem Hof auf die Straße, wo schon die Lastwagen warteten. Auf einem Lkw, der zum Bersten voll war und auf dem wir dicht gedrängt stehen mussten, bretterten wir geschlagene sechs Stunden über holprige Asphaltstraßen dahin.

Als wir in einem kleinen Dorf mitten im Wald ankamen, kam plötzlich der Befehl abzusteigen. Wer nicht schnell genug rauskam, den stießen die Libyer einfach mit dem Fuß oder mit einem Gewehrhieb nach unten.

Vor einem Haus warteten bereits viele Soldaten. Wir mussten uns in einer Reihe aufstellen und wurden in einen riesigen Keller gebracht. Wir trafen auf andere geflohene Menschen, die, wie wir erfuhren, zum Teil schon über ein Jahr lang hier ausharren mussten.

Auf unsere Frage, wo denn nun das Meer sei, sagten uns die anderen Gefangenen mit einem bitteren Lachen, dass die Libyer uns angelogen hätten. Wir waren nicht an die Küste gefahren worden, sondern einfach in ein anderes Gefängnis.

Ich war furchtbar niedergeschlagen und gleichzeitig durcheinander, weil hier wieder alles fremd und neu war und ich nicht wusste, welche Regeln ich zu befolgen hatte. Ich hatte keinen der hier Anwesenden jemals zuvor gesehen, und ich wusste nicht, wer überhaupt meine Muttersprache verstehen würde. Die einzige dürftige Kommunikation fand auf Arabisch statt. Ich setzte mich erst einmal in eine Ecke und dachte über meine Heimat und die Zukunft, die mir bevorstand, nach. Wie sollte es nur mit mir weitergehen? Ich hatte großes Heimweh und dachte an mein Zuhause. An meine geliebte Mutter, meine Familie, mein Dorf. An die schönen Tage, an denen wir vor unserem Haus mit den Nachbarskindern Krar, ein in Eritrea verbreitetes Zupfinstrument, gespielt hatten. Da ich ja ohne Internet aufgewachsen war, hatten wir uns mit Tanzen und Spielen die Zeit vertrieben. Das alles fehlte mir so sehr, als ich allein in diesem Gefängnis saß. Dass ich nicht mehr umkehren konnte, war mir mittlerweile allerdings schmerzlich klar.

Ein weiteres Mal floh ich gedanklich in meine kindlichen Befreiungsfantasien: Ich dachte mir lebhaft aus, wie es wäre, wenn ich die Wachen überliste, sie k. o. schlagen oder ihnen ihre Waffen rauben könnte. Dann wäre ich der Held all meiner Mitreisenden. Ich könnte endlich frei sein und ohne Angst und Gefahr meinen Weg fortsetzen. Doch selbstverständlich geschah nichts dergleichen.

Einmal kam ein libyscher Sanitäter mit vielen Medikamenten in das Gefängnis. Er gab mir Tabletten, von denen ich jeden Tag morgens und abends nach dem Essen eine nehmen sollte. Das war allein schon deswegen schwierig, weil es überhaupt nicht regelmäßig etwas zu essen gab.

In unserer Gruppe waren auch Ärzte aus Eritrea. Ihnen zeigte ich die Tabletten, die mir der Arzt gegeben hatte. Als sie sie sahen, sagten sie unumwunden, dass ich diese Tabletten auf keinen Fall nehmen solle, da sie mir nicht helfen, sondern sogar schaden würden. Daraufhin schmiss ich die Tabletten weg.

Ich aß alles, was ich in die Hände bekommen konnte, auch die Reste, die andere Leute übrig gelassen hatten, sowie Vogelfutter, das auf dem Boden verstreut war. So ging es mir langsam wieder besser.

Die Tagesabläufe im Gefängnis waren immer gleich. Man schätzte sich abends glücklich, wenn an diesem Tag nichts Schlimmes passiert war.

Eines Tages wurden ein paar Hundert neue Flüchtende zu uns gebracht. Wir erfuhren, dass sie bereits mit einem Boot auf dem Weg über das Mittelmeer gewesen waren. Doch sie waren vom Mittelmeer erneut hierhergebracht worden, um noch einmal Geld von ihnen zu kassieren.

Die Libyer beschlossen, diese vielen Menschen auf unseren und den anderen Keller zu verteilen. Da unser Raum aber schon völlig überfüllt war, weigerten sich die Insassen zunächst. Die Libyer schossen sofort. Sie feuerten einfach in die Menge. Einige Menschen überlebten es nicht. Nun war Platz für einige Neuankömmlinge. Ein Menschenleben zählte hier nichts. Wir waren traumatisiert und hatten Todesangst. Danach kam es zu einem ersten Versuch der Selbstorganisation: Christliche und muslimische Gefangene setzten sich zusammen und wählten jeweils einen Vertreter, der ab nun entscheiden sollte, was in kritischen oder gefährlichen Situationen getan werden sollte. Außerdem wurde beschlossen, dass wir aktiv ein Programm zusammenstellen sollten, um uns von der Misere, in der wir waren, abzulenken.

Jeder, der etwas Besonderes konnte, gab es zum Besten: Manche sangen, manche erzählten Geschichten, rezitierten Gedichte, andere führten Sketche und Comedy-Szenen auf. Zum Beschluss zählte auch, dass christliche und muslimische Gefangene jeweils auf einer Seite des Raumes beten konnten.

Ein Mädchen, das mit uns zusammen eingesperrt war, hatte ein Papierbildnis dabei, auf dem Jesus abgebildet war. Wir waren sehr froh und hängten das Poster an einer Wand auf. Doch als die Libyer das Bild erblickten, rissen sie es sofort ab, verbrannten es und verboten uns, weiterhin unseren Gebeten nachzugehen. Wir konnten nichts dagegen tun.

Die Muslime, die neben uns beteten, wurden hingegen nicht gestört. Wir protestierten vergebens. Am kommenden Morgen brachten die Wärter alle Christen zur Strafe nach draußen. Dort mussten wir den Oberkörper frei machen und uns mit erhobenen Händen an die Wand stellen.

Wir wussten bereits, dass nun die Folter folgen würde. Zum Glück brachten die Wächter kleine Jungen wie mich weg. Ich wurde gemeinsam mit sieben weiteren Jungen von den Erwachsenen getrennt und weniger brutal geschlagen, was trotzdem schlimm genug war.

Die Erwachsenen hingegen wurden mit äußerster Brutalität mit Stöcken auf die Waden und den Rücken geschlagen, bis sie allesamt bluteten und die Haut aufplatzte. Unter den Libyern waren auch Jungen in meinem Alter, die besonders viel Spaß daran hatten, Gefangene zu quälen. Viele Menschen wurden schwer verletzt und schrien laut. Niemand konnte uns helfen. Dann kamen die Nächsten an die Reihe, und wir mussten zuschauen, wie die Wärter diese schlugen.

Ich fragte mich so oft, was unsere Peiniger zu ihrer Brutalität trieb. Wie konnte es sein, dass ihnen jeglicher Sinn für Mitgefühl abhandengekommen war? Was war in ihrem Leben geschehen, dass sie dazu brachte, solch erbarmungslose Gewalt auszuüben?

Als das alles vorbei war, sollten alle Gefangenen wieder zurück in den Keller gehen. Manche waren aber so schwer verletzt und schwach, dass sie zusammenbrachen und einfach liegen blieben. Die Wachen wiesen uns an, die Menschen, die es allein nicht schafften, nach drinnen zu tragen und danach wieder heraufzukommen.

Die Wachen befahlen uns auch, die Erinnerungsstücke wegzuräumen, die sie den Gefangenen zuvor weggenommen hatten. Darunter waren viele Fotos von Verwandten und Freunden sowie Zettel mit Telefonnummern.

Wir entschlossen uns, diese wichtigen Dokumente an unseren Körpern zu verstecken, um sie später ihren Besitzern zurückgeben zu können. Doch die Libyer kontrollierten uns ein weiteres Mal und nahmen uns all die Sachen wieder ab. Wir mussten alles auf einen Haufen werfen, mit Benzin übergießen und anzünden.

Nachdem die physische Folter vorbei war, änderten die Wachen ihre Strategie und begannen, uns über unsere Religion auszufragen. Zu mir und anderen jungen Gefangenen sagten sie, dass wir aufgrund unseres Alters noch die Chance bekommen würden, zum Islam zu konvertieren. Wir lehnten ab. Daraufhin wollten uns die Wachen abermals überzeugen, in Libyen zu bleiben und Schäfer zu werden.

Zwei von uns sagten aus Verzweiflung zu. Ich und eine Reihe anderer Jungen lehnten entschieden ab. Glücklicherweise durften wir dann tatsächlich zurück zu den Erwachsenen. Warum die Libyer manche zwangen, für sie zu arbeiten, und manche nicht, kann ich nicht sagen. Die Jungen, die sie wegbrachten, sahen wir jedenfalls nie wieder. Was mit ihnen geschehen ist, habe ich nie erfahren.

Das schreckliche Leben in diesem Lager ging weiter.

Weiterhin wurden Menschen geschlagen oder mit Schüssen verletzt. Manchmal bekamen wir drei Tage lang nichts zu essen. Mir ging es schlechter und schlechter.

Ich hatte oft Albträume und wachte nachts schreiend auf. Meine Gedanken kreisten ständig darum, ob ich hier je wieder wegkommen konnte oder ob ich wie so viele andere hier sterben würde.

Wenn es in meiner Heimat Freiheit gäbe und ich dort eine Zukunft hätte, so dachte ich viele Male, wäre ich nicht an diesen furchtbaren Ort gekommen.

Mit der Zeit gingen Krankheiten um. Fast alle von uns hatten Läuse und Flöhe. Einige waren so schwach, dass sie nicht mehr richtig sehen konnten und deshalb gegen Wände liefen.

Weil die Situation sich immer weiter verschlimmerte, wurde ein weiteres Mal eine Versammlung aller Gefangenen einberufen. Diesmal standen die Zeichen auf Sturm. Viele sprachen sich dafür aus, zu drastischen Mitteln zu greifen, um der libyschen Hölle zu entkommen. Also beschlossen wir in jener Nacht, mit der Hilfe von Schals und Tüchern Seile zu knüpfen, die an die große Eingangstür gebunden werden sollten. Mit diesen Seilen wollten wir die Tür aus den Angeln reißen, um fliehen zu können.

Die Szenen, die darauf folgten, waren dramatisch.

Vor der Tür bildete sich eine riesige Menschentraube. Dutzende Männer zogen im wahrsten Sinne des Wortes an einem Strang. Die Eisentür begann tatsächlich, unter der starken Zugwirkung nachzugeben. Doch unsere Aktion kam nicht schnell genug voran. Noch bevor wir die Tür endgültig aus den Angeln reißen konnten, waren die Wachen aufgrund des Lärms auf uns aufmerksam geworden und begannen sofort, durch den nun entstandenen Spalt in der Tür auf uns zu schießen. Dabei wurden Menschen verletzt oder direkt erschossen. Es waren nahezu apokalyptische Szenen: Die Wachen zündeten die Tür mithilfe von Benzin an, um zu verhindern, dass wir durch den Türspalt fliehen konnten.

Nun war der gesamte Raum innerhalb kürzester Zeit voller Rauch. Wir konnten kaum atmen und versuchten verzweifelt, unsere Atemwege mit den Händen und mit unserem Gewand zu schützen. Dennoch kam der Rauch in unsere Lungen, sodass alles schwarz war, wenn man hustete oder nieste. Viele Menschen übergaben sich – aber weil sie nichts im Magen hatten, kamen nur Flüssigkeit und Ruß.

In der Zwischenzeit drangen die Wachen durch eine andere Tür zu uns vor. Weil es kein Licht gab und außerdem alles voller Rauch war, hatten wir sie nicht bemerkt. Wer sie nun aus Versehen berührte, weil er dachte, es handle sich um einen anderen

Gefangenen, wurde sofort mit einem Stock geschlagen oder erschossen.

Mittlerweile glühte die Tür vor Hitze in hellem Rot – rundherum war es jedoch noch immer stockdunkel. Ich lief panisch umher und stolperte dabei immer wieder über Tote. Wenn ich sie versehentlich streifte, waren meine Hände voller Blut.

Aus Angst vor den Wachen versteckte ich mich schließlich unter einer Matratze, obwohl es dort noch schwerer war zu atmen. Als ich so dalag, liefen andere Gefangene wie auch Wachen über mich hinweg – niemand wurde auf mich aufmerksam.

In diesem Versteck harrte ich nun einige Stunden aus. Danach war die Schlacht geschlagen, und wir waren besiegt. Die Wachen begannen, die Gefangenen mit Schlägen durch die zweite Tür zu treiben, durch die sie gekommen waren. Ich realisierte, dass sie nun auch mich entdecken würden, und ging zusammen mit den anderen hinaus. Auch mir blieben die Schläge nicht erspart.

Mittlerweile war die Sonne aufgegangen. Wir mussten uns draußen im Hof in mehreren Reihen aufstellen. Der Hof war ummauert, und an der Oberseite der Mauer war Stacheldraht befestigt. Auf der oberen Kante der Mauer stand an jeder Ecke eine Wache mit einem Gewehr. Das Tor nach draußen hatte eine Schießscharte.

Wir ahnten bereits, dass die Libyer uns für den Fluchtversuch gnadenlos bestrafen würden. Natürlich wollten die Wachen zunächst wissen, wer unsere Rädelsführer waren und wer versucht hatte, die Tür zu öffnen. Sie liefen durch die Reihen und schlugen wahllos Menschen auf den Kopf. Niemand sagte etwas. Nun zogen die Wachen einen großen Mann aus unserer Mitte und befahlen ihm, sich vor ihnen hinzuknien. Dann schlugen sie ihn mit einem Stock ins Gesicht und auf die Schultern, bis ihm das Blut aus Mund und Nase lief. Weil er stumm blieb, schlugen die Wachen ihn weiter, bis er zusammenbrach. Schließlich schleiften sie ihn durch das Tor, das den Hof von einem anderen Hof trennte, sodass wir ihn nicht mehr sehen konnten. Von dort hörten wir Schüsse. Dann kamen sie zurück, holten andere Gefangene und wiederholten diesen Akt. Später erfuhren wir, dass die Gefangenen, die vermeintlich erschossen worden waren, die Folter überlebt hatten. Die Wachen hatten die Erschießungen simuliert.

Ich hatte riesige Angst, dass uns die erbosten Wachen allesamt umbringen würden. In der Zwischenzeit bereiteten sie ihre nächste Folteraktion vor: Sie begannen, mit einem kleinen Gerät durch die Reihen der Gefangenen zu laufen. Zunächst wusste ich nicht, was das für ein Gerät war. Als der Mann, der neben mir stand, damit ins Gesicht getroffen wurde und vor Schmerz einen Schrei ausstieß, realisierte ich, dass es sich um einen Elektroschocker handelte.

Der Mann wollte den Qualen entkommen, versuchte zu fliehen, doch die Wachen schlugen weiter auf ihn ein. Sie quälten viele andere Gefangene mit dem Elektroschocker. Niemand konnte ihnen helfen, selbst wenn es sich um den eigenen Bruder oder den Cousin handelte – man wäre sofort selbst Opfer der Misshandlungen geworden. Zum Glück traf mich der Elektroschocker nicht. Aber es war ein schreckliches Gefühl, meinen Mitgefangenen nicht helfen zu können.

So ging es den ganzen Tag lang. Bis die Nacht hereinbrach, wurden Gefangene misshandelt und geschlagen. Wir waren sehr viele, und nicht jeden hatte die Folter getroffen. Am

Abend zwangen uns die Wachen erniedrigt und gedemütigt zurück in unser Gefängnis.

Nun war alles noch schlimmer als zuvor.

Der Tag draußen in der Sonne war sehr heiß gewesen. Doch man hatte zur Strafe nun auch die Wasserleitungen abgestellt. Sogar die Toilette war verschlossen. Seit der vorherigen Nacht hatten wir nichts zu essen und vor allem kein Wasser mehr bekommen.

Wie schon an anderen Stationen meiner Flucht wurde ich Zeuge davon, dass Menschen versuchten, ihren eigenen Urin zu trinken, weil ihr Durst so groß war. Das Blut der Verletzten war einfach auf ihrer Haut und Kleidung getrocknet, und niemand konnte sich reinigen. Viele Gefangene litten unter großen Schmerzen. Weil es keine medizinische Hilfe gab, konnten sie nichts weiter tun, als sich hinzulegen.

In dieser Nacht starben viele der Verletzten. Diejenigen, denen es etwas besser ging, versuchten, nach Kräften zu helfen, konnten aber nichts ausrichten. Auch ich versuchte gemeinsam mit anderen die ganze Nacht hindurch, den Verletzten beizustehen. Ihren Tod bekam ich hautnah mit. Niemand tat in dieser Nacht ein Auge zu. Wir waren in dieser Hölle vollkommen auf uns allein gestellt – keiner hatte ein Handy, mit dem wir die Außenwelt von unserer Lage hätten benachrichtigen können.

Zwar gibt es in Libyen eine eritreische Botschaft, doch selbst wenn wir diese erreicht hätten, hätte uns niemand geholfen. Der Grund dafür ist klar: Die Mitarbeiter der Botschaften handeln im Interesse der eritreischen Diktatur und sehen uns als Verräter.

Unsere Qualen nahmen ihren Lauf. Wie schon in der Zeit

vor unserem Ausbruchsversuch bekam jeder tagtäglich einen Becher mit Tee ohne Zucker und eine Semmel. Die Semmeln schmeckten schrecklich, aber weil wir großen Hunger und Durst hatten, nahmen wir alles an.

Nach dem Essen sperrte man uns aufs Neue in denselben stickigen und dunklen Raum. Abends bekamen wir eine spärliche Menge einer Art Nudeleintopf, von dem wir nicht wussten, was er enthielt. Beim Kauen knirschte es zwischen den Zähnen und manchmal biss man auf Steine. Auch bei der Essensausgabe wurden Menschen wahllos geschlagen, einfach weil die Libyer unter Drogen standen und Spaß daran hatten.

Wir verbrachten unsere Tage ab nun mit gemeinsamen Gebeten und Totengedenken. Da es bei der Essensausgabe draußen am Hof immer wieder zu schlimmer Gewalt vonseiten der Wachen kam, hatten viele Menschen riesige Angst, den Raum überhaupt zu verlassen, in dem wir eingesperrt waren. Sie blieben bei den brutalen Appellen einfach liegen, doch die Wachen zwangen sie, mit in den Hof zu gehen.

Weil ich noch so klein war, machten sich die Erwachsenen, die mir am nächsten standen, große Sorgen um mich – sie wollten nicht, dass ich die schlimmen Dinge, die tagtäglich im Hof geschahen, mitbekam. Sie schlugen deshalb vor, dass ich mich unter einer Matratze verstecken solle, wenn der Appell kam. Sie machten mir auch das Angebot, ihre Essensration mit mir zu teilen und mir die Nahrungsmittel nach drinnen zu bringen.

Der Plan ging nicht auf: Die Wachen entdeckten mich und stellten mich zur Rede. In meinem gebrochenen Arabisch versuchte ich zu erklären, dass ich Angst hatte. Das weckte bei den Wachen weder Mitgefühl noch Interesse. Mehr noch:

Sie schlugen mich abermals und zwangen mich dazu, mich im Hof mit erhobenen Händen hinzuknien.

In dieser Position musste ich lange ausharren. Ich war von den Strapazen der Flucht enorm geschwächt, und die Sonne brannte auf mich herab. Irgendwann wurde mir schwindlig, und ich wurde ohnmächtig. Als ich nach vorn umfiel, schlugen die Wachen wieder auf mich ein. Ich hatte schreckliche Schmerzen, doch niemand nahm darauf Rücksicht. Weil ich nach all diesen Peinigungen nicht mehr aufstehen konnte, wurden schließlich andere Gefangene geholt, die mich wieder nach drinnen trugen.

Dort legten sie mich auf eine Matratze und kühlten meinen Kopf mit einem feuchten Tuch. Bald ging es mir wieder etwas besser. Ein weiteres Mal auf meiner Flucht war ich von Unbekannten gerettet worden. Ohne sie wäre ich an diesem Tag vielleicht gestorben. Meine Retter versuchten herauszufinden, wo mein Schlafplatz war. So kam ich schließlich zu den anderen Eritreern zurück.

Als sie mich sahen, erschraken sie und fingen an zu weinen. Alle hatten Angst, dass ich sterben würde. Bald holte jemand etwas Brot und Wasser für mich. Beides nahm ich in kleinen Häppchen und kleinen Schlucken zu mir.

Als es mir wieder besser ging, betete ich zu Gott und dankte ihm für meine Rettung. Viele andere Gefangene drängten mich zu erzählen, was mir widerfahren war – doch ich erzählte nichts, aus Angst, dass meine Berichte die anderen in noch mehr Angst und Schrecken versetzen könnten.

Den Rest des Tages und die ganze Nacht schlief ich. Nach dieser schrecklichen Episode war klar: Sich zu verstecken war zwecklos. Am nächsten Morgen ging ich also wie alle anderen nach draußen in den Hof, um die spärliche Nahrung, die wir bekamen, entgegenzunehmen.

An diesem Tag wurde erstmals offenbar, dass die Libyer, die uns gefangen hielten, immer wieder Menschen zur Zwangsarbeit einsetzten. Ich sah, wie einige Erwachsene und kleine Jungen, die noch jünger waren als ich, im Hof aussortiert und mit einem Auto weggebracht wurden. Am Abend kamen sie zurück und erzählten, dass sie den ganzen Tag in der Hitze hatten arbeiten und die Trümmer eines Hauses hatten wegräumen müssen. Dabei waren ihnen Schuhe und Gürtel weggenommen worden, damit sie nicht hatten weglaufen können.

Sie hatten barfuß schuften müssen und sich dabei die Füße aufgeschnitten. Trotz der Schmerzen und des Blutverlusts, den sie erlitten hatten, hatten sie weiterarbeiten müssen. Den ganzen Tag lang hatten sie nichts zu essen und zu trinken bekommen. Die größte Qual war der Wasserentzug gewesen. Wir waren entsetzt.

Aus unerfindlichen Gründen bekamen wir an diesem Abend überhaupt kein Essen. Doch da das Leben in dieser Hölle ohnehin dermaßen stark von Willkür, Rücksichtslosigkeit und Entmenschlichung geprägt war, wunderten wir uns darüber nicht mehr. Wir beschlossen, die Rückkehrer mit Wasser aus dem Waschbecken der Toilette zu versorgen, und gaben ihnen das Brot, das von den Vortagen für Notfälle aufgehoben worden war. Dieses Brot war zwar steinhart, aber aufgeweicht in Wasser bekam man es wenigstens herunter. Anschließend beteten wir zusammen und legten uns schlafen.

EXKURS:
LIBYEN – VOM BÜRGERKRIEG ZERRISSEN

Libyen ist seit geraumer Zeit eines der wichtigsten Transitländer für Migranten und Migrantinnen, die auf dem Weg nach Europa sind. Eigentlich könnte der Maghreb-Staat selbst ein Einwanderungsland wie Saudi-Arabien oder die Arabischen Emirate sein, denn Libyen ist ein reiches Land. Es verfügt über die neuntgrößten Erdölreserven der Welt[7] und ist auch sonst reich an Bodenschätzen. Dazu kommt eine für die Länder der Region sehr geringe Bevölkerungsanzahl von nur 6,7 Millionen Menschen.

Dass Libyen nicht mit Saudi-Arabien vergleichbar ist, sondern seit fast zehn Jahren in Fürstentümer von Milizen und Warlords zerfallen ist, die einander bekriegen, liegt vor allem an dem jahrzehntelangen Regime von Langzeitherrscher Muammar al-Gaddafi. Der in seiner Jugend als revolutionärer Hoffnungsträger an die Macht gekommene und im Alter immer exzentrischere und irrationalere Diktator regierte Libyen vor seinem Sturz im Jahr 2011 mit eiserner Hand. Er und seine Söhne bedienten sich ohne Skrupel am Ölreichtum des Landes. Das geraubte Geld finanzierte den ausschweifenden und teils skurrilen Lebensstil der Familie. So verfügte Gaddafi über eine weibliche Leibgarde sowie über zahlreiche Villen in der Schweiz, in London oder in Wien. Insgesamt soll der Gaddafi-Klan bis zu einer Milliarde Dollar geraubt haben.[8]

Kritik am Gaddafi-Regime wurde brutal unterdrückt. Gaddafis Geheimpolizei und Armee waren für ihre Skrupellosigkeit bekannt. Die Diktatur in Libyen galt als brutaler und grausamer als die Diktaturen in den Nachbarländern. So kam es während der Zeit von Gaddafi zu Massentötungen in Gefängnissen, die beispielsweise in Tunesien oder Ägypten nicht denkbar gewesen wären.[9] Aufgrund dieser seit Jahrzehnten herrschenden Kultur der Gewalt schlitterte das Land nach dem Sturz Gaddafis im Jahr 2011 rasch in einen brutalen Bürgerkrieg.

Die Revolution in Libyen fand unmittelbar nach dem Sturz von Husni Mubarak, dem Machthaber Ägyptens, statt, also im Februar 2011. Die Proteste begannen in Benghazi, der größten Stadt Ostlibyens.[10] Dazu muss man wissen, dass sich Libyen historisch aus drei Regionen zusammensetzt. Erstens die Region Tripolitanien, die die Küstenregion und die Berge im Nordwesten des Landes umfasst. Zu diesem Landesteil zählt auch die Hauptstadt Tripolis. Zweitens die Region Kyrenaika, die Küstenregion im Osten, die östlich der großen Meeresbucht im Zentrum des Landes liegt. Diese Meeresbucht wird auch die Große Syrte genannt. Der dritte Landesteil ist der sogenannte Fezzan. Dabei handelt es sich um die riesigen Wüstenregionen im Süden des Landes.

Der Fezzan, durch den meine Fluchtroute führte, ist unwirtlich, dünn besiedelt und beinahe so groß wie die Ukraine. Im westlichen Teil des Fezzan lebt das Wüstenvolk der Tuareg, im Osten das der Tubu. Neben diesen zwei großen Minderheiten wird dieser riesige geografische Raum von einer Vielzahl arabischer Beduinenstämme bewohnt.

Während der größte Teil der libyschen Bevölkerung seit jeher im Nordwesten des Landes, also in Tripolitanien lebt, wo sich auch die politische Macht konzentriert, befinden sich die großen Ölreserven vor allem im Fezzan und in der Region Kyrenaika. Während der Herrschaft Gaddafis fühlten sich die Menschen im Osten des Landes besonders vernachlässigt und unterdrückt.[11] Kein Wunder, dass der Aufstand also in Benghazi anfing, auch wenn er sich in Folge schnell über einen Großteil des Landes ausbreiten sollte. Schnell wurde klar, dass die Situation in Libyen nicht mit den erfolgreichen Aufständen in Ägypten und Tunesien vergleichbar war. Zwar reagierten auch dort die Diktaturen mit brutaler Gewalt, Verhaftungen und Folter, sie schreckten allerdings vor großen Massakern zurück. Gaddafi hingegen griff sofort zu äußerster Gewalt und schickte die Sicherheitskräfte und das Militär auf die Straßen, um die Proteste militärisch niederzuschlagen.

Die Brutalität Gaddafis führte bald dazu, dass aus den friedlichen Protesten ein bewaffneter Aufstand wurde. Die revoltierende Jugend des Landes bekämpfte Polizei und Armee zunächst mit bloßen Händen, mit Steinen und Molotowcocktails. Bald gelang es ihr aber, Waffen von den Sicherheitskräften zu erbeuten. Gleichzeitig weigerten sich immer mehr Soldaten und Polizisten, auf die eigene Bevölkerung zu schießen, und liefen mit ihren Waffen zu den Aufständischen über.

Die Rebellen begannen sich bald zu organisieren. Aus aufständischen Zivilisten und übergelaufenen Soldaten bildeten sich Kampfeinheiten. Wie so oft in Bürgerkriegen spielten dabei Persönlichkeiten und Gruppen eine wichtige Rolle, die auf materielle Ressourcen oder militärische Erfahrung zurückgreifen konnten. Dabei handelte es sich um lokale Unternehmer und Honoratioren oder aber um ehemalige Militärs oder Islamisten.

Viele der Führer der Rebellion waren zum Beispiel ehemalige Mitglieder der Libyan Islamic Fighting Group, die Al-Qaida nahegestanden hatte und von Gaddafi zerschlagen worden war. Es entstanden neue dschihadistische Gruppen wie zum Beispiel Ansar Al Sharia in Benghazi, der Shura-Rat der Mudschaheddin in der Stadt Derna[12] und einige Jahre später der sogenannte Islamische Staat in Libyen.[13] Die Rebellen erhielten Unterstützung aus dem Ausland. Vor allem der kleine Ölstaat Katar am Persischen Golf unterstützte die islamistischen Rebellen mit Waffen und militärischer Ausbildung.

Die Militärintervention der britischen, französischen und amerikanischen Luftwaffe vom März 2011 führte nicht unmittelbar zum Fall des Gaddafi-Regimes. Erst im August konnten Rebellen, ausgehend von den Städten Misratah und den Nafusa-Bergen, auf Tripolis vorrücken. Die Diktatur brach in sich zusammen. Gaddafi selbst, der bereits aus der Hauptstadt geflohen war, wurde im Oktober 2011 in seiner Heimatstadt Sirte von Rebellen aufgespürt und getötet. Sein Sohn Saif wurde in der Wüste gefangen genommen.[14]

Mit dem Ende des Gaddafi-Regimes hielten aber keineswegs Demokratie und Stabilität Einzug in Libyen. Der sogenannte nationale Übergangsrat, der mit der Unterstützung der internationalen Gemeinschaft eingerichtet worden war, konnte im Wesentlichen nur das Zentrum von Tripolis kontrollieren. Bestimmte Städte wie Zintan und Misratah bildeten mit ihren konkurrierenden Militärräten geradezu Stadtstaaten. In anderen Regionen und Städten wetteiferten Dschihadisten, lokale Milizen, Stammesgruppen und Warlords um die Macht. Minderheiten wie die Berber, die Tuareg, die Tubu und diverse Beduinenstämme kontrollierten ihre Gebiete ebenfalls mit eigenen Milizen. Es herrschte Chaos und Gewalt.

Auch im Jahr 2014, als ich vom Sudan kommend Libyen durchquerte, war das Land nicht stabiler als Ende 2011. Im Gegenteil – gerade in diesem Jahr sollte Libyen in eine neue Phase des Bürgerkriegs eintreten. Die zwei Wahlen, die in der Zwischenzeit stattgefunden hatten, konnten die verfahrene Lage weder lösen noch vereinfachen. Der Versuch, die verschiedenen bewaffneten Milizen in die offizielle Armee zu integrieren, scheiterte. Die

Milizen verfügten dadurch über noch größere Einkommensquellen und gehörten nun zu den attraktivsten Arbeitgebern Libyens. Die bewaffneten Gruppen und Untergruppen vervielfältigten sich, und ihre Größe schwoll weiter an.[15]

Infolge des Bürgerkriegs gab es zwei Parlamente und zwei Regierungen, eine in Tripolis und eine im östlich gelegenen Tobruk. Die wirklichen Herren des Landes waren aber die Führer der islamistischen Fajr-Milizen, die den Westteil des Landes um die Städte Tripolis und Misratah kontrollierten, sowie General Chalifa Haftar, der den Ostteil Libyens in seiner Hand hatte. Die Konfrontation dieser zwei Blöcke führte zu Kämpfen in fast allen Landesteilen.[16] Die Kämpfe wüteten unter anderem rund um den internationalen Flughafen von Tripolis. Es sind diese Kämpfe, die ich auf meiner Flucht nach Tripolis miterlebt habe und über die ich später noch schreiben werde.

Die Situation war extrem unübersichtlich, denn in den verschiedenen Gebieten und Städten standen sich verschiedenste Milizen gegenüber. Auch Familienfehden oder Stammeskonflikte wurden militärisch ausgetragen. Die Hauptstadt Tripolis war zwischen Dutzenden Milizen aufgeteilt, die manchmal nur einen Häuserblock kontrollierten.

In der Wüstenregion, dem Fezzan, durch die ich vom Sudan aus flüchtete, war die Lage genauso verworren. Hier standen sich die Tuareg, die Tubu und verschiedenste arabische Beduinenstämme wie die Werfalla, Awlad Suleiman und Zway gegenüber.

Bei den Konflikten im Fezzan ging es vor allem um die Kontrolle über die Erdölfelder und um die Schmuggelrouten für Flüchtende. Während die arabischen Stämme die großen Oasenstädte wie Sabha und viele Ölfelder unter ihrer Kontrolle hatten, kontrollierten die Tuareg den äußersten Westen des Landes, die Grenzübergänge zu Algerien und Niger und damit die westafrikanischen Migrationsrouten. Die Tubu hingegen dominierten im Osten und hatten die Kontrolle über die Grenzübergänge zum Sudan und dem Tschad inne. Sie organisierten somit die von Ostafrika kommenden Schmuggelrouten.[17] Ich wurde also mit ziemlicher Sicherheit durch die Gebiete der Tubu geschleust.

Bei den schwarz gekleideten Banditen, die unseren Konvoi in der Wüste überfielen, könnte es sich allerdings um Tuareg auf Raubzug im Feindesland gehandelt haben. Darauf deuteten ihre schwarzen, vors Gesicht gezogenen Turbane hin sowie der Umstand, dass sie nicht Arabisch sprachen. Tuareg kleiden sich traditionell vor allem mit schwarzen und blauen Kleidern und Turbanen, die sie vor das Gesicht ziehen. Sie sprechen eine eigene, nicht mit dem Arabischen verwandte Sprache, das Tamascheq. Tubu hingegen sprechen auch eine eigene Sprache, kleiden sich aber vor allem mit weißen Turbanen.

Das Jahr 2014 war das Jahr des Islamischen Staates. Nachdem die Gruppe sich im Osten Syriens gegen andere Rebellengruppen durchgesetzt hatte, gelang es ihr in rasender Geschwindigkeit, ein Drittel des Iraks zu kontrollieren, samt der Millionenstadt Mossul. Als sich im Juni 2014 Abu Bakr al-Baghdadi in Mossul zum sogenannten Kalifen, dem Führer aller Muslime, ausrief, war der IS am Höhepunkt seiner Macht und Popularität.

Die erklärte Absicht des IS war es, sich auf die gesamte muslimische Welt auszudehnen. In Libyen fand er dafür geradezu ideale Verhältnisse vor: Es gab keinen funktionierenden Staat, unklare und chaotische Machtverhältnisse sowie einen leichten Zugang zu Waffen, Ressourcen und Geldquellen. Dazu kam die Möglichkeit, die Flüchtlingsrouten zu kontrollieren und daraus großen Profit zu schlagen. Um den Islamischen Staat in Libyen aufzubauen und unter Kontrolle ihrer Machtzentrale im Irak und in Syrien zu halten, entsandte der IS einige seiner wichtigsten Anführer im September 2014 nach Libyen. Eine wichtige Basis für die dortige Ausbreitung des IS bildeten Libyer, die in Syrien mit dem IS gekämpft hatten und nun nach Libyen zurückkehrten.

Einen ersten Stützpunkt konnte der IS in der Stadt Derna aufbauen, aber auch in Benghazi und vor allem in der Gegend um Sirte, der Heimatstadt Gaddafis, konnte die Terrormiliz Anhänger gewinnen. Im Herbst 2014 erfolgte dann in Derna die offizielle Gründung des Islamischen Staats in Libyen. Die dortigen Kämpfer gerieten bald in Konflikt mit anderen dschihadistischen Gruppen und konnten sich nicht durchsetzen. In Sirte hingegen übernahm der Islamische Staat im Lauf des Jahres 2015 schrittweise die Macht.[18]

Die Herrschaft des IS war gekennzeichnet durch eine brutale Anwendung der Scharia, Terror gegen jegliche Opposition, Übergriffe gegen Flüchtende und aufsehenerregende Terrorakte. Für besonderes Entsetzen in der Weltöffentlichkeit sorgte ein im Februar 2015 veröffentlichtes Video, in dem fünfzehn in orange Overalls gekleidete koptische Christen aus Ägypten, die als Arbeiter nach Libyen gekommen waren, grausam getötet wurden.[19]

Zwei Jahre lang wütete der IS in Libyen, bis mit Unterstützung der US-Luftwaffe Milizen aus Misratah, die Teil des Fajr-Bündnisses waren, in einer mehrmonatigen Schlacht die Stadt Sirte zurückeroberten. Seitdem sorgen verstreute Grüppchen des IS, die sich in der Wüste verstecken, mit Angriffen immer wieder für Angst und Schrecken. Doch seit dem Jahr 2016 war die Terrormiliz nicht mehr in der Lage, größere Gebiete oder Städte Libyens unter ihre Kontrolle zu bringen.

Von welcher dschihadistischen Miliz ich im Sommer 2014 gekidnappt wurde, weiß ich nicht genau. Ich war damals vierzehn Jahre alt und nicht in der Lage, alles zu verstehen, was rund um mich geschah. Es ist klar, dass es sich um eine dschihadistische Gruppe handelte. Verschiedene Indizien deuten darauf hin, dass die Gruppe später Teil des Islamischen Staates wurde. Ich werde wohl nie erfahren, wer für die grausamen Verbrechen, die ich erleben musste, verantwortlich war. Ebenso unklar ist es, ob es gelingen wird, die Täter jemals zur Rechenschaft zu ziehen.

Nachdem die Kämpfe vom Jahr 2014 zu keinen wesentlichen Entscheidungen geführt hatten, hoffte man in den zwei darauffolgenden Jahren doch noch auf ein Ende der Kämpfe und eine friedliche Lösung für das Land. Unter der Leitung der UN verhandelten die zwei Regierungen, oder besser gesagt die zwei Allianzen von Milizen, die Fajr-Milizen auf der einen und die Milizen unter Chalifa Haftar auf der anderen Seite, über eine neue Einheitsregierung.

Und tatsächlich wurde im Dezember 2015 unter der Leitung der UN eine politische Vereinbarung verabschiedet und eine neue Übergangsregierung unter Fayez al-Sarraj eingesetzt, die eine Einheitsregierung schaffen sollte.[20] Aber die Hoffnung verpuffte schnell. Sarraj musste mit verschiedensten Milizen in Verhandlungen treten, um überhaupt in Tripolis landen zu können. Der starke Mann im Osten, Chalifa Haftar, und sein Parlament hielten sich nicht an die Absprachen. Stattdessen machte sich Haftar daran, seine Macht weiter auszudehnen.

Inzwischen wurde Libyen genauso wie Syrien, der Jemen oder der Irak immer mehr zum Spielball regionaler und internationaler Mächte. Während vor allem die Vereinigten Arabischen Emirate, Ägypten und Saudi-Arabien auf Chalifa Haftar setzten und ihn mit Waffen und Geld ausstatteten, vertieften Katar und die Türkei ihre Beziehungen zu Milizen im Westen des Landes. Sarraj wurde zum Ministerpräsidenten von Tripolis, wobei seine Macht im Wesentlichen vom Gutdünken der Milizen abhing. Währenddessen baute Haftar, gut ausgestattet durch arabisches Öl-Geld, seine Macht aus und setzte sich in Benghazi und Derna gegen islamistische Milizen durch, um die totale Kontrolle über den Osten des Landes zu erlangen.

Bis zum Jahr 2018 sicherte er mit Waffengewalt und wechselnden Bündnissen mit arabischen Stämmen und den Tubu seine Vorherrschaft in den Wüstenregionen des Fezzan. Dabei ging es ihm vor allem um die Kontrolle der dortigen Ölfelder.[21]

Im Lauf des Jahres 2019 fühlte sich Chalifa Haftar schließlich stark genug, um in Abstimmung mit etlichen zu ihm übergelaufenen Milizen auf Tripolis zuzumarschieren. Haftar, der inzwischen die offene Unterstützung Russlands und die diskrete Unterstützung Frankreichs genoss, versuchte, Tripolis zu erobern und sich zum starken Mann Libyens aufzuschwingen. Der Vorstoß seiner Truppen kam aber ins Stocken, da sich die Milizen im Westen Libyens gegen ihn vereinigten. Erst durch die massive Unterstützung durch Drohnen und Militärberater aus den Emiraten sowie durch russische Söldner konnte Haftar weiter vorrücken.

Das wiederum rief den türkischen Präsidenten Erdogan auf den Plan, der tonnenweise Kriegsmaterial nach Tripolis schicken ließ. Als das nicht reichte, folgten im Januar 2020 schließlich türkische Militärberater, Panzer, Drohnen und schließlich auch syrische Rebellen, die als Söldner kämpften. In einer grausamen Wendung der Geschichte landeten somit Kämpfer, die, inspiriert vom Fall Gaddafis, die Waffen gegen den syrischen Diktator Bashar al-Assad erhoben hatten, als Söldner Erdogans im zerfallenen Libyen, um dort nun für die Interessen der Türkei zu kämpfen.[22]

IN DER GEWALT DER DSCHIHADISTEN

Juni 2014. Ich harrte nun schon seit vielen Wochen in diesem Gefängnis aus. Jeden einzelnen Tag betete ich zu Gott und bat ihn, mich hier herauszuholen. Eines Morgens, als ich noch in tiefem Schlaf lag, wurde ich plötzlich von entsetzlichem Lärm geweckt.

Noch völlig verschlafen, dachte ich zuerst, dass es sich um den täglichen Appell handeln würde. Ich rieb mir den Schlaf aus den Augen und lief Richtung Tür, da ich großen Hunger und Durst hatte, vorbei an den Toiletten, die wie immer völlig überfüllt waren und fürchterlich stanken. Ich fluchte innerlich über die schrecklichen hygienischen Bedingungen, unter denen wir litten – da flog plötzlich die Tür auf, und schwer bewaffnete, schwarz gekleidete und vermummte Männer stürmten den Raum. Alles, was ich an ihnen erkennen konnte, waren ihre Augen. Meine Intuition sagte mir sofort, dass es sich um radikale Dschihadisten handeln müsste.

Dann hörte ich im Hof Schüsse. Die Angreifer erschossen die Wachen, die uns so lange und so erbarmungslos gequält hatten. An ihre Stelle sollten nun offenbar neue, noch viel schlimmere Peiniger treten.

Die vermummten Dschihadisten machten sich sofort daran, die Erstbesten, die ihnen in die Hände fielen, nach draußen in den Hof zu schleppen. Sie waren in großer Eile, um nicht von den noch lebenden Gefängniswärtern erwischt zu werden. Neunzehn Menschen waren bereits in ihrer Gewalt und wurden nach draußen gezerrt. Das Schicksal wollte es, dass ich genau in dem Moment, als die fremden Kämpfer uns überfielen, bei den Toiletten am Eingang saß. Am liebsten hätte ich mich unsichtbar gemacht. Doch an Flucht war nicht zu denken – die Männer hatten ihre Waffen auf uns gerichtet. Hätte ich mich in diesem Moment bewegt, wäre ich sofort erschossen worden. Schließlich kam einer der Männer auf mich zu und wählte mich als Nummer zwanzig. Mir stockte das Blut in den Adern. Ich wusste, dass ich nichts gegen seine Entscheidung tun konnte. Mir schossen Tränen in die Augen.

Wir waren etwa 4.000 Menschen in diesem Raum – und die Dschihadisten hielten sich nicht lange mit ihrer Entscheidung auf. Mitgenommen wurden einfach diejenigen, die durch puren Zufall beim Ausgang standen.

So nahmen die Dinge ihren Lauf: Wir mussten uns in einer Reihe aufstellen. Die Männer fesselten uns die Hände auf dem Rücken und nahmen uns unsere Schuhe weg. Danach warfen sie sie auf einen Haufen und verbrannten sie. Einer der Männer packte mich und klebte meine Augen mit einem schwarzen Klebeband brutal ab. Bei den übrigen neunzehn tat er dasselbe. Ich war vor Angst wie gelähmt.

Dann kam der Marschbefehl. Ohne Schuhe, mit verbundenen Augen mussten wir über den heißen Erdboden laufen. Ständig rutschten uns die Hosen nach unten. Obwohl ich nichts sehen konnte, wusste ich, dass unsere Peiniger links und rechts von uns waren – ihre Schritte und das Geklapper ihrer Waffen waren deutlich zu hören. Wir mussten auf die Ladefläche eines Fahrzeugs aufsteigen und uns auf eine Art Bank nebeneinandersetzen. Unsere Hände und Füße wurden an Ringen an der Seitenwand festgebunden.

Wir hatten keine Ahnung, wohin wir gebracht werden sollten.

Der Boden der Ladefläche war feucht und schmierig, und ich konnte riechen, dass es sich dabei um Blut handelte.

Wir fuhren Stunde um Stunde. Die Sonne brannte ohne Gnade auf uns herab. Ich hatte nur ein Unterhemd an, und mein Rücken begann zu brennen. Ich hatte schrecklichen Durst und war mir nicht sicher, ob ich die Fahrt überleben würde.

Ich hätte gern gewusst, wie lange wir noch fahren würden und wohin. Aber es war nicht im Traum daran zu denken, unsere Entführer zu fragen. Ich begann zu weinen. Da meine Tränen durch das Klebeband nicht abfließen konnten, wurde der Druck auf meine Augen immer größer. Ich hatte große Schmerzen, doch da meine Hände gefesselt waren, konnte ich das Band nicht entfernen. Ich versuchte verzweifelt, mir das Band an der Schulter meines Nachbarn abzustreifen. Das Klebeband blieb schließlich an seiner Kleidung hängen, und der Druck ließ sofort nach.

Im ersten Augenblick sah ich in der gleißenden Sonne gar nichts. Nach wenigen Augenblicken realisierte ich, dass einer unserer Bewacher mein Manöver bemerkt hatte. Ohne zu zögern, holte er aus und schlug mir mit dem Kolben seines Gewehres auf die Brust.

Der Schlag war so stark, dass ich mich übergeben musste. Da ich nichts im Magen hatte, erbrach ich lediglich Magensaft. Ich würgte und versuchte, die Fassung zu bewahren. Als sich meine Augen wieder an das Licht gewöhnt hatten, konnte ich erkennen, dass meine erste Vermutung richtig gewesen war. Der Boden war voller Blut. Auch meine Füße waren voller offener Wunden vom Barfußlaufen auf steinigem Boden. Wie schon öfter auf meiner Flucht bekam ich große Angst, mich durch das Blut anderer Menschen mit Krankheiten anzustecken.

Wenn ich nun sowieso sterben muss, so dachte ich, warum sollte ich dann vorher noch lange leiden müssen? An diesem Tag hätte ich mich selbst getötet, wenn ich die Gelegenheit dazu gehabt hätte. Doch mein Schicksal lag nicht mehr in meiner Hand.

Wenigstens wurden nun meine Augen nicht wieder zugeklebt. Als ich so auf dem Pick-up saß, auf der Fahrt in mein Verderben, sah ich plötzlich meine geliebte Mutter vor mir. Immer wenn ich draußen mit meinen Freunden gespielt und Durst bekommen hatte, war ich nach Hause gelaufen. Meine Mutter hatte immer sofort bemerkt, wenn ich durstig gewesen war, und mir kaltes Wasser geholt. Jetzt, wo ich gefesselt und von fremden Menschen entführt worden war, fehlte mir meine Mutter unendlich. In diesem Moment verwarf ich meine Selbstmordgedanken und beschloss, dass ich für sie am Leben bleiben musste, damit sie nicht ihr ganzes restliches Leben lang über meinen Tod würde trauern müssen.

Ich hatte selbst erlebt, wie sehr sie unter dem Tod meiner geliebten Schwester gelitten hatte und wie sehr sie ihr fehlte. Ich nahm mir fest vor, dass meine Mutter nicht noch ein weiteres Mal durch diese Qualen gehen sollte.

Unsere Fahrt war noch immer nicht zu Ende. Als Einziger der zwanzig Gefangenen konnte ich nun die Landschaft sehen, durch die wir fuhren. Es war eine leicht hügelige, trockene Gegend. Immer wieder tauchten Ruinen auf.

Gegen Mittag hielten wir in einem verlassenen Dorf und mussten aussteigen. Es war gespenstisch still hier – ich vernahm keinerlei Geräusch, weder von Menschen noch von Tieren. Offenbar waren wir die einzigen Lebewesen in diesem Dorf. Die Sonne brannte noch immer auf uns herab. Man zwang uns, den Weg zu Fuß fortzusetzen. Da wir nach wie vor keine Gürtel hatten, hing meine Hose beim Laufen zwischen meinen Knöcheln. In einem unbemerkten Moment streifte ich die Hose einfach mit den Füßen ab. Einer der Dschihadisten bemerkte mich dabei und versetzte mir sofort mit einem Elektroschocker einen Schlag auf den Oberschenkel. Ich hatte nur noch Unterhemd und Unterhose an und lief weiter.

Nach wenigen Minuten kamen wir bei einem Haus an. Dort sperrten sie uns in ein dunkles Zimmer ohne jegliche Lichtquelle. Es war sehr heiß, und unsere Hände waren immer noch gefesselt.

Hier wurden wir nun zurückgelassen, während unsere Entführer sich ausruhten. Ich war noch immer der Einzige, dem die Augen nicht mehr verbunden waren, aber in der tiefen Dunkelheit des Raumes konnte ich kaum etwas erkennen. Mit aller Entschlossenheit wollte ich nach einem Fluchtweg für uns suchen, konnte mich aber auch nur tastend vorwärtsbewegen.

Die Aussichtslosigkeit unserer Lage traf mich zutiefst und ließ mich verzweifeln. Nach einer Weile kamen die Verbrecher zurück. Sie öffneten die Tür und kamen in schwarzer Kleidung, schweren Stiefeln und mit ihren Waffen auf uns zu. Einer der Männer drückte mir plötzlich seine Waffe an die Schläfe. Mir kam kein Wort über die Lippen. Vorhin hatte ich mir doch fest vorgenommen, nicht hier zugrunde zu gehen, um meine Mutter nicht allein auf dieser Welt zurückzulassen. An mehr konnte ich in diesem Moment nicht denken.

Da packte mich der Dschihadist an meinem Unterhemd und zerrte mich nach draußen. Auch die anderen wurden rausgebracht. Einer meiner Mitgefangenen versuchte, mir Mut zuzusprechen: »Bitte bleib stark. Wir schaffen das!« Obwohl sie gut gemeint waren, waren seine Worte in diesem Moment Schall und Rauch – ich konnte ihm nicht glauben, sondern rechnete mit Sicherheit damit, hier sterben zu müssen.

Draußen mussten wir uns in einer Reihe hinsetzen. Hier wurden unsere Fesseln gelöst und das Klebeband von den Augen aller genommen. Dann sollten wir aufstehen. Nach der langen Zeit mit verklebten Augen waren viele geblendet und konnten sich kaum orientieren. Zwei Männer kamen ins Straucheln und stürzten. Die Dschihadisten schlugen sie sofort. Einer der beiden wurde vom Kolben eines Gewehrs auf den Hinterkopf getroffen, und er blutete stark. Der Kriminelle sprang zur Seite, damit das Blut nicht auf ihn spritzte. Für ihn waren wir nur Tiere.

Obwohl ich den Verletzten nicht kannte, zerriss ich mein Unterhemd, um seine Wunde zu verbinden. Für mich war es in dieser Situation völlig normal, sich gegenseitig zu helfen. Ich unterstützte ihn dabei, sich wieder aufzusetzen.

Meine Hand lag auf seinem Herzen, und ich konnte fühlen, wie schnell es schlug. Er litt an Sauerstoffmangel, und so versuchte ich, ihm Luft ins Gesicht zu fächeln. Ich sagte ihm, dass er nicht einfach liegen bleiben dürfe – niemand würde ihm helfen, und die Dschihadisten würden ihn einfach erschießen.

Noch heute staune ich über das spontane Mitgefühl und die Solidarität, zu der ich in solch extremen Situationen in der Lage war: Obwohl es mir selbst sehr schlecht ging und obwohl ich riskierte, erschossen zu werden, half ich dem Mann wieder auf die Beine. Und obwohl ich der Kleinste in der Gruppe war, unterstützte mich niemand der anderen Gefangenen.

Mir kam plötzlich ins Bewusstsein, dass es mein Vater gewesen war, der mich gelehrt hatte, hilfsbereit zu sein. Er hatte

anderen Menschen immer geholfen, wenn sie in Schwierig-
keiten gewesen waren, egal, ob er sie gekannt hatte oder nicht.
Es war ihm auch egal gewesen, ob diese Menschen sich für
seine Hilfe erkenntlich zeigten. Gott, so hatte er immer gesagt,
weiß in jedem Fall, was ich getan habe.

Hier mussten wir nun also warten, während die Sonne ohne
Gnade auf uns herabbrannte. Drei der Wachen blieben bei uns,
während der Rest der Bande in anderen Häusern verschwand.
Dort gab es offenbar noch weitere Verliese, aus denen sie nun
noch mehr Menschen holten. Bisher war ich der festen Annahme gewesen, dass wir die Einzigen an diesem schrecklichen
Ort waren.

Auf meine Nachfrage erzählten sie mir, dass sie hier schon
lange eingesperrt seien. Unter ihnen waren ursprünglich auch
einige Mädchen gewesen, die immer wieder vergewaltigt worden
waren, bis man sie einfach ermordet hatte. Als sie schließlich
alle Frauen und Mädchen umgebracht gehabt hatten, hatten die
Dschihadisten begonnen, kleine Jungen zu vergewaltigen. Bei
diesen schrecklichen Schilderungen stiegen mir die Tränen in
die Augen. Wie sehr mussten diese Menschen gelitten haben!

Ein junger Mann erzählte mir, wie er mit einer Waffe an
der Schläfe dazu gezwungen worden war, dabei zuzusehen,
wie seine Frau, die man geknebelt hatte, vergewaltigt und anschließend erschossen wurde. Ich selbst hatte ja schon zuvor
Ähnliches erleben müssen und hatte nun riesige Angst, selbst
vergewaltigt zu werden.

Die Mädchen und Frauen hatten sich genauso wie ich auf
den Weg gemacht, um ein besseres Leben zu führen und Diktatur und Elend zu entkommen. Sie hatten diesen Wunsch, der
jedem Menschen zustand, mit entsetzlichem Leid und manch-

mal mit ihrem Leben bezahlen müssen. Es war furchtbar für mich, das zu wissen, aber nichts dagegen tun zu können. Hätte ich Widerstand geleistet, wäre ich sofort erschossen worden.

Die Situation war hoffnungslos, und es gab keine Möglichkeit zur Flucht. Nun befahl man uns, dass wir uns in zwei Reihen aufstellen sollten. Jeder musste seine Hände auf die Schultern des Vordermanns legen und dann loslaufen. Wir waren in etwa dreißig Gefangene.

Nach ungefähr einer Stunde erreichten wir unser Ziel, eine Brachfläche mit wenig Pflanzenbewuchs. Die Dschihadisten hatten den Plan, dass wir hier unser eigenes Gefängnis bauen sollten. Dazu mussten wir zunächst ein tiefes Fundament in den Boden graben. Sie gaben uns Harken und Schaufeln und zwangen uns, so lange zu graben, bis wir eine Tiefe von zwei Metern erreicht hatten. Es war uns untersagt, miteinander zu reden. Der Boden war sehr hart. Ich hatte gemeinsam mit anderen die Aufgabe, die Erde, die andere gelockert hatten, nach oben aus dem Loch zu schaufeln. Das fiel mir sehr schwer – der aufgewirbelte Staub drang bis tief in meine Lunge.

Anschließend mussten wir mithilfe eines Betonmischers den Beton für das Fundament vorbereiten. Dazu mussten wir unzählige Säcke mit Zement und Wasser herbeigeschafft. Weil die Säcke zu schwer für mich waren, war ich nicht in der Lage, sie hochzuheben und in die Öffnung des Betonmischers zu kippen. Als ich versuchte, mit den Säcken auf die Maschine zu klettern, fiel ich mitsamt des Sacks wieder hinunter.

Die Verbrecher lachten über mich. Mir war zum Heulen zumute. Schließlich kam einer der Dschihadisten mit erhobener Waffe direkt auf mich zu. Offenbar stand er in der Hierarchie der Terrororganisation höher als die anderen, denn die anderen machten ihm sofort Platz. Ich war starr vor Angst und rechnete bereits damit, dass er mir einfach in den Bauch schießen würde. Als er direkt vor mir stand, drückte er mir seine Pistole an den Hals und sagte, er würde mich, ohne zu zögern, in den Betonmischer werfen, wenn ich es nicht sofort schaffen würde, den Zement einzufüllen. Ich sammelte all meine Kraft und biss die Zähne zusammen. Mit geschlossenen Augen zog ich mich mit der freien Hand an der Maschine hoch, mit der anderen Hand hielt ich den Sack umklammert. Unter größten Anstrengungen gelang es mir tatsächlich, den Zementsack auszuleeren.

Beim Blick in die Öffnung der Maschine sah ich das viele Wasser, das zum Anrühren des Betons verwendet wurde. Ich starb fast vor Durst und musste mich zusammennehmen, um mich nicht selbst in die Öffnung fallen zu lassen. Obwohl das dazu geführt hätte, dass ich mitsamt des Betons begraben worden wäre, kostete es mich eine fast unmenschliche Überwindung, das Wasser nicht anzurühren.

Die Luft um mich herum schwirrte vor Hitze und machte meinen Durst nur noch schlimmer. Meine Kehle war staubtrocken. Als ich den Zementsack ausgeleert hatte, ließ ich mich einfach auf den Boden fallen. Ich war noch einmal mit dem Leben davongekommen.

Um die Mauern des Hauses zu bauen, mussten einige von uns Steine mit einem Hammer zurechtklopfen. Dabei kam es zu Unfällen und schweren Verletzungen an den Händen. Die Dschihadisten kümmerte das nicht – es gab keinerlei medizinische Hilfe.

Wir hatten nicht einmal etwas, um eine offene Wunde zu verbinden und so die Blutung zu stoppen. Diejenigen, die nicht an der Baustelle arbeiten mussten, wurden dazu gezwungen, auf dem Rücken Steine zur Baustelle zu schaffen und dort zu einem Haufen aufzuschichten. Das alles musste sehr schnell gehen. Nach der Episode mit dem Zementsack waren unsere Entführer offenbar auf den Geschmack gekommen, ausgerechnet mich zu quälen, und schickten mich deshalb zum Steinetragen.

Sie wussten genau, dass die Steine zu schwer für mich waren. Voller Häme beobachteten sie mich und machten sich über mich lustig. Einer der Dschihadisten blieb in meiner unmittelbaren Nähe, sodass ich kein einziges Mal leichtere oder kleinere Steine tragen konnte.

Die anderen Gefangenen merkten natürlich, wie sehr ich litt, konnten mir aber nicht helfen. Die Steine lasteten schwer auf meinem Rücken und schürften meine ungeschützte Haut auf. Bald lief mir das Blut über den ganzen Körper.

Da ich durch die Strapazen und Quälereien der vergangenen Tage und Wochen bereits unglaublich geschwächt war, hatte ich furchtbare Schwindelgefühle. Doch ich ertrug die Tortur unter Tränen und schaffte mir ein Ventil, indem ich die leblosen Steine beschimpfte. »Wie kann es sein«, so fluchte ich vor mich hin, »dass ich wie ein Lastesel behandelt werde, der sich nicht wehren kann, wenn ihm die Lasten auf seinem Rücken zu schwer werden.«

Nachdem ich drei dieser riesigen Steine zur Baustelle geschleppt hatte, war ich bereits vollkommen ermattet. Der vierte Stein verursachte unerträgliche Schmerzen. Ich versuchte ständig, seine Position zu ändern, bis ich ihn endlich neben der zu bauenden Mauer abwerfen konnte. Den fünften Stein konnte ich nur noch tragen, indem ich ihn, so gut es ging, hochhob und an meine Brust drückte.

Da ich nun beim besten Willen keine Steine mehr tragen

konnte, versuchte ich, eine Arbeit auszuführen, bei der ich nicht elendig zugrunde gehen würde. Ich bearbeitete Steine mit einem Hammer und schleppte Eimer voller Beton, die etwas leichter waren als die Steine. Zum Glück ließen die Dschihadisten das durchgehen.

Bald schon waren die Mauern des Gefängnisses, das wir errichten mussten, höher als ich. Die Menschen mussten nun nach oben klettern, um weiterbauen zu können, denn Baugerüste gab es natürlich keine. Plötzlich sah ich, wie einige der Gefangenen, die an der oberen Kante der Mauer arbeiten mussten, ihr Gleichgewicht verloren – der noch feuchte Beton gab unter ihren Füßen nach. Eine Reihe von Menschen, die abstürzten, wurden von den fallenden Steinen getroffen und waren auf der Stelle tot.

Wieder einmal kümmerte sich niemand um diejenigen, die den Dschihadisten zum Opfer gefallen waren. Wir durften ihnen nicht einmal die Augen schließen. Es war nicht daran zu denken, sie ordentlich zu beerdigen. Die Dschihadisten packten sie einfach an Händen und Füßen und warfen sie wie Abfall in eine nahe gelegene Schlucht.

Ich dachte, dass dies bald auch mein Schicksal sein würde. Nach diesem schrecklichen Unfall auf der Baustelle legte ich urplötzlich und wie schon in ähnlichen Situationen zuvor all meine Angst ab. Ich ging ohne Umschweife auf einen der Wachmänner zu und fragte ihn furchtlos, warum wir unsere Kameraden nicht begraben durften. Doch die einzige Antwort, die ich bekam, war: »Halt deinen Mund, oder du stirbst genauso.« Der Dschihadist hörte mir gar nicht richtig zu, sondern richtete nur seine Waffe auf mich.

Wir hatten keine Chance, selbst in den todesmutigsten

Momenten nicht. Als ich wieder auf meinen Platz zurückging, schossen mir die Tränen in die Augen. An diesem Tag waren meine Wangen von den vielen Tränen, die darauf getrocknet waren, ganz verkrustet. Meine Augen waren feuerrot und schmerzten. Alles, was ich tun konnte, war weiterarbeiten.

Als ich mich auf die Mauer schleppte, um einen weiteren Stein dort aufzulegen, sah ich plötzlich die Menschen, die vor wenigen Augenblicken abgestürzt und gestorben waren, wie in einem Film vor mir. Der Stein fiel mir einfach aus den Händen, und ich verlor die Orientierung. Ich blieb völlig apathisch und wie gelähmt auf der Mauer sitzen. Ohne Sinn und Ziel klopfte ich mit einem Hammer auf den Steinen herum, in der Hoffnung, dass ich den Wachen nicht auffallen würde.

Wer dachte, dass es nun nicht mehr schlimmer kommen konnte, irrte. Mit einem Mal hörte ich von unten Schreie. Ich wandte mich um und sah, wie ein Junge, der am Betonmischer gearbeitet hatte, das Gleichgewicht verlor und von der Leiter fiel. Aus seinem Kopf floss Blut, und seine Augen waren völlig verdreht.

Die Geschehnisse dieser Stunden ließen mich schwer traumatisiert zurück. Um Haaresbreite wäre ich bei der Zwangsarbeit für die Dschihadisten selbst ums Leben gekommen. Ich hätte diesen Tag am liebsten aus meinem Leben gestrichen. Alle Gefangenen waren zutiefst schockiert und trauerten um die Menschen, die wir verloren hatten – selbst um diejenigen, die wir gar nicht persönlich gekannt hatten.

Den restlichen Tag über konnte sich niemand mehr richtig auf die Arbeit konzentrieren. Die Gedanken rasten wie wild durch meinen Kopf. In meinen Gedanken sprach ich mit meinem Vater. Er, als orthodoxer Priester mit hohem Ansehen, musste doch wissen, warum mich Gott nicht schützte. Von Kindesbeinen an hatte er mir erklärt, dass Gott jedem half, der an ihn glaubte. Am Ende des Tages war ich schließlich so abgestumpft und zermürbt, dass ich nicht einmal mehr beten konnte.

Als die Dschihadisten uns von der Baustelle wegbrachten, sah ich, dass das Haus von der Umgebung aus kaum zu erkennen war. Wir hatten ein fast perfekt getarntes, komplett fensterloses Gefängnis gebaut, für Menschen wie uns! Menschen, deren einziges Verbrechen es war, auf der Flucht zu sein.

Als die Nacht über uns hereinbrach, mussten wir uns in einem Kreis zusammensetzen. Ich dachte zunächst, dass wir nun etwas zu essen bekommen würden. Aber dem war nicht so. So absurd und verrückt es auch klingen mag: Die Dschihadisten wollten plötzlich Geld von uns. Immer mehr von ihnen erschienen – noch immer vermummt, mit lediglich einem kleinen Spalt, der die Augen frei ließ.

Niemand von uns reagierte. Nach einigen Minuten änderten unsere Peiniger ihre Strategie und befahlen uns plötzlich, uns in drei Reihen hintereinanderzusetzen. Aus den Reihen zogen sie nun willkürlich Menschen. Diese Unglücklichen mussten sich auf den Boden knien, wurden ein weiteres Mal nach Geld gefragt und dabei geschlagen.

Schließlich kamen sie auch zu mir. Mein Herz schlug vor Angst bis zur Brust. Ein schwer bewaffneter Mann in riesigen Stiefeln näherte sich mir. Mit einem Stock schlug er mir auf den Rücken, befahl mir, mich hinzuknien und zu ihm aufzuschauen, während er sich direkt vor mir auf einen Stein setzte. Ich erblickte das scharfe, lange Messer in seiner Hand und dachte, er würde mich nun damit aufschlitzen.

Wenn ich zahlen würde, so sagte er auf Arabisch, dürfe ich diesen Ort verlassen und mich über das Mittelmeer auf den Weg nach Europa machen. Doch woher sollte ich das Geld nehmen? Ich erwiderte ihm, dass ich verzweifelt und am Ende meiner Kräfte sei, aber das schien ihm völlig egal zu sein. Entweder ich könne zahlen, oder er würde mich hier auf der Stelle abschlachten.

Die Folter nahm ihren Lauf: Der Dschihadist fragte mich, ob ich Familie oder Freunde in Europa hätte, die für mich zahlen könnten. Ich verneinte. Der Mann glaubte mir nicht oder tat zumindest so, als würde er mir nicht glauben. Wer, so fragte er hämisch, hätte denn sonst meine bisherige Flucht bezahlt? Dabei drückte er mir seine Pistole so fest an die Schläfe, dass meine Adern schmerzten.

Als ich nicht antwortete, drohte er, mich zu erschießen, wenn ich nicht reden würde, und begann, von zehn abwärts zu zählen. Ich zitterte am ganzen Körper, und mir schossen Tränen in die Augen.

Bevor er bei fünf ankam, hatte ich schluchzend zu erzählen begonnen. »Das Geld für meine Flucht«, sagte ich mit letzter Kraft, »habe ich von meinem Cousin und seinen Bekannten bekommen. Um die notwendige Summe aufzutreiben, hat er Tag und Nacht gearbeitet. Nun ist er schwer herzkrank und im Krankenhaus. Da er nicht mehr in der Lage ist zu arbeiten, hat er Probleme, die Rechnung für seine Behandlung zu bezahlen. Er ist in großer Sorge, weil er nicht weiß, wer nun für mich zahlen soll …« All diese Worte entfuhren mir, während mir der Dschihadist noch immer seine Pistole an die Schläfe hielt.

Doch all das war umsonst. Der Dschihadist ließ sich nicht abbringen: Nun war er der Überzeugung, auf der richtigen

Fährte zu sein, und wollte, dass ich ihm die Telefonnummer meines Cousins gab. Um ihn zu schützen, gab ich nun vor, die Nummer auf dem Weg verloren zu haben, obwohl ich sie nach wie vor auswendig wusste.

Der Dschihadist änderte ein weiteres Mal seine Strategie. Nun holte er einen Elektroschocker herbei und gab mir damit Schläge auf den Rücken. Ich solle ihm die Nummer geben, rief er, sonst würde ich sterben. Der Strom floss durch meinen Körper und bereitete mir unglaubliche Schmerzen. Dann musste ich mich mit ausgestreckten Händen auf den steinigen Boden legen. Mein Peiniger gab mir weitere Schläge mit dem Elektroschocker auf Rücken und Fußsohlen. Das tat unglaublich weh. Ich schrie und schrie.

Als der Dschihadist begonnen hatte, mich zu misshandeln, war ich zwar der festen Annahme gewesen, dass ich diesen furchtbaren Ort ohnehin nicht lebend verlassen würde. Doch trotz dieser inneren Überzeugung begann die Folter zu wirken. Sie erfüllte letztendlich ihren Zweck: Ich hielt die Pein nicht mehr länger aus. Ich verriet meinen Cousin und gab seine Nummer preis, um die Schmerzen nicht weiter ertragen zu müssen.

Der Dschihadist tippte die Zahlen sofort in sein Handy ein und wählte. Beim dritten Versuch nahm mein Cousin ab. Zunächst schien er die Sprache des Mannes nicht zu verstehen, aber als dieser den Lautsprecher des Handys einschaltete und mein Cousin meine verzweifelten Schreie hörte, erkannte er mich.

Voller Genugtuung befahl mir der Dschihadist nun, mit meinem Cousin zu reden und ihn um Geld zu bitten. Er nannte auch gleich die Summe: 2.600 Dollar, so sagte er, wolle er haben.

Mein Cousin hatte ja schon sehr viel Geld für mich bezahlt. Trotz seiner eigenen Not hörte ich durch den Lautsprecher des Handys, wie er dem Dschihadisten versprach, all seine Verwandten und Freunde zu fragen und ein weiteres Mal Geld für mich zu schicken.

Ich war keineswegs erleichtert: Hatte ich doch schon so oft gehört, dass für Gefangene, die in die Gewalt von Dschihadisten gelangt waren, zwar bezahlt worden war, diese danach aber trotzdem ermordet worden waren. Ich durfte aufstehen und zurück in die Reihe gehen.

Die Wunden auf meinem Rücken, die der Elektroschocker hinterlassen hatte, schmerzten und juckten wie verrückt. Ich musste mich ständig kratzen. Mein ganzer Körper war mit verkrustetem Blut bedeckt. Meine Haut war durch die Schläge aufgerissen. Dreck und Staub, der vom Boden aufgewirbelt worden war, begann, sich in den Wunden festzusetzen. Unzählige Stellen an meinem Körper waren angeschwollen und taten unglaublich weh, sodass ich mich dort vor Schmerzen nicht einmal kratzen konnte. Bei jeder Bewegung tropfte neues Blut aus den Wunden. Ich litt entsetzliche Qualen.

Nun widerfuhr den Menschen, die rund um mich saßen, das Gleiche wie mir. Diejenigen, die keine Telefonnummer angeben und nicht zahlen konnten, wurden brutal gefoltert. Die Dschihadisten begannen, ihnen gezielt auf Fußsohlen und Arme zu schlagen. Es war entsetzlich für mich, nun auch noch Zeuge der Gewalt zu werden, die all den anderen angetan wurde.

Insgesamt konnten nur ungefähr zehn von rund vierzig Leuten bezahlen. Ich wusste, dass viele aus unserer Gruppe während ihrer Flucht schon mehrmals von Dschihadisten gekidnappt worden waren. Immer wieder hatten ihre

Familien dafür bezahlen müssen, damit sie überleben konnten. Doch die Dschihadisten spielten ein mörderisches Spiel: Sie ließen die Gefangenen niemals wirklich frei, sondern verlangten nach einer gewissen Zeit immer wieder von Neuem Geld.

Viele der Familien hatten natürlich kein regelmäßiges Einkommen und lebten nur von ihren Tieren und von dem, was sie auf ihren Feldern anbauen konnten. Irgendwann kam immer der Punkt, an dem die Familien alles Geld, das sie hatten aufbringen können, bezahlt hatten. Sie waren nicht mehr in der Lage, ihren Verwandten zu helfen.

Diese unglücklichen Menschen wurden mit den Händen auf dem Rücken gefesselt. Danach mussten sie sich in einer Reihe aufstellen. Die Verbrecher packten sie am Genick und führten einen nach dem anderen in einer Reihe ab. Sie hatten keine Schuhe mehr an, und diejenigen, denen auf die Fußsohlen geschlagen worden war, hatte riesige Schmerzen. Sie konnten nur humpeln – die Steine des Bodens setzten sich in ihren Wunden fest. Tränen liefen ihnen über das Gesicht.

Mittlerweile war es Abend geworden. Die Sonne verschwand hinter dem Horizont, und bald war es rund um uns dunkel. Wir standen in einem Kreis und warteten voller Grauen auf das, was nun geschehen würde. Ich stand da, barfuß und mit blutenden Wunden, gedemütigt, hungrig, durstig und hoffnungslos. Meine letzte Mahlzeit hatte aus einer Tasse Tee und einem Stück Brot bestanden – das war über einen Tag lang her. Ich fühlte mich unglaublich schwach.

Nun sollten wir in einer Reihe loslaufen. Jeder unserer Bewacher hatte eine Taschenlampe. Aufgrund der Dunkelheit konnten wir den Boden kaum erkennen und stolperten immer

wieder über Wurzeln und Unebenheiten. Wenn die Dschihadisten der Meinung waren, dass es sich dabei um einen Fluchtversuch handelte, blendeten sie uns sofort mit ihren Taschenlampen und schlugen uns mit ihren Stöcken. Das Perfide war,
dass man in der Dunkelheit die Schläge nicht einmal kommen
sah. Ich nahm meine letzten Kräfte zusammen. Meine Lider
zuckten, und ich hatte Angst, wie ich noch nie in meinem
Leben Angst gehabt hatte.

Sicher, so dachte ich, werden sie uns nun nach unserem
Glauben fragen und mich und andere Christen weiter foltern.
Plötzlich hatte ich wieder die Bilder meines betenden Vaters
vor Augen. In meinen Gedanken bat ich ihn, für mich zu Gott
zu beten. Ich wünschte mir, genauso stark zu sein wie er und
meinen Glauben nicht zu verlieren. Nur auf diese Weise, so
sagte ich mir, hätte ich eine Chance, diesen Albtraum zu überstehen.

Wir liefen sehr lange und erreichten schließlich ein Haus,
von dem sich bald herausstellte, dass es das Haus des regiona-
len Anführers der Dschihadisten war. Es war schwer bewacht.
Wir wurden durch mehrere Zimmer und Flure in einen großen
Raum gebracht. Hier brannte ein gleißendes Licht. Die Dschi-
hadisten waren noch immer bis auf ihre Augen vermummt.
Zu Beginn war ich völlig geblendet, da meine Augen an die
Dunkelheit gewöhnt waren.

Die Dschihadisten waren schon allein wegen ihrer großen
Statur sehr Furcht einflößend. Hinter einem überdimensional
großen Schreibtisch erblickte ich nun den Mann, der ganz
offensichtlich ihr Anführer war. Er war ebenfalls vermummt,
saß mit übereinandergeschlagenen Beinen in einem großen
Sessel und rauchte. Auf dem Schreibtisch lag der Koran, außer-

dem unzählige Waffen sowie Stromkabel, Elektroschocker und Messer.

Meine Augen hatten sich nun an das helle Licht gewöhnt. Ich beobachtete genau, was in dem Raum vor sich ging. Auf dem Boden lag ein riesiger Berg Handys, die anderen Gefangenen zuvor abgenommen worden waren. An der Decke hing ein Kabel, an dem unzählige Gürtel befestigt waren. Unwillkürlich fragte ich mich, was wohl mit den vormaligen Besitzern dieser Gegenstände passiert war.

Manche der Handys waren noch nicht einmal ausgeschaltet und klingelten. Möglicherweise waren es die Familienangehörigen der lebenden oder bereits ermordeten Gefangenen, die verzweifelt versuchten, ihre Brüder, Schwestern oder Kinder zu erreichen. Eines der Handys schrillte besonders laut und immer wieder von Neuem. Irgendwann wurde es einem der Männer zu viel. Er ergriff das Handy und zerstörte es mit seinem Messer. Er hätte das Gerät genauso gut ausschalten können, doch stattdessen hackte er wild darauf ein, so als ob er die Gewissheit hätte, dadurch den Anrufer verletzen zu können.

Dann sah ich ein Mädchen, das sich dem Chef näherte. Sie musste die Asche seiner Zigarette, die er achtlos auf Tisch und Kleidung verstreut hatte, wegputzen. Außer ihr gab es noch andere Mädchen in dem Raum. Sie wurden hier offensichtlich wie Sklavinnen festgehalten und mussten für die Dschihadisten arbeiten. Später sollte ich erfahren, dass sie nicht nur kochen, putzen und mit den Händen die Wäsche ihrer Peiniger waschen mussten. Sie wurden außerdem immer wieder von ihnen vergewaltigt. Auch hier war neben dem Trauma der Gewalt natürlich die Gefahr der Ansteckungen mit Krankheiten besonders schlimm.

Ich war über das, was ich hier sah, zutiefst erschüttert: Die Mädchen, die hier gefangen gehalten wurden, hatten weder in ihrer Heimat noch auf der Flucht jemals das Gefühl von Freiheit erlebt. Es machte mich unglaublich wütend zu sehen, wie sie hier behandelt wurden.

Bald trat das ein, womit ich bereits gerechnet hatte: Die Dschihadisten begannen, uns Fragen zu unserem Glauben zu stellen. Die muslimischen Gefangenen hatten es etwas leichter. Ich aber war Christ und fest entschlossen, zu meiner Religion zu stehen. Ich wollte keinesfalls konvertieren. Meine ganze Familie ist christlich – ich wurde als Christ geboren und getauft und wollte mein ganzes Leben als gläubiger Christ verbringen.

Ich bin noch heute der Überzeugung, dass die Dschihadisten die muslimische Religion missbrauchen, um Menschen anderen Glaubens zu berauben und zu töten. Diese Taten haben für mich nichts mit Religion zu tun – es sind schlicht und einfach Verbrechen. Schon als kleiner Junge brachte mir mein Vater bei, was in der Bibel steht. Daher wusste ich genau, dass man Menschen nicht im Namen Gottes umbringen darf. Auch andere Religionen verbieten dies.

Plötzlich wurde ein Junge aus unserer Mitte ausgewählt. Er musste vortreten. Der Anführer der Dschihadisten fragte ihn, ob er Muslim oder Christ sei. Er antwortete: »Ich bin Muslim.«

Die Dschihadisten glaubten ihm aber nicht ohne Weiteres. Deshalb reichte der Anführer dem armen Jungen den Koran, der auf seinem Schreibtisch lag, und forderte ihn auf, daraus vorzulesen. Vor den Augen aller nahm der Junge nun den Koran in die Hand und schlug ihn auf.

Harsch befahl ihm der Anführer: »Knie dich hin!« Man merkte, dass dem Jungen bei jeder auch noch so kleinen

Bewegung die Zwangsarbeit des vergangenen Tages in den Knochen steckte. »Los!«, rief der Anführer, und weil es ihm nicht schnell genug ging, schlug ihn einer der Männer auf den Rücken.

Der Anführer nannte dem Jungen eine Stelle im Koran, und dieser begann zu lesen. Währenddessen schimpften die Dschihadisten weiter. Ich hatte noch nie gehört, dass Schimpfwörter fielen, während jemand betete, und fragte mich, was das für eine Religionsauslegung sei, die keinerlei Respekt vor der Spiritualität eines Menschen hatte.

Der Junge schaffte es tatsächlich, die Stelle fehlerfrei vorzulesen. Dennoch packten ihn die Verbrecher anschließend und zwangen ihn, sich ein Stück von uns entfernt mit auf dem Rücken verschränkten Händen auf den Boden zu knien. Ein Dschihadist richtete weiterhin eine Waffe auf seinen Kopf und befahl ihm: »Nicht bewegen! Nicht reden!«

Unter den Gefangenen, die mich noch umgaben, waren außer mir auch noch einige andere Christen. Sie waren allesamt gläubige Menschen, sogar ein Priester war darunter. Aus dem Augenwinkel sah ich, wie sie sich heimlich Blicke zuwarfen und mit den Händen verständigten. Ganz offensichtlich waren sie nicht dazu bereit, ihre Religion zu verleugnen.

Ich war mir sicher, dass sie dafür sogar in Kauf nehmen würden, getötet zu werden. Sie wollten als gläubige Christen sterben und sich auf diese Weise – nach ihren Glaubensvorstellungen – einen Platz im Paradies sichern.

In meinem Kopf rasten die Gedanken: Natürlich wollte ich auch meine Religion behalten. Doch war ich wirklich bereit, dafür zu sterben? Wenn ich überleben wollte, musste ich konvertieren, so viel war klar. Ich war innerlich zerrissen und spürte, wie sehr mich die gesamte Situation überforderte. Mein Herz schlug bis zum Hals, und meine Lider zuckten wie wild. Die Angst vor dem, was gleich passieren würde, war höllisch für mich.

Als Nächster wurde ein Mann, der direkt neben mir saß, nach vorn geholt. Auf die Frage nach seiner Religion antwortete er: »Ich bin katholischer Christ!«

Der nun folgende Wortwechsel war brutal und grotesk zugleich: »Was ist katholisch? Ich kenne nur orthodoxe Christen.« Der arme Gefangene konnte nicht richtig erklären, was die Definition davon war, und begann vor Angst zu stottern. Der Dschihadisten-Anführer unterbrach ihn ungeduldig: »Du musst zum Islam konvertieren, wenn du überleben möchtest. Das hier ist ein islamisches Land. Um hier leben zu können, muss man Muslim sein.« Der Mann erwiderte verzweifelt: »Das will ich aber nicht! Ich will Katholik bleiben!«, worauf einer der Dschihadisten ihm sofort und ohne Umschweife mit einem Stock auf den Rücken schlug.

In dieser beklemmenden und angsteinflößenden Situation fiel ein weiteres Mal jegliche Angst von mir ab, ohne dass ich eine bewusste Entscheidung getroffen hätte. Ich sprang auf und fing an zu schreien: »Ja, wir sind Christen! Und wir werden auch Christen bleiben! Warum sollen wir das ändern?« Ich war völlig außer mir – und so schrie ich diese Worte in meiner Muttersprache Tigrinya. Trotz der Tatsache, dass ich völlig geschwächt war, waren meine Schreie laut und kräftig.

Ich kann nicht sagen, woher ich die Kraft dafür nahm. Alle um mich herum schauten mich entsetzt an. Ich sah die Angst in den Augen der anderen Christen. Mit ihren Händen baten sie mich stumm, aufzuhören und mich wieder hinzusetzen.

Die Dschihadisten verstanden mich zwar nicht, doch waren meine Schreie so laut, dass nun von überallher bewaffnete Männer in den Raum gelaufen kamen. Sie gingen davon aus, dass es zu einem Aufstand gekommen war, hatten ihre Messer gezückt und hielten Pistolen und Gewehre im Anschlag.

Plötzlich schlugen Schüsse in die Wände ein. Einer der Männer sprang auf mich zu. Er drückte mir sein Messer an den Hals und brüllte: »Wenn du nicht sofort still bist, schlitze ich dich auf!« Dann steckte er die Pistole, die er in der anderen Hand hielt, in sein Halfter und holte ein Klebeband hervor. Er riss ein Stück von der Rolle und klebte es mir quer über den Mund. »Jetzt ist Ruhe, oder ich steche dich ab!«, rief er.

Der gefangene Katholik wurde indes weiter geschlagen. Nach vier harten Schlägen auf seinen Rücken knickte er ein. »Hört auf, ich werde Muslim!«, stöhnte er. Er fiel nach vorn auf den Boden, wurde aber im Nu wieder dazu gezwungen, sich hinzuknien.

Der Anführer drückte ihm den Koran in die Hände und befahl: »Ließ uns daraus vor!« Die darauffolgende Szene vereinte wie die Szene davor Brutalität mit einer schauerlichen Groteske: Der Gefangene gab preis, dass er den Koran zwar kenne, ihn aber nicht lesen könne, da ihm dazu die ausreichenden Arabischkenntnisse fehlen würden.

»Dann bete mit uns«, erwiderte der Anführer. Einer der Verbrecher kniete nieder und begann zu beten. Der Gefangene tat es ihm gleich, so gut er konnte. Danach setzten ihn die Dschihadisten zu dem Jungen, der als Erster gequält worden war.

Nun befahlen sie mir vorzutreten. Ein Dschihadist packte mich am Arm und zog mich auf Geheiß des Anführers direkt vor dessen Schreibtisch. Der Dschihadist trat einen Schritt zur

Seite und richtete seine Waffe auf mich. Ohne Zweifel war er jederzeit dazu bereit, mich zu erschießen, falls ich eine falsche Bewegung machen würde.

Während ich noch immer geknebelt war und meine Hände hinter meinem Rücken verschränkt halten musste, begann der Anführer, seine Worte an mich zu richten. »Was ist deine Religion?«

Ein Dschihadist entfernte das Klebeband von meinem Mund. Ich antwortete klar und deutlich: »Ich bin orthodoxer Christ.«

Er erwiderte mit einem Lachen: »Du musst konvertieren und Muslim werden.«

Wieder antwortete ich ihm im vollen Brustton der Überzeugung: »Ich bin als orthodoxer Christ geboren und will das auch bleiben. Ich will kein Muslim werden!«

Das war dem Anführer des Dschihadisten nun zu viel. Er wurde wütend und fing an zu brüllen. Seine Stimme dröhnte in meinen Ohren. Dann kam er mit einem großen Stock in der Hand auf mich zu und schlug mir damit auf die Schulter. Ich spürte einen lähmenden Schmerz und war nicht mehr in der Lage, meinen linken Arm zu bewegen. Doch der Anführer hörte nicht auf und überzog nun meinen gesamten Körper mit Schlägen. Die Schmerzen waren kaum noch zu ertragen. Da ich nichts als eine kurze Hose trug, die bis zu den Knien reichte, traf der Stock direkt auf meine Haut und hinterließ rote Striemen.

Mein Rücken war bereits schwer gezeichnet von der Zwangsarbeit und dem Schleppen der Steine auf der Baustelle. Unzählige Stellen an meinem Körper waren wund und angeschwollen. Durch die Schläge platzte nun meine Haut auf, und Blut rann meinen Körper hinab. Aber der Anführer schlug weiter zu. Als ich dachte, er sei mit mir fertig, holte er den Elektroschocker, um mir die Brust zu verbrennen und mir auf diese Weise noch mehr Schmerzen zuzufügen. Um meine Augen zu schützen, schloss ich die Lider, doch das schien seinen Willen zur maßlosen Gewalt nur noch mehr anzustacheln.

Er drohte: »Lass deine Augen offen, sonst öffne ich sie dir und verbrenne sie!« Immer weiter quälte er mich, und es war offensichtlich, welch menschenverachtenden Spaß er dabei hatte. Er hielt den Elektroschocker sogar in meine offenen Wunden. Nun war der Punkt erreicht, an dem ich die Schmerzen nicht mehr ertragen konnte. Ich sackte auf die Knie und fiel zu Boden.

So lag ich mit dem Gesicht nach unten auf dem Bauch und bewegte mich nicht mehr. Ich war völlig am Ende meiner Kräfte. Tränen liefen über mein Gesicht. Der Boden roch nach vertrocknetem Blut – wie viele Menschen waren hier wohl schon gequält worden!

Ich sah die Kampfstiefel meines Peinigers direkt vor meinen Händen und ahnte, was nun kommen würde. Ich versuchte noch, die Hände wegzuziehen, aber es war zu spät: Mit vollem Gewicht trat er auf sie. Vor meinen inneren Augen sah ich in diesem Moment, wie an Feiertagen zu Hause Tiere geschlachtet wurden. Denn genau so fühlte ich mich jetzt.

Erst nach etwa zwanzig Minuten, die sich für mich wie eine Ewigkeit anfühlten, ließ der Anführer der Dschihadisten endlich von mir ab. Nun wurde ein anderer Junge aus meiner Gruppe hergewunken. Man befahl ihm, mich aufzusetzen.

Der Anführer setzte sich mit übereinandergeschlagen Beinen direkt vor mich auf einen Stuhl. In der einen Hand hatte er immer noch den Elektroschocker, in der anderen ein Messer. Er wusste nun, dass ich bereit war, für meine Religion zu kämpfen.

In seiner Lust, Menschen zu quälen, schien ihn das neugierig zu machen. So sagte er: »Bevor du stirbst, möchte ich mehr über deine Religion wissen.«

Ich erwiderte: »Ich habe dir vorhin schon gesagt, dass ich christlich-orthodox bin.«

»Woher nimmst du deine Stärke?«

Und wieder war wie durch ein Wunder jegliche Angst von mir gewichen. Ich antwortete: »Ich glaube daran, dass jeder Mensch das Recht hat, seine Religion auszuüben. Es ist nicht richtig, jemanden zu zwingen zu konvertieren. In meiner Heimat leben Christen und Muslime friedlich zusammen, und niemand verlangt vom anderen, die Religion zu wechseln. Es gibt doch auch christliche Länder, in denen Muslime unbehelligt leben können. Selbst im Koran steht nirgends, dass man andere Menschen dazu bringen soll, zum Islam überzutreten. Das hast du dir ausgedacht.«

Der Anführer hatte mir bis zu Ende zugehört. Nun fragte er nach meinem Vater.

»Er ist orthodoxer Priester«, erwiderte ich.

»Ah, deswegen bist du so stark. Was hat dich dein Vater gelehrt?«

»Er hat mir immer gesagt, dass ich meine Religion hochhalten und niemals aufgeben soll.«

»Aber jetzt ist er nicht hier«, entgegnete mein Peiniger. »Willst du leben oder immer noch auf ihn hören?«

Ohne zu zögern antwortete ich: »Ich werde immer auf ihn hören. Er ist mein Vater, und er war immer für mich da.«

Ein weiteres Mal geriet der Anführer in Rage. Er packte den Elektroschocker und gab mir einen Schlag seitlich an den Hals. Dann stellte er mir einen Stiefel auf den Bauch und hielt das

Folterinstrument an meinen Kopf. »Du hast nur mehr wenig Zeit, dich zu entscheiden.«

Mit letzter Kraft ertrug ich die Schmerzen. Noch immer rannen mir Tränen über die Wangen. Als ich nicht antwortete, nahm er ein Stromkabel und packte meine linke Hand. Dann quetschte er meine Finger zusammen und drückte mir das Kabel auf den Unterarm. Erst einmal, dann ein zweites Mal spürte ich die elektrischen Schläge. Beim dritten Mal hielt er das Kabel fortwährend an meinen Arm gedrückt und versetzte mir Schlag um Schlag. Mein ganzer Körper zuckte wie verrückt.

Ich dachte, dass es nun vorbei sei mit mir. Irgendwann hielt ich es nicht mehr aus. Mit meinem rechten Arm schlug ich auf den Boden und schrie voller Verzweiflung, dass ich bereit sei, Muslim zu werden. Die Dschihadisten hatte meinen Willen gebrochen.

Der Anführer ließ von mir ab. Nun wiederholte sich, was ich bereits zuvor bei einem anderen Gefangenen gesehen hatte. Ich sollte aus dem Koran vorlesen. Aber wie schon bei dem Gefangenen, der vor mir an der Reihe gewesen war, waren meine Arabischkenntnisse dafür unzureichend. So sollte ich die Worte des Anführers nachsprechen. Er kniete sich nieder und begann zu beten. Ich versuchte, es ihm gleichzutun – doch nach der erlittenen Folter hatte ich meinen Körper nicht mehr unter Kontrolle. Unkontrolliert und ohne mich selbst schützen zu können, fiel ich beim Vorbeugen auf den Boden.

Ich war am Ende. Gefoltert und gedemütigt, hatte ich nun auch noch meine Religion verloren. Was würde meine Familie dazu sagen, wenn sie davon erfahren sollten? Meine geliebte Mutter, die mich auf diese Welt gebracht hatte, wäre verzweifelt. Jeder, der mich als Christ gekannt hatte, würde mich jetzt hassen. All diese Gedanken schossen mir durch den Kopf. Die Dschihadisten hatten mein Leben zerstört.

Nachdem der Anführer das Gebet beendet hatte, unterhielten sich die Männer über mich in einer Sprache, die ich nicht verstand. Wieder bekam ich einen Schlag mit dem Stock.

»Geh rüber zu den anderen!« Ein Dschihadist packte mich und stieß mich in die Richtung derjenigen, die ebenfalls konvertiert waren. Dort ließ ich mich auf den Boden sinken und blieb willenlos und gebrochen liegen.

Der Albtraum war noch nicht zu Ende. Das mörderische Prozedere wiederholte sich Mal um Mal: Ein Gefangener nach dem anderen wurde nach vorn geholt und mit Schlägen und unter Einsatz des Elektroschockers dazu gezwungen, zum Islam überzutreten. Uns, den Zwangskonvertierten, gab man in der Zwischenzeit das typische weiße Gewand eines Muslims. Mein Blut, das noch nicht getrocknet war, durchtränkte das Gewand und färbte den Stoff rot.

Ein Mitgefangener sagte zu mir voller Mitleid, dass ich nun aussähe, als ob mich ein wildes Tier angefallen hätte. Mittlerweile war es spät geworden. Ich war unglaublich müde und wollte nur noch schlafen. Meine Augen fielen immer wieder zu, und mein Kopf sackte wiederholt nach unten.

Als ich mehrmals zur Seite kippte, lachten die Dschihadisten nur über mich. Zwischendurch schreckte ich von den lauten Schreien der Gefolterten auf.

Unwillkürlich musste ich an meinen kleinen Bruder denken. Als kleine Kinder schliefen wir im Haus meiner Eltern zusammen in einem Zimmer. Es war immer ein großer Spaß für uns, uns gegenseitig die Decken wegzuziehen und uns zu necken. Als mich unvermittelt diese Erinnerungen ereilten, schossen mir Tränen in die Augen. Mein kleiner Bruder fehlte mir in diesem Moment unendlich.

Es war schon nach Mitternacht, als sich alle, die zum Islam zwangskonvertiert waren, in eine Reihe stellen mussten. Wir wurden aus dem Zimmer und aus dem Haus geführt, wussten aber nicht, wohin man uns nun bringen würde. Draußen war es stockdunkel. Ich konnte den Boden nicht erkennen, spürte aber mit meinen Füßen, dass er mal steinig, mal sandig war.

Jeder Gefangene wurde von einem Dschihadisten begleitet, der uns im Genick gepackt hielt und uns den Kopf nach unten drückte. Der Mann neben mir kam mir wie ein Riese vor – mit seinen großen und schweren Stiefeln trat er mir beim Laufen immer wieder auf die blanken Füße.

Auch diejenigen, die so wie ich durch die Folter große Schmerzen erlitten hatten, mussten weiterlaufen. Immer wieder trat ich mir die Nadeln der Bäume in meine bloßen und verletzten Füße. So liefen wir fast eine Stunde. Ich hatte nicht die geringste Ahnung, wo wir überhaupt waren. Ganz weit in der Ferne konnte ich Lichter erkennen.

Wir mussten auf einen Lkw steigen. Wohin uns die Verbrecher nun bringen wollten, war vollkommen unklar. Auf der Fahrt wurden wir nach wie vor strengstens bewacht. Ich bemerkte, wie sich die Dschihadisten offensichtlich über mich unterhielten und sich über mich lustig machten. Sobald ich einnickte, blendeten sie mich mit ihrer Taschenlampe, sodass ich wieder hochschreckte.

Schließlich stand einer von ihnen auf, kam auf mich zu und löste meine Fesseln. Ich hatte furchtbare Angst. Nun, da ich meine Arme wieder bewegen konnte, schmerzten sie fürchterlich. Mein linker Arm war durch die vielen Schläge und die

Elektroschocks völlig angeschwollen. Mit der rechten Hand versuchte ich, ihn zu massieren, um die Schwellung zu verringern.

Bald schlief ich wieder ein. Aber da mir im Traum die schrecklichen Bilder der letzten Stunden erschienen, schreckte ich hoch. Ich muss wie wild mit beiden Armen um mich geschlagen haben, denn eine der Wachen schrie mich an: »Was machst du? Willst du uns angreifen?«

Ich antwortete, dass ich einen Albtraum gehabt hatte und mich noch immer fürchtete. »Selbst wenn ich überlebe und frei bin«, so sagte ich zu ihnen, »werde ich diesen schrecklichen Tag nie vergessen.«

Einer der Dschihadisten entgegnete auf Arabisch: »Du wirst nicht frei sein. Du bleibst hier bei uns.«

Bei seinen Worten zuckte ich zusammen, war aber plötzlich wieder ganz bei Sinnen und antwortete unverfroren: »Wie lange soll ich denn noch bleiben? Ich möchte diese schrecklichen Dinge, die hier passieren, nicht sehen. Ich habe meine Heimat verlassen, um in Freiheit zu leben. Bitte lasst mich doch weiterziehen.«

Ich war erstaunt, dass sich die Dschihadisten tatsächlich auf ein Gespräch mit mir einließen: »Wohin willst du denn gehen?«

»Mein Ziel ist Europa.«

Der Dschihadist fragte weiter: »Was gibt es da?«

»In Europa gibt es Freiheit. Ich möchte dort leben.«

Der Dschihadist lachte. »Nein, vergiss es, das ist es nicht. Vertrau mir, ich kenne Europa. Dort wirst du keine Freiheit finden, sondern nur eine Menge Probleme. Die Europäer behandeln Schwarze und Weiße nicht gleich. Das kannst du mir glauben.«

Ich erwiderte: »Viele meiner Freunde und Bekannten haben mir erzählt, dass das Leben in Europa besser ist als in meiner Heimat. Ich glaube dir nicht.«

Aber nun war das scheinbar vertrauenswürdige Gespräch abrupt zu Ende. Erbost von meinen Worten schlug mir der Dschihadist mit der Hand ins Gesicht. Ich schluckte den Schmerz hinunter.

»Du wirst es nicht nach Europa schaffen. Was willst du dort? Du wirst dein Leben hier bei uns verbringen.«

Das war natürlich das Allerletzte, was ich hören wollte. Frei von jeder Angst schrie ich: »Du kennst Europa doch gar nicht. Es ist mein Ziel, und du hast nicht das Recht, meine Pläne zu zerstören. Sag mir doch: Wo in Europa warst du denn, wenn du es so gut kennst?«

Nun bekam ich keine Antwort mehr.

Unverfroren setzte ich noch einmal nach. »Lass mich in Ruhe. Ich will nicht hören, was du mir erzählst.«

Nach einer Weile schien der Dschihadist sich wieder der Macht zu besinnen, die er über mich hatte. Er begann aufs Neue, mir Fragen über Fragen zu stellen und mich dadurch unter Druck zu setzen. Meine Furcht war wieder da, und so antwortete ich ihm, was er hören wollte. Ich versuchte, immer wieder nach draußen zu blicken und Lichter zu erkennen. Aber es war tiefdunkle Nacht.

Ich kann nicht sagen, wie lange wir gefahren sind, doch irgendwann erreichten wir einen Ort, der den Verbrechern offenbar als Gefangenenlager diente. Die Dschihadisten trennten mich von den anderen Gefangenen und brachten mich nach draußen. Wir stiegen ab und erreichten, noch immer streng bewacht, nach ein paar Minuten ein Haus. Während sich die Wachen in den Räumen verteilten, wurde ich in ein kleines, unmöbliertes Zimmer gebracht. Eine Wache stieß mich hinein und schloss die Tür hinter mir.

Nun war ich mutterseelenallein in der Dunkelheit. Hilflos setzte ich mich in eine Ecke, streckte die Beine aus und lehnte meinen Kopf an die Wand. So versuchte ich, etwas Schlaf zu finden. Immer wieder wurde ich durch laute Schritte auf dem Gang geweckt. Warum können sie mich nicht einfach schlafen lassen, dachte ich. Es war spät in der Nacht! Schliefen denn diese Verbrecher nie? Wurden sie niemals müde?

Ich versuchte, wieder einzuschlafen, um nicht mehr an die furchtbaren Ereignisse dieses Tages denken zu müssen. Die Wände waren rau, und mein Rücken schmerzte noch immer von den Strapazen der Zwangsarbeit und von den vielen Schlägen. Hunger, Durst und eine unendliche Ermattung quälten mich. Völlig geschwächt schlief ich schließlich ein.

Im Schlaf sprach ich mit meiner geliebten Mutter. »Adye, Adye, ich habe sehr großen Hunger! Bitte gib mir Brot und Honig!« Adye, so heißt Mutter auf Tigrinya– dieses Wort rief ich wieder und wieder. Ich sah meine Mutter gütig und fürsorglich lächelnd vor mir. Sie war zu Hause immer für mich da gewesen. Morgens hatte sie mich geweckt und mir mein Lieblingsfrühstück zubereitet. Noch bevor ich mich gewaschen hatte, war ich immer in die Küche gelaufen. Ich hatte ihr Essen geliebt.

Plötzlich wurde ich durch mein eigenes Rufen wach und schreckte auf. Diesmal dauerte es eine gefühlte Ewigkeit, bis ich realisierte, wo ich eigentlich war, und die ganze Härte der Wirklichkeit wieder über mich hereinbrach.

Nach meinem Traum war es entsetzlich für mich, von meiner Mutter getrennt zu sein. Vermutlich, so dachte ich, werde ich sie nie in meinem Leben wiedersehen. Am liebsten hätte ich meine Mutter angerufen, um wenigstens ein paar Minuten mit ihr reden zu können. Aber selbst wenn ich ein Telefon gehabt hätte, wäre das kaum möglich gewesen. Eritrea ist eine abgeschottete Diktatur, und die Telefonnetze sind schlecht ausgebaut. In meinem Dorf gab es weder gute Telefonverbindungen noch elektrischen Strom.

»Adye, mein Leben geht jetzt zu Ende!«, hörte ich mich sagen. »Bevor ich sterbe, möchte ich mich noch von dir verabschieden. Ich möchte, dass du weißt, wie sehr ich dich liebe.«

Abrupt wurde ich aus meinen Gedanken gerissen, als ein Mann an das Gitter meiner Zelle trat. Er reichte mir wortlos eine Schale mit Essen. Aufgrund der Dunkelheit konnte ich nicht mal erkennen, was sich in der Schale befand. Weil ich riesigen Hunger hatte, aß ich einfach drauflos. Es musste sich um Fleisch handeln, äußerst zäh und im Grunde ungenießbar. Bei unserer Ankunft hatte ich weder Tiere noch Geschäfte gesehen. Wo nahmen sie das Fleisch wohl her? Ich musste würgen und spuckte das zähe Fleisch wieder aus.

Aber letztlich war mein Hunger doch zu groß. Weil ich keine andere Wahl hatte, zwang ich mich dazu, das Fleisch zu essen. Die Schale war schnell leer, aber mein Hunger war noch immer nicht gestillt. Zwei Nächte und einen Tag war es her, dass ich zum letzten Mal etwas gegessen oder getrunken hatte. Wie hatte ich das nur ausgehalten? Bestimmt hatten die schrecklichen Erlebnisse und die viele Angst meinen Hunger und Durst unterdrückt.

In meiner Heimat hatte ich zusammen mit meinem Vater nach den Vorschriften unseres Glaubens regelmäßig gefastet.

Auch das hatte mir ganz bestimmt geholfen, diese Torturen zu überstehen. Nun fühlte ich mich wenigstens ein kleines bisschen besser. Ich stand auf und fing an, meine Umgebung in der Dunkelheit abzutasten. Ich konnte nur die nackten Wände fühlen. Als ich die Tür erreichte, streckte ich meine Hände durch das Gitter. Ich fühlte mich unendlich einsam. Aus Verzweiflung begann ich, an der Tür zu rütteln, doch sie war fest verankert und rührte sich nicht.

Ich wandte meinen Blick nach oben. Wie gern hätte ich den Mond und die Sterne gesehen – aber das Dach versperrte mir den Blick auf den Himmel. Was hätte ich damals dafür gegeben, dass die Nacht schon vorbei gewesen und die Sonne wieder zum Vorschein gekommen wäre. Immer wieder suchten mich die schrecklichen Bilder der letzten Stunden heim. Ich hielt es nicht länger aus, hier zu stehen, und drehte mich von der Tür weg.

Vielleicht, so sagte ich mir, würde ich es schaffen, wieder einzuschlafen und all das zu vergessen. Da mein linker Arm immer noch sehr schmerzte, legte ich mich auf meine rechte Seite und schlief ein. Aber die Gewalttaten der Dschihadisten verfolgten mich im Schlaf.

Ich schreckte auf, als einer der Verbrecher in meinem Traum versuchte, mir den Hals durchzuschneiden. Vor Ärger über diesen Traum schlug ich mit der rechten Faust auf den Boden – aber damit erreichte ich nur, dass nun auch meine rechte Hand schmerzte.

Bei jedem erfolgreichen Versuch, von Neuem einzuschlafen, kam der schreckliche Albtraum zurück, und ich schreckte ein weiteres Mal auf. Irgendwann gab ich auf, setzte ich mich in eine Ecke und lehnte meinen Kopf an die Wand.

Mein linker Arm fühlte sich immer noch wie gelähmt an. Die

Schmerzen wurden von Stunde zu Stunde schlimmer, doch mit medizinischer Hilfe war hier nicht zu rechnen. Wofür um alles in der Welt hat mein Cousin für mich bezahlt, wenn ich hier nur betrogen werde, dachte ich. Man hatte ihm versprochen, dass ich an die Küste gebracht werden würde, wenn er zahlte. Aber das war eine dreiste Lüge gewesen. Für die Dschihadisten waren wir Flüchtenden nur eine einfache Methode, um Geld zu verdienen. Diese Gedanken quälten mich die ganze restliche Nacht, bis schließlich der Morgen dämmerte.

Nach einer Weile kamen drei Männer in den Gebäudetrakt und nahmen mich mit. Erneut quälten mich die Fragen: Wohin werden sie mich mitnehmen? Was wird geschehen?

Wir betraten einen großen Raum, in dem rund zwanzig Dschihadisten aßen. Wo überall, so fragte ich mich, halten sie sich versteckt? Wo sind sie aktiv? Wie viel des libyschen Territoriums halten sie besetzt?

Meine Wachen befahlen mir, mich auf den Boden zu setzen. Ich konnte Gespräche auf Arabisch und Englisch vernehmen sowie in anderen Sprachen, die ich nicht kannte. Ich schnappte einige Gesprächsfetzen auf, und nach einer Weile wurde mir klar, dass die Dschihadisten Absprachen trafen, um sich auf die Suche nach neuen Opfern zu machen.

Ich wünschte mir, ein Handy bei mir zu haben, um Hilfsgruppen oder wen auch immer zu warnen. Ich erschauderte bei dem Gedanken, dass diese Verbrecher noch mehr Menschen hierherbringen wollten, um sie im Namen ihrer menschenverachtenden Ideologie zu misshandeln, zu versklaven oder ihnen Geld abzupressen.

Als alle Dschihadisten gegessen hatten, verließen sie den Raum und ließen das Geschirr stehen. Zwei Männer blieben mit mir zurück und gaben mir zu verstehen, dass ich die übrig gebliebenen Reste aufessen dürfe.

Ich versuchte, aller Essensreste habhaft zu werden, egal, ob sie noch auf den Tellern oder auf dem Boden lagen. Der Hunger war wieder einmal die alles bestimmende Größe. Bald befahl mir einer der Männer, das Geschirr zusammenzuräumen sowie Tische und Boden zu säubern. Mein verletzter linker Arm war noch immer nicht zu gebrauchen. Ich putzte, so schnell ich konnte. Dennoch verlor mein Peiniger immer wieder die Geduld.

»Mach schneller!«, fuhr er mich an und schlug mir mit einem Stock auf den Rücken. Ich war zum Sklaven dieser dschihadistischen Miliz geworden.

Mit bitterem Zorn denke ich heute oft, wie absurd und letztlich tragisch die Herrschaft dieser Milizen war. Noch immer gibt es Menschen, die die menschenverachtende Ideologie des radikalen Islamismus vertreten. Diese Ideologie ist eine vollkommene Pervertierung des Islam, und der allergrößte Teil der Muslime weltweit verurteilt diese Haltung. Woher kamen diese Männer? Was trieb sie an, an diesem verlorenen Ort zu kämpfen und diese abscheulichen Verbrechen zu begehen?

Ich nahm all meinen Mut zusammen und fragte schließlich meine Wachen, aus welchen Ländern sie denn kommen würden. Doch dieser schnauzte mich nur an. »Das geht dich nichts an!« Dabei hob er sein Gewehr in die Höhe.

Ich beschloss, still zu sein, um ihn nicht weiter zu reizen.

Der Mann führte mich zurück in den Frühstücksraum, den kurz danach vermummte Dschihadisten betraten. Sie begannen, sich laut in einer Sprache zu unterhalten, die ich nicht kannte. Nun befahlen sie mir, mir ebenfalls ein Tuch um den

Kopf zu wickeln. Außerdem gaben mir die Dschihadisten eine Uniform – »Zieh das an! Jalla, jalla!«

Als ich zögerte, wurde einer der Männer sofort zornig, zog seine Pistole und zielte damit genau auf meinen Kopf. Ich nahm die Uniform. Sie lag schwer in meiner Hand. Mühsam streifte ich sie mir mit einer Hand über.

Was ist das für ein Leben, fragte ich mich, in dem man alles tun muss, was einem befohlen wird? Mit ungelenken Bewegungen band ich mir das Kopftuch, das aus schwarzem, dickem Stoff bestand, um. Doch wozu sollte ich mein Gesicht verdecken? Der Gedanke, nun äußerlich so zu erscheinen wie diese Männer, erschreckte mich.

Mit einem Mal gaben die Dschihadisten das Zeichen zum Aufbruch. Wir verließen das Haus und mussten in Windeseile zu einem Militär-Lkw laufen. Ich war der Einzige in der Gruppe, der keine Waffe trug. Nun musste ich mit den Dschihadisten auf die enge und stickige Ladefläche steigen. Danach fuhren wir los. Ich beobachtete meine Peiniger genau und versuchte aufzuschnappen, was sie sagten. Viel verstand ich nicht, da sie wie vorhin Sprachen benutzten, von denen ich einige noch nie gehört hatte.

Die Männer lachten und alberten mit ihren Waffen herum. Ich ahnte, dass sie sich gegenseitig erzählten, was sie in der letzten Zeit getan hatten. Sofort kamen die schrecklichen Bilder des gestrigen Tages in mir hoch – erneut traten Tränen in meine Augen und durchnässten das Kopftuch. Es begann, an meiner Haut zu kleben und fürchterlich zu jucken.

Wir fuhren etwa eine Stunde durch die Wüste. In einem zerstörten Dorf hielten wir schließlich an. Überall um uns herum standen Ruinen. Die Dschihadisten sprangen von der

Ladefläche. Meine Beine wollten nicht so schnell, und ich folgte ihnen deutlich langsamer.

»Jalla, jalla, beeil dich, wenn du leben möchtest!«, riefen sie wieder und legten ihre Gewehre auf mich an.

Es war ihnen offensichtlich völlig egal, ob ich Schmerzen hatte. Plötzlich hielten sie ohne ersichtlichen Grund an und legten einen Großteil ihrer Sachen auf dem Sandboden ab.

Ich fragte mich, was die Verbrecherbande nun als Nächstes vorhatte. Da begannen einige, über die Mauern der Ruinen und von den Dächern der noch vorhandenen Häuser zu springen. Es handelte sich ganz offensichtlich um eine militärische Übung, die die Dschihadisten hier abhielten. Ich sah zu und staunte, wie der Sand die hohen Sprünge der Männer abfederte. Sie übten auch den Kampf mit Messer und Pistole.

Immer wieder musste ich für die Dschihadisten kleine Handlangerdienste leisten. Die Sonne brannte vom Himmel, mein Magen knurrte, und ich hatte furchtbaren Durst. Die Dschihadisten hatten mehrere Wasserkästen für sich dabei, von denen sie sich immer wieder Flaschen holten. Diese gossen sie sich über Gesicht und Nacken.

»Bitte, ich verbrenne. Wasser! Bitte gebt mir Wasser!«, rief ich, aber niemand gab mir etwas.

Nach ungefähr zwei Stunden beendeten sie ihr Training endlich. Genauso schnell, wie wir abgestiegen waren, mussten alle wieder auf den Lkw aufsteigen. Der Fahrer gab Vollgas und schoss über die Piste. Wir wurden auf der Ladefläche hin und her geworfen, aber den kräftigen und satt gegessenen Dschihadisten schien das nichts auszumachen. Sie lachten und genossen die Fahrt.

Mir aber war nicht nach Lachen zumute. Meine Gedanken

kreisten einzig darum, wie ich es schaffen könnte, hier wegzukommen. Schließlich erreichten wir wieder das Lager. Wir
gingen zurück in den Raum, in dem es am Morgen Frühstück
gegeben hatte. Die Kämpfer holten sich etwas zu essen, nur ich
saß am Rand und wagte es nicht, mich zu rühren. Ich fühlte
mich unendlich einsam.

Was nur konnte ich gegen mein furchtbares Schicksal tun?

ENDLICH FREI

Schließlich kam einer der Männer auf mich zu. »Los, komm!«, rief er. »Wir fahren zum Markt, einkaufen. Du hilfst uns dabei!«

Es war völlig klar: Die Dschihadisten sahen mich als ihren Sklaven an und setzten mich bei äußerst schlechter Verpflegung einfach für alles ein, was ihnen in den Sinn kam.

Der Dschihadist redete auf mich ein: »Wenn wir beim Markt sind, redest du kein Wort. Du machst, was ich dir sage. Wir werden zwar auf viele andere Menschen treffen, doch niemand von ihnen wird in der Lage sein, dir zu helfen. Wenn du versuchst zu fliehen, erschieße ich dich sofort.«

Zusammen mit fünf bewaffneten Männern stieg ich also erneut in den Lkw. Während der Fahrt schossen unzählige Gedanken durch meinen Kopf: Was, wenn diese Fahrt nun die lang ersehnte Gelegenheit bieten würde, dieser Mörderbande zu entkommen? Immerhin begaben wir uns ganz offensichtlich in eine Stadt oder zumindest in ein Dorf, in dem es andere Menschen gab. Ich begann, wie ein Verrückter mit mir selbst zu sprechen. In meinen Gedanken ging ich Dutzende Fluchtmöglichkeiten durch. Je länger die Fahrt dauerte, desto mehr kam ich zu dem festen Entschluss, dass ich es einfach versuchen musste. Das ist meine Chance, dachte ich. Irgendwie muss ich es schaffen, ihnen zu entkommen!

Nach einer stundenlangen Fahrt durch die Wüste erreichten wir tatsächlich eine Stadt. Vor einem großen Einkaufszentrum hielten wir an. Die Dschihadisten machten keine Anstalten, sich anders zu verhalten als sonst.

Ganz offensichtlich konnten sie getrost davon ausgehen, dass die Menschen um uns herum sie für Militärs hielten.

In dieser Zeit war es in vielen Gebieten in Libyen praktisch unmöglich zu unterscheiden, wer der Polizei oder dem Militär angehörte, wer Dschihadist und wer Mitglied irgendeiner anderen kriminellen Gruppe war.

Wir stiegen aus und betraten eine Art Supermarkt. Hier gab es alles, was das Herz begehrte. Die Kämpfer wollten offenbar eine große Menge an Lebensmitteln einkaufen und machten sich daran, sich in allen Ecken des Supermarkts zu verteilen.

Nur ein einziger Kämpfer blieb bei mir. Er holte einen großen Einkaufswagen herbei und befahl mir, diesen mit allerlei Waren zu befüllen. Der Dschihadist an meiner Seite zeigte mir immer wieder, was ich holen sollte, und ließ mich dabei nicht aus den Augen. Ich sah seine Pistole im Holster und wurde fast verrückt bei dem Gedanken, wegzulaufen und seinen Schüssen zu entkommen. Vor Unruhe und Nervosität begann ich, am ganzen Körper zu schwitzen. Doch ich wagte nicht den entscheidenden Sprung.

Als Nächstes sollte ich drei große Säcke mit Reis holen. Ich packte den ersten Sack und warf ihn mir mit meinem gesunden Arm über die Schulter. Dabei riss der Sack mein Kopftuch herunter, das ich nicht richtig gebunden hatte. Der Dschihadist hob das Tuch auf und wies mich an, den nächsten Sack zu holen.

Von hier aus war die Tür ins Freie nur ein paar Meter entfernt. Sollte ich es jetzt versuchen? Aber ich hatte zu große Angst. Lieber, so dachte ich mir, bringe ich den zweiten Sack zurück, um meinen Peiniger in Sicherheit zu wiegen.

Der Dschihadist schien sich tatsächlich sicher zu sein, dass ich nicht davonlaufen würde. Er stand lässig da und sah nicht danach aus, schnell reagieren zu können.

Und so wagte ich es schließlich: Statt den dritten Sack zu holen, rannte ich durch die offene Tür. Plötzlich waren mir alle Schmerzen egal. Ich lief, so schnell ich konnte, um die nächste Ecke und durch die Gassen zwischen den Häusern. So schnell, wie meine Beine mich trugen, bog ich mal nach links, mal nach rechts. In den Gassen wichen mir die Menschen aus. Mir war bewusst, dass ich auffiel, so schnell, wie ich lief. Manche hielten mich bestimmt für einen Dieb. Viele Passanten trugen Waffen bei sich, was mich natürlich sehr beunruhigte: Wer würde mich verraten und meinen Peinigern ausliefern?

Ich rannte und rannte.

Die Stiefel, die mir die Dschihadisten gegeben hatten, waren beim Laufen hinderlich. Irgendwann waren meine Kräfte vollständig aufgezehrt, und ich schmiss mich in einer Seitenstraße in der Ecke eines kleinen Platzes auf den Boden. Ich atmete heftig. Ich drückte meine Hand auf mein Herz, das wie verrückt schlug. Die Panik steckte noch tief in mir, und das wilde Pochen meines Herzens machte mir Angst. Werde ich das alles überstehen, dachte ich. Nach ein paar Minuten beruhigte sich mein Atem endlich. Offenbar hatte ich es tatsächlich geschafft, den Dschihadisten zu entkommen.

Es war früh am Abend, und die Sonne begann unterzugehen. Was sollte ich nun tun? Ich war ganz allein und hatte keine Ahnung, wo ich war. Weder Freunde noch Bekannte konnten mir zur Seite stehen, und ich hatte nicht einmal ein Handy, um jemanden anzurufen.

Wie gern hätte ich mit meinem Cousin gesprochen, um ihm

zu berichten, dass ich fliehen konnte. Das Geld, das er für mich gezahlt hatte, war verloren, doch ich war glücklich, dass ich dieses Martyrium überlebt hatte und entkommen war.

Wie gern hätte ich mit ihm gesprochen und ihm gesagt: »Ich lebe!« Er war es, der Tag und Nacht geschuftet hatte, um mir helfen zu können. Sein Erspartes war nun in den Händen der Dschihadisten, die damit weitere Gewalttaten begehen konnten.

Lange saß ich so auf diesem Platz und hing meinen Gedanken nach, bis es völlig dunkel geworden war. Menschen gingen an mir vorbei, aber niemand machte Anstalten, mir zu helfen. Viele verzogen das Gesicht und hielten Abstand. Ich konnte ihnen ansehen, dass sie mich verabscheuten.

All das war mir völlig egal. Ich war allein und völlig hilflos, aber ich genoss diese ersten Stunden in meiner Freiheit und wollte nur in Ruhe gelassen werden. Ich wog die Möglichkeiten ab, die ich nun hatte: Sollte ich betteln, um an ein bisschen Essen zu kommen? Vielleicht würde mir jemand etwas Bakschisch geben – doch ich traute den Leuten um mich herum nicht und wollte nicht noch mehr Aufmerksamkeit erregen.

Obdachlose Menschen mit dunkler Hautfarbe waren an diesem Ort vollkommen rechtlos – auch ohne die Dschihadisten hätte es passieren können, dass ich versklavt, vergewaltigt oder ermordet worden wäre. Ich beschloss, einen geschützten Ort zu suchen, an dem ich schlafen konnte, um zur Ruhe zu kommen und neue Kräfte zu sammeln.

Als ich aufstand, merkte ich, dass mir das Laufen noch viel schwerer fiel als zuvor. Ich zwang mich weiterzulaufen, ließ die Siedlungen des Städtchens hinter mir und erreichte nach einer Weile eine Gruppe von eng nebeneinanderstehenden Bäumen, unter denen ich mich versteckte. Vor wilden Tieren, die es hier möglicherweise gab, hatte ich keine Angst: Was hätte Schlimmeres passieren können, als in der Gewalt der Dschihadisten zu bleiben? Ich legte mich auf den Boden und schlief kurze Zeit später vor Erschöpfung ein.

Auch in dieser Nacht quälten mich wieder schreckliche Albträume. Wieder und wieder sah ich die Bilder der Menschen vor mir, die in jener Nacht von den Dschihadisten so brutal ermordet worden waren. Auch die Bilder der Schlächter drängten sich mir immer wieder aufs Neue auf. Heute weiß ich, dass mich diese Erlebnisse niemals gänzlich loslassen werden.

Als ich aufwachte, war es noch immer stockdunkel. Ich hatte keine Ahnung, wie lange ich geschlafen hatte. Ich spürte nur, wie mein Magen vor Hunger rebellierte und wie mir die Zunge vor Durst am Gaumen klebte. Da ich Angst hatte, erneut versklavt zu werden, beschloss ich, vorerst lieber in meinem Versteck zu bleiben. Ich litt, aber ich war trotz allem unendlich glücklich und erleichtert, in Freiheit zu sein. Noch vor wenigen Stunden hatte ich kaum zu hoffen gewagt, dass mir die Flucht wirklich gelingen würde.

Heute kann ich sagen, dass ich niemandem, egal ob Freund oder Feind, wünsche, den Weg gehen zu müssen, den ich ging. Aber ich weiß heute auch, dass es sich nicht lohnt, nur darauf zu warten, bis einem geholfen wird. Man muss sein Schicksal selbst in die Hand nehmen. Meine Flucht kostete mich unglaublich viel Kraft, doch am Ende hatte es sich gelohnt. Heute kann ich wieder selbst über mein Leben bestimmen.

Obwohl ich damals noch nicht wusste, wie es nun weitergehen würde, fühlte sich mein Herz in dieser Nacht viel leichter an als jemals zuvor auf dieser Flucht.

Ich kann noch immer nicht in Worte fassen, wie glücklich ich war. In Gedanken bedankte ich mich immer wieder bei meinem Gott. Und obwohl ich von den Dschihadisten dazu gezwungen worden war, Muslim zu werden, war ich in meinem Herzen meinem Glauben treu geblieben.

Beinahe hätte ich während der schlimmen Zeit der Gefangenschaft die Hoffnung verloren. Doch nun konnte ich wieder nach vorn blicken. Mein Ziel war Europa. Und über Europa wusste ich zumindest, dass niemand, der neu dort ankam, gezwungen werden konnte, seine Religion zu ändern, egal, ob er Christ oder Muslim war. Und so sollte es eigentlich überall auf der Welt sein.

Auf meiner Flucht war meine Religion ständig Anlass gewesen, mich von Neuem zu quälen und zu unterdrücken, sei es im Sudan oder in Libyen. Heute stehe ich klar dafür ein, dass jeder Mensch selbst entscheiden soll, ob er einer Religion angehören will, und wenn ja, welcher. Jemand, der zu einer Religion gezwungen wird, wird sich damit niemals wohlfühlen und immer unglücklich sein.

In dieser Nacht, unter den Bäumen, fragte ich mich immer wieder, was denn die Menschen, die andere aufgrund ihrer Religion unterdrückten und quälten, davon hatten. Dachten sie wirklich, dass sie im Paradies dafür belohnt würden? Ich musste unwillkürlich lachen. All das machte überhaupt keinen Sinn.

Ich schlief erneut ein. Diesmal versank ich in einen tiefen, traumlosen Schlaf. Erst am Morgen wurde ich geweckt, als ein Lkw mit viel Getöse an den Bäumen vorbeiraste. Ohne dass ich es zuvor gemerkt hatte, befand ich mich in unmittelbarer Nähe einer großen Straße, die nachts nicht befahren wurde.

Ich stand auf und verließ möglichst unauffällig die Baumgruppe. Die Sonne stand am Himmel, und man spürte schon jetzt, dass der Tag sehr heiß werden würde. Während ich die Baumgruppe hinter mir ließ und zurück zu dem Städtchen ging, aus dem ich gekommen war, hörte ich hinter mir die Vögel zwitschern. Sie machten viel Lärm und erinnerten mich an meine Heimat. Auch dort sangen die Vögel morgens lautstark in den Bäumen. Adye, sagte ich mir, bitte drück mir die Daumen, dass ich es schaffen werde.

Je näher ich der Altstadt kam, desto mehr Menschen waren auf den Straßen unterwegs. Autos zwängten sich hupend an den Passanten vorbei. Kaum jemand hielt sich an Verkehrsregeln, und auf Fußgänger wurde kaum Rücksicht genommen.

Ich lief am Rand der Straßen entlang und fühlte erneut, wie alle Blicke auf mir lagen. Wie am Tag davor spürte ich den Hass vieler Menschen – und mir wurde wieder in Erinnerung gerufen, dass ich als dunkelhäutiger Mensch hier nicht erwünscht war.

Hunger und Durst quälten mich, und ich realisierte, dass ich nun wirklich etwas tun musste, um an Wasser und Essen zu kommen. Nach einigem Zögern ging ich in ein Kleidungsgeschäft und fragte den Ladenbesitzer, ob ich bei ihm arbeiten könne, um mir Wasser und etwas zu essen kaufen zu können.

Der Verkäufer gab mir auf meine Frage überhaupt keine Antwort. Stattdessen zog er ohne zu zögern sein Telefon aus der Tasche und fing an zu telefonieren. Ich geriet in Panik – wen verständigte er? Die Polizei? Oder gar die Dschihadisten?

Ich lief Hals über Kopf davon. Noch einmal sollten sie mich nicht kriegen, so viel war klar. Ich zwängte mich vorbei an den mit allerlei Waren und Einkäufen beladenen Menschen und versuchte, so wenig wie möglich aufzufallen. Abermals mieden mich die Passanten, manche hoben gar die Hände, damit sie mich im Vorbeigehen nicht berühren mussten. Ich erwartete schon, dass mich manche schlagen würden, doch das geschah nicht.

Als ich aus dem größten Getümmel heraus war, kam ich zu einem Fußballplatz, auf dem gerade Jungs in meinem Alter herumtobten. Sie schrien und erfreuten sich an ihrem Spiel. Wie gern wäre ich zu ihnen gegangen, um zuzusehen. Aber ich hatte Angst, dass auch sie mich unwirsch und ablehnend behandeln würden.

So lief ich weiter. Da kam mit einem Mal ein kleiner Junge von vielleicht acht oder neun Jahren auf mich zugelaufen, schlug mir ohne Grund ins Gesicht und lachte mich aus. Ich konnte es nicht fassen. Wie groß musste die Verachtung gegenüber dunkelhäutigen Menschen hier sein, wenn einen ein kleines Kind schlug? Ich hatte ihm doch nichts getan.

Schon holte er aus, um mich ein weiteres Mal zu schlagen. Was sollte ich tun? Angesichts der vielen Menschen um mich herum war es ausgeschlossen, mich zu wehren. Zu meinem Glück lief nun ein Mann auf uns zu, zog das Kind von mir weg und ermahnte es: »Was machst du da? Lass das!« Glück gehabt, dachte ich, ich bin doch kein Spielzeug. Schon die kleinen Kinder lernten hier offenbar von ihren Eltern, keinen Respekt vor Menschen anderer Herkunft zu haben.

Ich lief weiter durch die Straßen, in der Hoffnung, auf andere Flüchtende zu treffen, die mir sagen konnten, wo ich hier Schlepper fand. Aber obwohl ich lange weiterlief, begegnete ich nur Einheimischen. Ich hätte gern meine Eltern oder meinen Cousin angerufen, doch mir fehlte das Geld, und ein Telefonladen war auch weit und breit keiner zu finden. Während ich die Straßen entlanglief, kam mir nach einer Weile eine Frau entgegen, die dieselben Kleider trug, wie ich sie bei meiner Mutter gesehen hatte. Ich brach bei diesem Anblick vor Trauer und Heimweh in Tränen aus.

Orientierungslos und dumpf ging ich weiter durch Gassen und Straßen einer Stadt, die mir so fremd war, dass ich nicht einmal ihren Namen kannte. Ich war allein – aber wenigstens, so dachte ich, stand ich nicht mehr unter dem Zwang anderer Menschen, die mich verkaufen, missbrauchen oder töten wollten.

Doch innerhalb von Sekunden war die neu gewonnene Freiheit passé: Unvermittelt hörte ich hinter mir laute Stimmen. Mehrere Männer riefen auf Arabisch: »Halt, stehen bleiben! Hände hoch!«

Ehe ich michs versah, hielt mir jemand eine Waffe an die Schläfe und fesselte meine Hände auf den Rücken. Ich wurde in ein Auto gezwängt. Ich hatte keine Ahnung, was diese Männer vorhatten und in welchem Auftrag sie handelten. Waren es korrupte Militärs oder Polizisten? Handelte es sich um eine bewaffnete Miliz? Oder gar wieder um die Dschihadisten?

Einer der Männer saß neben mir auf der Rückbank, um mich in Schach zu halten. Der andere sprang auf den Fahrersitz und raste los. Auf meine Frage, wohin sie mich denn nun bringen würden, erhielt ich keine Antwort. Das Auto meiner Entführer hob immer wieder ab und krachte auf halsbrecherische Weise über Unebenheiten der Straßen.

Schließlich erreichten wir das Ziel der Entführer. Es handelte sich um ein im Krieg zerstörtes Haus. Ich konnte keine anderen Menschen ausmachen. Wir schienen hier allein zu sein. Die Sonne knallte auf uns herunter, es war sehr heiß.

Die Männer packten mich und nahmen mich mit in die Ruine. Da es keinerlei Möbel oder Ähnliches mehr gab, befahlen mir die Entführer, mich auf eine der kaputten Mauern zu setzen. Hier begannen sie nun, mich auszufragen.

Einer der beiden fragte: »Wo willst du hin?«

Ich antwortete: »Ich bin auf der Suche nach einem Schlepper, der mich weiterbringen kann.«

»Wie bist du in diese Stadt gekommen?«, fragte der andere.

Mein Gefühl sagte mir, dass es sich bei den Männern zumindest nicht um Dschihadisten handelte. So erzählte ich in gebrochenem Arabisch, was ich erlebt hatte. »Ich wurde vor einiger Zeit von Dschihadisten aus einem libyschen Lager entführt. Ich musste mit ansehen, wie sie Menschen folterten. Ich selbst wurde auch brutal misshandelt. Ich musste ihnen als Arbeitssklave dienen. So nahmen sie mich gestern in diese Stadt mit, als sie eine große Menge an Lebensmitteln einkaufen wollten. Bei dieser Gelegenheit gelang es mir zu fliehen.«

Nachdem ich dies alles erzählt hatte, sprang einer der Männer erbost auf. Mit dem Stock, den er in seiner rechten Hand hielt, schlug er auf die Wand ein.

Seine Wut resultierte ganz offensichtlich aus der Tatsache, dass jeder Gefangene, der von Dschihadisten entführt wurde, einen Gewinnverlust für andere konkurrierende Milizen und Schlepperbanden nach sich zog. Die beiden Männer waren ganz offensichtlich auch in das Schlepperbusiness verwickelt. Menschenrechte spielten für sie augenscheinlich nur eine untergeordnete Rolle, wenn sie denn überhaupt von irgendeiner Bedeutung waren.

So begriff ich, dass die Aufgabe der beiden Männer darin

bestand, umherirrende Flüchtende aufzugreifen und zu ihrer Schlepperbande zu bringen. Einer der Männer zog sein Handy aus der Tasche und begann zu telefonieren. Er redete viel und gestikulierte. Soweit ich verstand, versuchte er mich erneut zu verkaufen – an wen auch immer – und einen möglichst guten Preis für mich auszuhandeln. Als ich ihm zuhörte, wie er am Telefon um mich feilschte, kam ich mir vor wie ein Stück Gemüse, das am Markt angepriesen wurde. Ich hatte nicht die geringste Ahnung, wohin ich nun verkauft werden sollte.

Während der Telefonverhandlungen blieb ich völlig passiv, ja sogar apathisch. Ich war vor Hunger und Durst sowie durch all die Erlebnisse der letzten Tage enorm geschwächt. Immer wieder legte der Mann auf und rief eine neue Telefonnummer an. Offensichtlich forderte er zu viel Geld für mich, denn er fand niemanden, der mich kaufen wollte.

Die Männer wollten mich unter keinen Umständen freilassen. Sie versprachen sich ja doch irgendeinen Gewinn. Ich begriff, dass der Mann, der schon vorher unablässig telefoniert hatte, in dem Lager anrief, aus dem ich von den Dschihadisten entführt worden war. Im Handumdrehen beschlossen sie, mich dorthin zurückzubringen.

Da erwachte ich aus meiner Lethargie und protestierte: »Ich will dort nicht noch mal hin! Man hat mich auch dort geschlagen und mir unvorstellbares Leid zugefügt! Ich habe doch nichts verbrochen, ich bin nur auf der Suche nach Freiheit.« Ich war verzweifelt und völlig außer mir. Ich schrie und weinte. »Noch nie in meinem Leben habe ich gesehen, dass Menschen so behandelt werden. Dafür habe ich den weiten Weg nicht auf mich genommen.«

All das half natürlich nichts. Die Männer verstiegen sich nun sogar zu der Behauptung, dass sie mir helfen würden. Während einer der beiden Männer vor Ort blieb, stieg der andere mit mir in das Auto, mit dem wir gekommen waren. Wie schon zuvor fuhr er sehr schnell und rauchte während der Fahrt Haschisch. Ich sah uns schon im Straßengraben liegen. Als ich meiner Angst Ausdruck verlieh, bot er mir an, mit ihm Haschisch zu rauchen, und meinte, dass mich das beruhigen würde. Um seinen irrwitzigen Mut zu beweisen, zog er mitten auf der Straße die Handbremse an und ließ das Auto auf dem Asphalt kreiseln. Der Mann schien nicht nur gewalttätig und skrupellos zu sein, sondern auch völlig verrückt. Eine riesige Staubwolke hüllte uns ein.

Nach etwa fünf Stunden Fahrt erreichten wir das Lager. Ich erkannte den Innenhof wieder. Hier war ich Wochen zuvor bereits gequält und gedemütigt worden. Vom Innenhof führte mich der Entführer in die Räume der Wachen. Einige von ihnen erkannten mich wieder. »Wo warst du?«, fragten sie mich. Abermals musste ich erzählen, was mir widerfahren war, während ich in der Gewalt der Dschihadisten war. Während ich erzählte, brachte man mir Wasser und ein Stück trockenes Brot.

Inzwischen hatte sich meine Ankunft herumgesprochen. Immer mehr Wachen kamen in den Raum, weil sie neugierig waren, meine Geschichte zu hören. Schließlich brachten sie mich wieder hinaus in den Innenhof, in dem sich bereits all die anderen Häftlinge des Lagers befanden. Die Befragungen nahmen kein Ende. Schließlich kam sogar ein Europäer hinzu, der für eine Hilfsorganisation arbeitete und das Lager besuchte. Ich hatte den Mann vor meiner Entführung schon öfters hier gesehen. Auch er stellte viele Fragen und machte Fotos von mir und anderen Gefangenen. Widerwillig erzählte ich ihm, was ich erlebt hatte.

Er schrieb alles auf, aber er half mir in keinster Weise. Wozu soll das alles gut sein, fragte ich mich. Jedes Mal versprach er uns, dass wir beim nächsten Mal freikommen würden, doch nie geschah etwas, was auch nur annähernd darauf hindeutete. Es war schlicht und einfach gelogen.

Seit ich von hier entführt worden war, schien sich die Anzahl der Menschen noch weit vergrößert zu haben. Während zuvor nur in einer Halle Flüchtende festgehalten worden waren, waren es nun zwei Hallen. In jeder der beiden Hallen waren an die 4.000 Menschen.

Was auch immer dieser Europäer hier tat – es nützte uns nichts. Und so wollten andere Gefangene, die er befragte, ihm ebenfalls keine Auskunft mehr geben oder sich von ihm fotografieren lassen.

Stattdessen begann rund um den Europäer eine hitzige Diskussion. Die Stimmung wurde immer kritischer, und manche Gefangene schrien lauthals. Die Wachen reagierten darauf unmittelbar und so, wie sie das immer taten. Ohne auf die Anwesenheit des Europäers zu achten, feuerten sie mit ihren Gewehren Schüsse in die Luft ab. Der Europäer erschrak und versteckte sich in Panik in einer Ecke. Ganz offensichtlich hatte er keinerlei Macht, um der Gewalt im Lager auch nur ansatzweise entgegenzuwirken.

Nun kamen die libyschen Wachen auf ihn zu und forderten ihn auf, das Lager zu verlassen. Er gehorchte umgehend. Kaum war er verschwunden, trieb man uns mit Schlägen und Hieben vom Innenhof zurück in die Hallen. Ich selbst wurde von der Masse der Gefangenen getrennt und vor das Tor des Gefängnisses gebracht. Durch die Gitterstäbe der Abzäunung sah ich, wie Dutzende Gefangene durch die Schläge der Wachen verletzt wurden. Erneut gab es keinerlei medizinische Hilfe für Verletzte. Wie schon vor meiner Entführung durch die Dschihadisten wurden sie einfach mit den anderen zusammen eingesperrt.

Nachdem der Innenhof wieder leer war, brachten die Wachen mich zurück in den Raum, in dem sie mich zuvor verhört hatten, und setzten die Befragungen fort. Natürlich lag ihr vorrangiges Interesse darin, zu erfahren, wo sich das Lager der Dschihadisten befand.

Doch ich hatte keinerlei Anhaltspunkte, wo mich die Dschihadisten hingebracht hatten – zu Beginn der Entführung waren mir ja die Augen verbunden worden, und selbst, als ich die Augenbinde abgestreift hatte, waren wir durch unwirtliches Wüstengebiet gefahren. Ich hatte keine Chance gehabt, mich zu orientieren.

Dennoch schilderte ich genau, was ich erlebt hatte und wie die Dschihadisten uns an jenem Tag gezwungen hatten, zum Islam zu konvertieren. Die Wachen waren von dieser Erzählung beeindruckt, und ich hatte das starke Gefühl, dass sie die Dschihadisten fürchteten. Sie erzählten ihrerseits, wie Wachen des Lagers im Zuge unserer Entführung getötet worden waren.

Als sie mit ihrer Befragung zu Ende waren, brachten sie mich zurück in eine der Hallen und sperrten mich mit all den anderen Gefangenen ein. Wie schon vor der Entführung war die Halle dermaßen überfüllt, dass man nicht richtig laufen konnte. Die Luft war heiß und stickig, und so beschloss ich, direkt an der Tür stehen zu bleiben.

Bemerkenswert war, dass ich viele neue Gesichter unter den Gefangenen sah. Diejenigen, mit denen ich mich vor der Entführung angefreundet hatte, konnte ich in der Menge nicht ausmachen. Ich fühlte mich sehr einsam und hoffnungslos und beschloss, nun doch in den hinteren Teil des Raumes zu gelangen. Während ich mich durch die Menge quälte, bekam ich hie und da Schläge von anderen Gefangenen. Auch unter den Geflüchteten herrschte bereits eine aggressive Atmosphäre. Das Niveau der Gewalt war angesichts der Misere, die die Menschen durchlebten, ganz offensichtlich immer weiter angestiegen.

Schließlich fand ich doch noch einige Bekannte. Ich setzte mich zu ihnen. Alle wollten genau wissen, was ich erlebt hatte. Viele weitere Gefangene kamen hinzu, und schnell bildete sich um mich ein Kreis. Alle wollten meine Geschichte hören.

Zu Beginn weigerte ich mich zu erzählen. Denn ich wollte die schlimmen Ereignisse nicht noch ein weiteres Mal in Gedanken durchleben müssen. Außerdem wollte ich ihnen nicht die Hoffnung nehmen. Während mich die anderen Gefangenen bedrängten, flossen meine Tränen in Strömen. Nach einer lebhaften Diskussion unter den um mich Stehenden gab ich schließlich nach und erzählte meine Geschichte erneut.

Ich ließ nichts aus und konnte bei jedem Wort das Entsetzen in den Augen der anderen erkennen. Manche begannen zu weinen und zu schreien. So erzählte ich alles, was ich wusste, und war froh, danach in Ruhe gelassen zu werden. Ich fühlte mich leer und erschöpft. Nun blieb mir nichts anderes übrig, als auf eine neuerliche Wendung meiner Odyssee zu warten. Ich wagte es nicht zu hoffen, jemals in meinem Leben wieder in Freiheit und Frieden leben zu können.

Die Gewalt im Lager nahm kein Ende. Unsere Halle leerte sich mehr und mehr, da jeden Tag Menschen als Sklaven verkauft wurden.

Nach vier Monaten war auch ich an der Reihe. Gemeinsam mit sieben anderen wurde ich an ein anderes kriminelles Netzwerk weiterverkauft. Wer diese Menschen waren und in welchem Verhältnis sie zu den Wachen im Lager standen, wussten wir nicht. Sie brachten uns zu großen Feldern, wo wir Getreide ernten mussten. Dafür gab es keinen Lohn. Tag für Tag wurden wir von bewaffneten Männern bewacht. Die Felder waren mit Dornenbüschen übersät. Weil ich keine Schuhe und nur eine kurze Hose und ein Unterhemd trug, war ich nach wenigen Tagen Feldarbeit überall zerkratzt. Dornen hatten sich unter meine Haut gebohrt. Wenn ich versuchte, sie zu entfernen, schlugen mich die Wachen sofort.

Die libyschen Wachen, die uns nun drangsalierten, hatten ihre Kinder mit dabei, die oftmals nicht älter waren als ich. Auch sie schlugen uns, wenn wir in ihren Augen zu langsam arbeiteten. Die Landschaft rund um uns war trocken. Wir waren so durstig während der Arbeit. Die Libyer tranken selbst zwar regelmäßig Wasser, gaben uns aber nichts davon ab.

Wie Getriebene versuchten wir, Fluchtpläne zu schmieden. Doch da man uns mit verbundenen Augen zu den Feldern brachte, wussten wir nicht einmal, wo wir waren. Häuser oder Dörfer bekamen wir niemals zu Gesicht.

Nach einiger Zeit wurden wir ein weiteres Mal weiterverkauft und zu einem Haus gebracht. Der Mann, der uns gekauft hatte, hatte zunächst nur im Sinn, uns auszurauben. Auf Arabisch versuchte er herauszubekommen, wer noch Geldreserven bei sich hatte. Obwohl viele von uns etwas Arabisch konnten, taten wir so, als würden wir ihn nicht verstehen. Er ließ uns eine ganze Nacht lang nicht in Ruhe und schlug immer wieder einzelne Gefangene.

Am nächsten Morgen holte er seine Frau herbei, die aus Äthiopien stammte und nun auf Amharisch mit uns redete. Sie war bewaffnet, und ihr Gesicht war verhüllt, sodass wir nur ihre Augen sehen konnten. Sie erklärte uns unumwunden, dass man uns töten würde, wenn wir nicht zahlten.

Wir entgegneten, dass die Flucht schon sehr teuer war und wir kein Geld mehr hatten. Daraufhin wollte auch sie die Telefonnummern unserer Familien haben, um von diesen Geld zu erpressen. Nur noch einer von uns hatte einen Zettel mit einer Telefonnummer dabei, den die Libyer auch fanden. Allen anderen gelang es, die Telefonnummern ihrer Liebsten für sich zu behalten. Obwohl mich die äthiopische Frau des Libyers in ein anderes Zimmer brachte, um mich weiter zu befragen und meinen Willen zu brechen, gab ich keine Telefonnummern preis.

Daraufhin wurde ich wieder zu den anderen zurückgebracht. Während sich die beiden zurückzogen und berieten, wie sie weiter mit uns vorgehen wollten, festigte sich unser Entschluss, die Flucht zu wagen.

Es gelang uns mit vereinten Kräften, die Tür aufzubrechen und wegzulaufen. Unsere Peiniger hörten den Lärm und begannen sofort, auf uns zu schießen, während wir davonliefen. Drei von uns wurden getroffen und blieben liegen.

Es war nicht daran zu denken, sich umzudrehen und ihnen beizustehen. Wir rannten, so schnell uns unsere Füße tragen konnten. Weil wir in unserer Panik alle in verschiedene Richtungen liefen, war zum Schluss nur noch ein Junge bei mir. Wir liefen den ganzen Tag und die ganze Nacht lang, bis wir schließlich zu einem kleinen Städtchen gelangten.

Ein weiteres Mal war ich völlig auf mich allein gestellt. Wir blieben natürlich nicht unbemerkt. Im Laufe des nächsten Tages wurde ein Mann auf uns aufmerksam und fragte uns nach unserem Reiseziel. Weil wir keine andere Wahl hatten, folgten wir ihm und ließen uns in seinem Auto zu einem abgelegenen Haus bringen. Dieser Mann schien Kontakte zu Schleppern zu haben. Es war offensichtlich, dass auch er uns als seine Beute betrachtete und uns weiterverkaufen wollte. Als dann zwei Autos kamen, um uns abzuholen, sah ich, dass in diesem Haus noch mehr Flüchtende warteten. Wir wurden auf die beiden Autos aufgeteilt und mit Decken zugedeckt, um nicht gefunden zu werden.

Groteskerweise ließen sie mich vorn sitzen, da sie der Auffassung waren, dass ich in meinem jungen Alter nicht auffallen würde. Angeblich zur Tarnung setzten sie mir noch eine Soldatenmütze auf und fuhren los.

In Libyen herrschte Krieg, und auch in dieser Stadt wurde gekämpft. Deshalb hatte ich große Angst, dass uns während der Fahrt etwas passieren würde. Wir hörten Schüsse, überall waren ausgebrannte Autos und zerstörte Häuser zu sehen. Aufgrund der unmittelbaren Gefahr, entdeckt zu werden – von wem auch immer, fuhren unsere Fahrer sehr schnell.

Der Schlepper, der am Steuer saß, teilte mir die Aufgabe zu, nach Kämpfern Ausschau zu halten. Das erste Auto war ein ganzes Stück vor uns, sodass ich es gerade noch sehen konnte. Die Fahrer der beiden Wagen unterhielten sich während der Fahrt am Telefon.

Da geschah das Unfassbare: Das vordere Auto explodierte vor unseren Augen und begann, lichterloh zu brennen. Vermutlich war es eine Granate. Alle Insassen waren auf der Stelle tot. Acht Menschen verloren bei diesem schrecklichen Unfall ihr Leben. Wie so oft auf dieser Flucht konnten wir die Familien der Opfer nicht kontaktieren, weil wir die Namen der zu

Tode Gekommenen nicht kannten und nicht wussten, woher sie kamen.

Als das Auto explodierte, bremste unser Fahrer abrupt ab und wechselte die Fahrtrichtung. Wir nahmen eine andere Route und erreichten nach etwa einer Stunde unversehrt das Haus der Schlepper in Tripolis.

Dort wurde bereits eine große Zahl an Flüchtenden festgehalten. Unter ihnen waren viele, die bereits ein oder mehrere Male die Überfahrt über das Mittelmeer gewagt hatten, aber dann aufgegriffen und zurückgebracht worden waren. Die sogenannte »libysche Küstenwache« oder eine x-beliebige Miliz, die sich als Küstenwache ausgab, hatte sie erwischt. Manche Menschen hatten all ihr Geld für die Überfahrtversuche aufgebraucht, und auch ihre Familien konnten ihnen nicht mehr helfen. Es handelte sich nicht selten um Flüchtende aus Bauernfamilien, denen es besonders schwerfiel, das Geld für die Flucht eines ihrer Familienmitglieder zusammenzubekommen.

Alle Verwandten und Bekannten waren um Geld gebeten worden, doch irgendwann war einfach nichts mehr da gewesen. Die armen Menschen, die nicht mehr bezahlen konnten, wurden jeden Abend von den Schleppern geschlagen.

Ich war mir nicht sicher, ob ich es in die Freiheit schaffen würde. Natürlich fragte man auch mich ein weiteres Mal um Geld. Die Schlepper drohten, mich auf die Straße zu werfen, wenn ich nicht zahlen würde. Ich versuchte tatsächlich, meine Familie zu erreichen, weil ich wusste, dass ich für eine Fahrt über das Mittelmeer unbedingt Geld brauchte. Aber ich konnte sie nicht erreichen.

Ich war verzweifelt und erklärte den Schleppern, dass ich meine Familie nicht erreichen könne. Daraufhin ließen sie mich zum Glück erst mal in Ruhe und versuchten, andere Flüchtende zu erpressen. Sie machten sich daran, jeden Einzelnen mit ihren Waffen einzuschüchtern, und drohten damit, diejenigen, die nicht zahlen konnten, aufzuhängen. Diejenigen, die kein Geld mehr hatten – und das waren die meisten –, versuchten verzweifelt, jemanden aus der eigenen Familie, aus der Bekanntschaft oder aus dem Herkunftsort zu erreichen. Nicht allen gelang das.

Da die Schlepper selbst ein Interesse daran hatten, dass wir jemanden erreichten, der für uns zahlen würde, rückten sie irgendwann mit einem weiteren Handy an, das wir benutzen konnten. Jedes Mal, wenn es jemandem gelang, durchzukommen, bat er seine Familie sofort, auch die Angehörigen der anderen Flüchtenden zu kontaktieren. Schließlich gelang es auch mir, Bekannte meiner Familie zu erreichen, die bereit waren, für meine Überfahrt zu bezahlen.

Alle, die wie ich in der glücklichen Lage waren, bezahlen zu können, wurden danach nicht mehr eingesperrt. Trotzdem wollte niemand das Haus verlassen, weil ja Krieg herrschte: Es wurde geschossen, und es hätte draußen leicht passieren können, dass wir von Militärs, Polizisten, Milizen oder von wem auch immer festgenommen wurden.

Deshalb saßen wir den ganzen Tag zusammen und warteten auf den Tag der Überfahrt. In dieser Zeit taten wir unser Bestes, um uns umeinander zu kümmern und einander Mut zuzusprechen. Die Schlepper kamen einmal am Tag, um uns Essen zu bringen, und versprachen dabei immer wieder aufs Neue, dass es am nächsten Tag losgehen würde. Diese Versprechungen stellten sich Tag für Tag als falsch heraus, und sie erfanden immer eine Ausrede, warum wir weiter warten mussten.

Das Haus, in dem wir festsaßen, war im Krieg zerstört worden. Wir hatten weder Matratzen noch Decken. Nachts fror ich und konnte deshalb nicht schlafen.

Insgesamt war ich drei Wochen an diesem Ort, bis endlich die Nachricht kam, dass wir am nächsten Morgen zum Meer fahren würden. Man brachte uns zu fünfzigst in einem Kühllaster, in dem wir kaum Luft bekamen, zur Küste. Wir hatten uns Kartons vorbereitet, mit denen wir uns – wie schon Wochen zuvor – Luft zufächeln konnten. Die Fahrt dauerte zwei Stunden.

An der Küste warteten bereits 150 Leute. Mit uns waren wir insgesamt 200. Jeder von uns hatte in etwa 2.600 Dollar oder Euro bezahlt, um über das Mittelmeer zu kommen. Insgesamt machte also der Gewinn, den die Schlepper allein mit dieser Überfahrt erzielten, ein kleines Vermögen aus.

Die Spannung unter den Wartenden war kaum auszuhalten. Bis das Boot endlich seetüchtig war, kam es immer wieder zu Streit, vor allem zwischen Muslimen und Christen. Trotzdem war ich froh, dass nun endlich der letzte und entscheidende Abschnitt meiner Reise begann.

Es war Oktober, und mittlerweile war ich seit bald zehn Monaten auf der Flucht.

EXKURS:
LIBYEN, EUROPA UND DIE FLUCHT ÜBER
DAS MITTELMEER

Die politische Lage in Libyen ist bis zum heutigen Tag instabil und zerrissen. Die offiziell von der Regierung Sarraj kontrollierten Gebiete bleiben ein Flickenteppich von Milizen. Und auch Chalifa Haftar kann nicht behaupten, ein stabiles Staatsgebiet aufgebaut zu haben.

Libyen ist und bleibt weit von Frieden und Stabilität entfernt. Es gibt keinen funktionierenden Staat, das Land bleibt in der Hand von Milizen und Warlords. Diese halten sich an der Macht, indem sie Schutzgelder von Ölfirmen und anderen Unternehmen eintreiben, Menschenschmuggel organisieren oder Flüchtende ausbeuten. Eine nicht unwesentliche Einnahmequelle für diese Milizen und Warlords ist die Unterstützung durch ausländische Staaten. Seit einiger Zeit gehören auch Gelder der EU-Staaten zu ihren Einnahmequellen. Diese Gelder erhalten sie dafür, dass sie als »Küstenwache« Flüchtende davon abhalten, sich in Booten auf den Weg nach Europa zu machen, und sie stattdessen in Lagern in Libyen festsetzen.

Libyen ist schon lange ein Transitland für Flüchtende aus ganz Afrika auf dem Weg in ein besseres Leben. Bereits unter Gaddafi durchquerten Tausende Menschen das Land und wurden von Schmugglern und Sicherheitskräften ausgebeutet, ausgeraubt und misshandelt. Und bereits Gaddafi erhielt Geld der EU dafür, Migranten und Migrantinnen davon abzuhalten, die Schmugglerboote nach Europa zu besteigen.

Im Jahr 2008 schloss Gaddafi eine Abmachung mit der

Europäischen Union, die für die Flüchtlingsabwehr Gelder in Höhe von 500 Millionen Euro vorsah. Italien verdoppelte den Betrag später. Insgesamt sollte Gaddafi über zwanzig Jahre hinweg in etwa fünf Milliarden Euro erhalten, offiziell als Entschädigung für den Kolonialismus, in Wirklichkeit aber als Bezahlung für den sogenannten Grenzschutz. Doch die Revolution vom Jahr 2011 machte dem Deal zwischen Gaddafi und der EU ein jähes Ende. [23]Der libysche Staat zerbrach.

Für die Flüchtenden wurde nun alles noch schlimmer. Besonders dramatische Auswirkungen hatte die Tatsache, dass sich unter Gaddafis Truppen auch schwarzafrikanische und dunkelhäutige Soldaten befanden. Dabei handelte es sich um (von der Hautfarbe dunklere) Tuareg aus Mali, in Libyen ausgebildete schwarze Kämpfer aus Liberia oder auch einfach zwangsrekrutierte schwarze Migranten. Gaddafi soll auch immer wieder Söldner aus anderen afrikanischen Ländern für Geld angeworben haben, wobei es hier schwierig ist, Gerüchte von der Wahrheit zu trennen. Obwohl diese Soldaten eine verschwindend kleine Minderheit von Gaddafis Truppen darstellten, sollte bald der Mythos entstehen, dass schwarze Afrikaner in Gaddafis Repressionsapparat besonders brutal vorgegangen wären. Dieser Mythos führte während und nach dem Sturz Gaddafis immer wieder zu rassistischen Übergriffen gegen schwarzafrikanische Migrantinnen und Migranten und zu einer Vertiefung des Rassismus gegen schwarzafrikanische Flüchtende.[24]

Gleichzeitig hatte die EU mit Gaddafi ihren besten »Grenzschützer« verloren. Während die UN 2012 noch weniger als 15.000 Flüchtende zählte, die aus Libyen kommend das Mittelmeer überquerten, waren es 2014 über 170.000. Die Hoffnung, nach Europa zu gelangen, ließ Hunderttausende den Weg durch

Libyen wagen, obwohl dort Tod, Folter, Vergewaltigung und Sklaverei drohten. Die Migration wurde also nach dem Sturz Gaddafis zu einem lukrativen und brutalen Geschäftsfeld.

Wie meine Geschichte zeigt, kann man an Flüchtenden auf alle möglichen Weisen Geld verdienen: Warlords und Milizen organisieren den Schmuggel, sie erheben Schutzgeld oder Zoll von den Schmugglern, rauben die Migranten und Migrantinnen aus oder halten sie willkürlich fest, um Gelder von den Familien zu Hause zu erpressen. Oft kommt es zu Zwangsarbeit und Sklaverei. Frauen und Mädchen erleiden häufig Vergewaltigungen und andere Formen sexualisierter Gewalt. Oft werden sie dazu gezwungen, sich zu prostituieren, oder werden als Prostituierte weiterverkauft. Manchmal werden Flüchtende auch als Kämpfer missbraucht und verkauft.

Im staatenlosen Libyen geschieht all das auf dem Leidensweg der Flüchtenden durch die Wüste Richtung Meer. Sicher ist, dass an irgendeinem Teil der Kette auch die großen Warlords wie Chalifa Haftar oder die Anführer der Milizen in Zintan, Misratah oder Tripolis an diesen Geschäften mitverdienen. Das bedeutet somit, dass die Mächtigen in Libyen gar kein Interesse daran haben, den Missbrauch und die Misshandlungen der Migranten und Migrantinnen zu stoppen.[25] Aber aufgrund der Finanzierung durch die EU haben sie sehr wohl ein Interesse daran, die Menschen daran zu hindern, in Flüchtlingsboote zu steigen. So kommt es, dass unzählige Menschen von den Milizen in Lagern zusammengepfercht werden, in denen unmenschliche Bedingungen herrschen.

Ab dem Jahr 2014 spitzte sich die Flüchtlingskrise immer weiter zu. Hunderttausenden Menschen gelang es, über die sogenannte zentrale Mittelmeerroute in Malta, Lampedusa und Sizilien sowie auf dem italienischen Festland anzulanden. Gleichzeitig aber nahm die Anzahl der Menschen, die im Mittelmeer ertranken, rasant zu.

Die EU liebäugelte in dieser Zeit weiterhin damit, die Flüchtenden schon in Libyen zu stoppen. Da es natürlich ein schlechtes Bild ergibt, wenn die Europäische Union oder Staaten der EU mit skrupellosen Warlords und Bürgerkriegsmilizen kooperieren, versuchte man zunächst, mit EU-Geldern eine libysche Küstenwache aufzubauen und zu trainieren. Das Problem dabei war, dass die EU dabei mit der von Milizen dominierten Übergangsregierung in Tripolis zusammenarbeiten musste. Die Folge dieser Konstellation war, dass die neu entstandene Küstenwache bald von Milizionären durchsetzt war. Sie konnte von den Institutionen der EU nicht mehr kontrolliert werden und geriet bald wegen grober Menschenrechtsverletzungen in Verruf.[26]

Ein weiteres Problem für die EU war und ist nach wie vor, dass die in Tripolis stationierte Küstenwache natürlich nicht die ganze Küste Libyens kontrollieren konnte. Also begann man, Küstenwachen an anderen Orten aufzubauen, wofür man wieder mit den örtlichen Milizen kooperieren musste.

Wie diese Kooperation aussieht, lässt sich am Beispiel der im äußersten Westen gelegenen Hafenstadt Zawiya sehen. Zawiya ist einer der wichtigsten Ausgangsorte für die Boote, die Richtung Italien fahren. Die örtliche Küstenwache wurde lange Zeit von dem berüchtigten Milizenführer Abd al-Rahman al-Milad alias »Al Bija« geführt. Al-Milad war zuvor selbst Schleuser, der Flüchtende mit Booten nach Italien brachte und als solcher auch von der UN sanktioniert wurde. Es ist also nicht verwunderlich, dass er es mit den Menschenrechten nicht besonders genau nahm – sogar vor laufenden Kameras schlugen seine Leute und er selbst auf aufgegriffene Flüchtende ein.[27]

Aber sogar eine Küstenwache mit solch brutalen Praktiken konnte die Zahl der Bootsflüchtlinge nicht auf ein Maß reduzieren, mit dem die europäischen Staaten zufrieden waren. Das führte dazu, dass Italien im Jahr 2017 begann, Menschenschmuggler und Milizen direkt und auf breiter Basis zu bestechen, um sie davon abzuhalten, Menschen in Booten nach Europa zu schicken.[28] Neben dem offiziellen Kooperationsdeal zwischen Italien, der EU und der libyschen Regierung und anderen Abkommen fließen also auch inoffiziell Millionen und Abermillionen Euro aus Europa in die Koffer der verschiedensten Milizen und Warlords. Diese Gelder sind zu einer der größten Einkommensquellen dieser bewaffneten Gruppen geworden – allein die EU hat nach offiziellen Zahlen bisher weit mehr als 300 Millionen Euro überwiesen. Vertreter der EU beteuern zwar, dass das Geld an die Regierung in Tripolis fließen würde. Doch wie bereits erklärt, wird Letztere selbst von Milizen kontrolliert.[29] Italien zeigt in dieser Hinsicht am wenigsten Skrupel und bezahlt inzwischen auch die Tubu, die Tuareg und verschiedene arabische Beduinenstämme dafür, dass sie Flüchtende schon in der Wüste stoppen.[30]

Mittlerweile geht der Plan auf: Die Anzahl der Migrantinnen und Migranten, die es an die Küsten Italiens schaffen, ist von Hunderttausenden auf wenige Tausend Menschen pro Jahr zurückgegangen. Aber der Preis dafür ist extrem hoch: Die Lager, in denen Flüchtende festgehalten werden, haben sich vervielfacht. Inzwischen findet sich in fast jeder größeren Stadt ein solches Lager.[31] In manchen werden Tausende Menschen festgehalten.

Dabei macht es keinen großen Unterschied, welche Miliz oder welcher Warlord die Kontrolle über das jeweilige Lager hat. Das UN-Hochkommissariat für Menschenrechte, NGOs wie Human Rights Watch und Amnesty International sowie Reporter, Journalisten und Augenzeugen berichten laufend von schweren Menschenrechtsverletzungen und unhaltbaren Zuständen in den Lagern.[32] Ich bin also nicht der Einzige, der über diese entsetzlichen Zustände Zeugnis ablegen kann. In der medialen Berichterstattung finden sich unzählige Berichte von unhaltbaren hygienischen Zuständen, von regelmäßiger Folter, von Schlägen und Vergewaltigungen.

Es geschah außerdem immer wieder, dass Flüchtende zwischen die Kriegsfronten gelangten – mit tödlichen Folgen. So kam es im Verlauf des Angriffs von Chalifa Haftars Truppen auf Tripolis im April 2019 zu einem Massaker in einem Flüchtlingslager durch vorrückende Soldaten. In einem weiteren Fall im Sommer 2019 starben 44 Flüchtende, als Haftars Luftwaffe ein Flüchtlingslager bombardierte.[33]

Das UN-Hochkommissariat für Menschenrechte und verschiedene Menschenrechtsorganisationen sind sich einig, dass sich die EU und Italien mit ihrer Flüchtlingspolitik mitschuldig machen an den schweren Menschenrechtsverletzungen in Libyen.

Trotz der enormen Repressionen durch libysche Milizen, die im Auftrag der Europäischen Union oder Italiens handeln, schaffen es noch immer viele Menschen, in Boote Richtung Europa zu steigen und der libyschen Hölle zu entkommen. Aber Europa weigert sich, ein kohärentes Seenotrettungsprogramm auf die Beine zu stellen, um die Menschen, die in Seenot geraten, zu retten. Das war nicht immer so: In Reaktion auf zwei schreckliche Bootsunglücke vom Oktober 2013, bei denen Hunderte Flüchtende vor der Küste Lampedusas ertranken, startete die italienische Regierung damals die Operation »Mare Nostrum«. Dabei handelte es sich um eine Operation der italienischen Marine und Küstenwache, um Menschen vor dem Ertrinken zu retten. Laut der internationalen Organisation für Migration (IOM) hat »Mare Nostrum« während ihres einjährigen Bestehens rund 150.000 Menschen gerettet.

Doch der Oktober des Jahres 2014 war der letzte Monat, in dem das Seenotrettungsprogramm lief. Die Europäische Union weigerte sich damals schlichtweg, die Kosten für »Mare Nostrum« zu übernehmen. Ich hatte also Glück. Im November 2014 wurde »Mare Nostrum« durch die Frontex-Operation »Triton« sowie die militärische Operation »Eunavfor Med« ersetzt, die keine Seenotrettung auf offener See, sondern nur mehr im küstennahen Bereich vorsah.

Nach einer kurzen Phase der Menschlichkeit setzte sich also wieder die Logik der Abschottung durch. Die europäische Grenzschutzagentur Frontex, die ja dezidiert zur Abschottung Europas vor Flüchtenden gegründet worden war, übernahm das Ruder. Hätte ich nur einen Monat später das Mittelmeer überquert, wäre die Gefahr zu ertrinken ungleich größer gewesen.

Das Ansinnen der EU, Flüchtende mittels des Einsatzes von Frontex daran zu hindern, europäische Küsten zu erreichen, scheiterte zunächst: Die Anzahl der Überfahrten blieb mehrere Jahre lang relativ hoch. So kamen im Jahr 2015 in etwa 154.000 Flüchtende auf dem Seeweg nach Italien, im Jahr 2016 waren es sogar 181.000 und im Jahr 2017 119.000.[34] Aufgrund einer fehlenden staatlich organisierten Seenotrettung leisteten in diesen Jahren die privaten humanitären Organisationen eine immer wichtigere Rolle bei der Rettung von Menschenleben auf hoher See.

Das »Memorandum of Understanding« zwischen der von der UNO unterstützten libyschen Regierung in Tripolis und Italien vom Jahr 2017 leitete dann eine entscheidende Veränderung ein – mit fatalen Konsequenzen: Die libyschen Küstenwachen – von ihren europäischen Verbündeten finanziert, ausgebildet und ausgerüstet – starteten massive Abfanginterventionen auf See und brachten Tausende Flüchtende in unmenschliche Haftlager in die libysche Kriegszone zurück.

Infolgedessen gingen die Zahlen der Ankünfte in Europa im Jahr 2018 drastisch zurück und sanken auf etwa 23.000, also auf etwa ein Fünftel der Zahlen von 2017. Im Jahr 2019 setzte sich dieser Rückgang fort – bis Mitte August 2019 konnten lediglich rund 5.300 Menschen über die zentrale Mittelmeerroute nach Europa gelangen.[35]

Trotz der Abwehrstrategie der EU geht das Sterben im Mittelmeer weiter. Das Jahr 2019 war laut der IOM das sechste Jahr in Folge mit mehr als 1.000 Todesopfern im Mittelmeer.[36] In manchen dieser Jahre waren es sogar weit mehr. Laut der IOM sind seit dem Jahr 2014 auf dem Mittelmeer insgesamt mindestens 15.000 Flüchtende gestorben.[37] Ich hätte einer von ihnen sein können. Genauso gut hätte ich in einem der entsetzlichen Lager sterben können, die von den Männern Chalifa Haftars, von den Fajr-Milizen oder anderen Warlords kontrolliert werden. Nur mit großem Glück gelang es mir, dieser Hölle zu entkommen.

Die Tatsache, dass das Sterben im Mittelmeer sowie die Folter, die Vergewaltigungen und Tötungen, die Versklavungen und Demütigungen von Flüchtenden in den libyschen Gefängnissen noch immer anhalten, muss die Länder der europäischen Union dazu veranlassen, sofort gegenzusteuern und ihre Zusammenarbeit mit den Bürgerkriegsmilizen noch heute zu beenden.

ÜBER DAS MITTELMEER

Ganz plötzlich ging es dann los. Zunächst befahlen uns die Schlepper, dass wir uns alle in einer Reihe aufstellen sollten. Sie schafften einen Lastwagen herbei, in den die ersten hundert Leute einsteigen durften. Weil jeder dabei sein wollte, gab es großes Gedränge. Jeder dachte nur an sich, und weil ich noch so klein war, schaffte ich es nicht, in diesen Lastwagen zu kommen.

Ich bat Erwachsene, die um mich herumstanden, mir zu helfen und mich mitzunehmen, aber sie taten nichts. Das verstand ich nicht. Vorher hatten sich alle Flüchtenden gegenseitig geholfen. Nun wollte jeder einfach nur aus dieser Lager-Hölle raus. Von Solidarität war keine Spur mehr zu erkennen.

Es war nichts zu machen, der Lastwagen fuhr los. Ich hatte schreckliche Angst zurückzubleiben. Ich dachte schon, es würde kein anderer Lastwagen mehr kommen – doch zum Glück kam nach einer Weile noch ein zweiter.

Diesmal mussten sich alle auf den Boden setzen, und die Schlepper wählten die Leute aus, die mitfahren durften. Darunter war auch ich. Weil ich es allein nicht schaffte aufzustehen, holte mich einer der Schlepper aus der hintersten Reihe.

Im Laderaum des Lastwagens war es stockdunkel, und es gab nicht genug Luft für die vielen Menschen. Weil es so eng war, stießen wir immer wieder mit den Köpfen zusammen. Die Fahrt dauerte ungefähr eine halbe Stunde, und mir ging es währenddessen sehr schlecht, weil ich kaum atmen konnte.

Als wir endlich am Strand ankamen, war es schon dunkel. Die frische Meeresluft half mir, wieder zu Kräften zu kommen.

Wir mussten warten, bis das kleine Schlauchboot, das uns zu unserem Boot bringen sollte, aufgepumpt war. Hinter uns erhoben sich direkt die Klippen. Weil ich das Meer noch nie gesehen hatte, machten mir die großen Wellen, die am Strand ankamen, Angst. Je mehr Zeit verging, desto mehr fürchtete ich mich vor der Überfahrt. Nun gab es kein Zurück mehr. Ich hatte nur eine kurze Hose und ein Unterhemd an. Es war sehr windig und kalt, und weil die Gischt mich nass spritzte, fror ich.

Hinter uns standen Soldaten mit Waffen. Die Schlepper erklärten uns, dass das notwendig sei, um uns vor Kriminellen zu beschützen, die uns hätten entführen können. Doch was hier eigentlich der Unterschied war und wer eigentlich wer war, erschloss sich mir nicht.

Als das Schlauchboot schließlich bereit war, wurden die ersten dreißig Menschen damit zu dem großen Boot gebracht. Das Schlauchboot war damit völlig überfüllt, und viele Leute fielen nach den ersten Metern ins Wasser. Wer nicht schwimmen konnte, strampelte hilflos im Meer und schluckte Wasser, bis die Schlepper ihn wieder herauszogen.

Das kleine Schlauchboot war durch die hohen Wellen bald voller Wasser, sodass mit einer Schüssel geschöpft werden musste. Ich saß am Strand in der vordersten Reihe und wäre eigentlich als Nächstes dran gewesen. Aber die Szenen, die sich vor meinen Augen abspielten, ließen meinen Mut schwinden. Deshalb stand ich auf und setzte mich nach hinten in die letzte Reihe. Schließlich hatte ich keine Wahl mehr: Die Schlepper holten mich und brachten mich wie alle anderen auf das Schlauchboot. Während der Überfahrt zum großen Holzboot, die nur einige Minuten dauerte, wurde ich völlig durchnässt.

Als wir auf dem großen Boot, einem alten Fischerboot, ankamen, sagte mir einer der Schlepper, dass ich warten solle, damit er mich nach unten in den Laderaum bringen könne. Das wollte ich unter allen Umständen verhindern. Ich hatte ja in den letzten Monaten schon oft genug erlebt, wie es war, mit vielen Menschen in stickigen Räumen um Luft zu kämpfen. Deshalb nahm ich Reißaus und lief im Zickzack vorbei an allen Menschen zum Heck des Bootes, um mich dort zu verstecken. Zum Glück ließ der Schlepper von mir ab, und ich konnte dort sitzen bleiben.

Nach einer Stunde fuhren wir endlich los. Die Schlepper begleiteten uns noch zehn Minuten mit dem Schlauchboot, bis sie schließlich wieder umdrehten.

Nun waren wir allein. Um uns herum war es vollkommen dunkel. Wir hatten nur einen Scheinwerfer, der in Fahrtrichtung ins Nichts leuchtete. Hinter uns sah ich die Lichter der Stadt, die sich immer weiter entfernten. Das alte Fischerboot war mit den vielen Menschen völlig überladen. Mit der Zeit wurde das Meer immer unruhiger, sodass das Boot immer mehr schwankte. Aber zum Glück blieben alle an ihren Plätzen sitzen, um es möglichst stabil zu halten.

Wir hatten ja keinerlei Möglichkeit zu überprüfen, in welchem Zustand unser Boot wirklich war. Wir konnten nur hoffen und vertrauen. So begannen alle Menschen, egal ob Muslime oder Christen, gemeinsam dafür zu beten, dass wir sicher unser Ziel erreichten.

In den ersten Stunden hatte ich vor dem tiefschwarzen Wasser, das direkt hinter mir gegen das Boot schlug, entsetzliche Angst. Ich konnte ja, wie so viele andere hier, nicht schwimmen. Irgendwann übermannte mich dann aber die Müdigkeit, und kurz nach Mitternacht schlief ich ein. Etwas später wurde ich von lautem Schreien geweckt. Unser Boot leckte und fing an, mit Wasser vollzulaufen. Die Menschen gerieten in Panik, viele schrien und weinten. Wir versuchten, das Leck so gut wie möglich mit unserer Kleidung zu stopfen. Das schafften wir aber nur, weil alle trotz ihrer Angst Ruhe bewahrten. Nur diejenigen, die sich auskannten und wussten, wie man ein Boot reparierte, standen auf, alle anderen blieben auf ihren Plätzen. So konnten wir das Leck fürs Erste reparieren und weiterfahren.

Als das erste Sonnenlicht den Horizont erhellte, konnten wir um uns herum nur Wasser erkennen. Nirgends sah man ein anderes Schiff oder gar Land. Das Meer war immer noch sehr bewegt und die Wellen hoch. Wir hatten große Angst, dass unser Boot kentern könnte. Am Himmel über uns konnten wir gelegentlich hoch fliegende Flugzeuge erkennen.

Am Nachmittag hielt der Fahrer plötzlich an, stellte den Motor aus und sagte, dass er nun sein Ziel erreicht habe. Er warf sein Handy ins Wasser und setzte sich zwischen uns. Auf diese Weise schützte er sich davor, dass man ihn später als Schlepper anklagen würde. Das Schiff, das uns retten sollte, war wohl in der Nähe, wir konnten es aber nicht sehen.

Nun war auf dem Boot keine Rede mehr von Ruhe und Disziplin. Alle waren sehr aufgeregt und wollten zu diesem Schiff! Viele Menschen standen ruckartig auf und drängten auf eine Seite des Bootes. Das war sehr gefährlich, denn das Boot lag plötzlich schräg im Wasser.

Die Marine hatte drei Schnellboote zu Wasser gelassen, die nun zu uns kamen. Wir hatten große Angst, weil wir nicht wussten, ob es sich um Libyer handelte. Einige Menschen wollten sogar ins Wasser springen, obwohl einige nicht schwimmen konnten. Zu unserem Glück handelte es sich allerdings um die italienische Marine. Die Küstenwache tat ihr Bestes, um die Menschen zu beruhigen und erst einmal Schwimmwesten an alle zu verteilen. Aber die Sache war in der Hektik zu kompliziert: Viele Leute wussten nicht, wie sie die Westen richtig anlegen sollten. Mir ging es genauso. Wäre das Boot gekentert, wäre ich wahrscheinlich ertrunken.

Die Schnellboote der Küstenwache kamen längsseits zu unserem Boot und brachten nach und nach Menschen zum großen Schiff. Dadurch verringerte sich die Zahl der Menschen auf dem Fischerboot. Die Verbliebenen setzten sich nun in die Mitte und warteten, bis auch sie an der Reihe waren.

Wieder versuchten viele, sich vorzudrängen – ich zog es vor zu warten, bis es ruhiger wurde. So konnte ich sicher sein, nicht aus Versehen ins Wasser gestoßen zu werden. Ich kam dann als einer der Letzten an Bord des Schiffes. Dort wurden alle kontrolliert, ob sie Waffen oder andere verbotene Gegenstände bei sich trugen. Auf dem Schiff waren schon viele Menschen, die von anderen Booten gerettet worden waren. Ich versuchte, Eritreer unter ihnen zu finden, da ich viele Fragen hatte und wissen wollte, wohin wir gebracht wurden. Doch ich konnte keine finden.

Gegen Abend fuhr das Schiff dann los. Das Meer war mittlerweile stürmischer und stürmischer geworden, und wir waren alle heilfroh, nicht mehr auf unserem alten Holzboot zu sitzen.

Wir fuhren die ganze Nacht und den ganzen nächsten Tag durch. Dabei mussten wir draußen an Deck sitzen und durften nicht in das Innere des Schiffes. Es wurden dünne Rettungsdecken ausgeteilt, damit wir uns wenigstens ein bisschen wärmen konnten. Ich hatte immer noch nur meine kurze Hose und das Unterhemd an und fror. Die Rettungsdecke half nicht viel und war auch schnell zerrissen. Die Italiener verteilten kleine Essensrationen und etwas zu trinken. Auch hier wollte wieder jeder der Erste sein. Die Menschen standen auf und versuchten, sich ihre Ration zu sichern. Um sich die Menschen vom Hals zu halten, wurden die Italiener grob und schubsten und schlugen uns.

Nach einigen Tagen Fahrt kamen wir am frühen Morgen in Italien an. Ich war unendlich erleichtert, es nach Europa geschafft zu haben. Ich bedankte mich bei den Menschen auf dem Schiff, die uns vor dem Ertrinken gerettet hatten. Ohne sie hätten wir es nicht geschafft. Ich wünschte, es gäbe mehr Menschen wie sie auf dieser Welt und alle Flüchtenden, die nach mir aus Libyen aufbrachen, würden genauso gerettet wie ich. Leider sind unzählige Menschen im Mittelmeer ertrunken, nur weil sie die Freiheit suchten. Ich hoffe, sie haben alle einen guten Platz im Paradies gefunden.

So seltsam es für manche klingen mag – ich kann nicht sagen, an welchem Ort ich das italienische Festland betrat. Ich war vierzehn Jahre alt und konnte kein Italienisch. Nach der Überfahrt über das Mittelmeer befand ich mich in einem emotionalen Ausnahmezustand und war mit anderen Dingen beschäftigt, als mich nach unserem Aufenthaltsort zu erkundigen. Ich war erschöpft und konnte es kaum erwarten, wieder festen Boden unter meinen Füßen zu spüren.

Im Hafen mussten alle Menschen aussteigen, und Jungen wie ich wurden von den Erwachsenen getrennt. Zu fünft brachte man uns mit einem Auto weg. Wir fuhren in die Berge und kamen schließlich in einem kleinen Dorf mitten im Wald an. Dort gab es eine Unterkunft, in der schon andere Flüchtende in unserem Alter lebten.

Uns fünf wurde nun ein Zimmer zugeteilt, in dem schon Stockbetten standen. Es war kalt, und weil wir keine warme Kleidung hatten, froren wir. Die gebrauchte Kleidung, die man uns gab, wollte ich nicht anziehen. Wer wusste schon, ob sie gewaschen war? Wir wollten gern unsere Familien informieren, dass wir es nach Europa geschafft hatten, in Sicherheit waren und sie sich keine Sorgen mehr machen mussten, durften aber nicht telefonieren.

Weil wir uns an diesem Ort alles andere als wohlfühlten, liefen wir nach zwei Tagen einfach weg.

Wir wussten nicht, in welche Richtung wir gehen sollten, und sind einfach durch den Wald gelaufen. Nach den vielen Monaten, die wir in libyschen Gefängnissen verbracht hatten, waren wir das Laufen nicht mehr gewohnt, und es fiel uns schwer voranzukommen.

Die Nacht war sehr dunkel, wir hatten Angst – aber es war tröstlich, gemeinsam unterwegs zu sein. In der Ferne konnte man immer wieder das Meer sehen. Unser Ziel war es, eine große Stadt, vielleicht sogar Rom, zu erreichen. Von dort aus wollten wir versuchen, andere Länder zu erreichen, um dort eine Chance auf ein besseres Leben zu haben. Jeder hatte ein anderes Ziel. Eigentlich wäre ich damals gern nach England gegangen, hatte aber gehört, dass das nicht leicht war und dass viele Menschen in einem wilden Camp an der französischen Grenze feststeckten.

Ich hatte schon so viel Schlimmes erlebt und wollte einfach nur in Sicherheit ankommen, ohne weiter um mein Leben kämpfen zu müssen. Deswegen nahm ich mir vor, mich stattdessen bis nach Dänemark durchzuschlagen, weil ich viel Gutes über dieses Land gehört hatte.

Um zwei Uhr nachts waren wir so müde, dass wir uns zunächst auf der Terrasse eines Hauses schlafen legten. Dort war es sehr laut, weil eine viel befahrene Straße direkt daran vorbeiführte, aber wir hatten keine andere Wahl. Es war eisig kalt – wir froren und zitterten am ganzen Körper. Nach einer Stunde liefen wir schließlich weiter, um einen anderen Schlafplatz zu suchen. Wir kamen zu einer katholischen Kirche. Sie war zwar verschlossen, aber wir beschlossen, uns davor hinzusetzen, um hier auf den Sonnenaufgang zu warten.

Insgesamt waren wir drei Tage unterwegs. Wir schliefen draußen und konnten uns nicht waschen. Zum Glück gaben uns Italiener, die Mitleid mit uns hatten, ein paar Münzen, mit denen wir uns etwas zu essen kaufen konnten. Das Essen reichte nie für uns alle – aber zum Glück trafen wir immer wieder Menschen, die sich für uns interessierten und uns Geld oder Lebensmittel schenkten.

Am dritten Tag wurden wir schließlich entdeckt und aufgehalten. Eine Gruppe von Italienern, die uns gegenüber behaupteten, dass sie freiwillige Helfer wären, erkannten uns als Flüchtende, da wir keine ordentliche Kleidung anhatten und somit schon von Weitem auffielen.

Sie fingen sogleich an zu telefonieren. Nach einer Weile fanden sie heraus, woher wir gekommen waren. Daraufhin steckten sie uns ohne Umschweife in ein Auto und brachten uns zurück in unsere Unterkunft. Die Fahrt bis dahin dauerte geschlagene acht Stunden.

Die Betreuer in der Unterkunft hatten uns bis zum Zeitpunkt unserer unfreiwilligen Rückkehr noch nicht einmal gesucht. Als sie uns fragten, warum wir weggelaufen waren, erklärten wir in unserem gebrochenen Englisch, dass wir nicht an einem so abgelegenen Ort bleiben wollten, an dem es äußerst ungewiss war, ob wir eine gute Schulausbildung bekommen würden.

Wir erklärten, dass wir eine große Stadt erreichen wollten, da wir es nicht einfach akzeptierten, nur herumzusitzen und die Zeit totzuschlagen. Doch niemand interessierte sich für unsere Wünsche.

Am Abend wurde uns mitgeteilt, dass am nächsten oder übernächsten Tag unsere Fingerabdrücke genommen werden sollten. Dies waren alarmierende Nachrichten für uns: Denn dies hätte uns zwar ermöglicht, uns frei in Italien zu bewegen, aber es hätte mit sich gebracht, dass wir auf unabsehbare Zeit an diesem Ort hätten bleiben müssen, an dem es keinerlei Unterstützung oder Zugang zu einer Schule gab. Wir aber wollten in andere europäische Länder weiterreisen. Unsere Gedanken kreisten nur darum, wie wir die Abnahme der Fingerabdrücke verhindern konnten – es war kein schöner Abend für uns. Aus Protest gingen wir ohne Abendessen ins Bett.

In dieser Nacht schlief ich schlecht. Ich wurde immer wieder wach und kam ins Grübeln. Ich hatte doch diese ganze entbehrungsreiche Flucht auf mich genommen, um ein besseres Leben führen zu können. Und so fassten wir am Morgen danach den festen Entschluss, erneut Reißaus zu nehmen. Während die Betreuer mit uns Fußball spielten, erfanden wir einen Vorwand, um den Weg auszukundschaften, den wir am vorherigen Tag genommen hatten.

Am Abend, nachdem alle schlafen gegangen waren, kletterten wir schließlich heimlich aus dem Fenster und liefen weg. Die Straße war auf beiden Seiten von dichtem Wald gesäumt, und es war stockdunkel. Vor uns konnten wir die Lichter der Schiffe auf dem Meer erkennen. Es kamen immer wieder Autos mit hoher Geschwindigkeit vorbei, und weil wir nicht wussten, auf welcher Seite der Straße wir am besten laufen sollten, hatten wir Angst, überfahren zu werden.

Auch der dunkle Wald sah sehr bedrohlich für uns aus, und aufgrund unserer Unkenntnis über Europa wussten wir nicht, ob es dort gefährliche Tiere gab. Als wir den Wald endlich hinter uns gelassen hatten, fingen wir an, wie wild zu rennen. Nach einer halben Stunde erreichten wir endlich den Ort, an dem wir zwei Tage zuvor ein Handy gekauft hatten.

Wir versuchten, den Bahnhof zu finden, und bekamen die Auskunft, dass in drei Minuten ein Zug kommen würde. Obwohl wir keine Ahnung hatten, wohin uns dieser Zug bringen würde, waren wir fest entschlossen einzusteigen, einfach um von hier wegzukommen.

Als der Zug einfuhr, offenbarte sich ein weiteres Problem. Da wir uns in Europa ganz und gar nicht auskannten, wussten wir schlichtweg nicht, wie sich die Türen des Zuges öffnen ließen. So warteten wir, bis ein anderer Passagier eine Tür öffnete. Doch als dieser merkte, dass wir auch einsteigen wollten, versuchte er, uns wegzustoßen. Da wir uns in keinster Weise auffällig verhalten hatten, musste es sich bei dieser Reaktion wohl um puren Rassismus gehandelt haben. Zum Glück gelang es ihm nicht, uns aufzuhalten – wir waren fest entschlossen einzusteigen und drängten uns an ihm vorbei.

Der Zug fuhr die ganze Nacht hindurch. Zum Glück gab es keine Kontrolle. Gegen sieben Uhr morgens kamen wir an der Endstation an – wir waren in Bari gelandet, der Hauptstadt der süditalienischen Region Apulien.

Bari war an diesem Tag kalt und regnerisch. Wir liefen den ganzen Tag lang durch die Stadt, ohne zu wissen, wo wir

Zuflucht finden sollten. Irgendwann begegneten wir dann durch Zufall anderen Eritreern, die uns zu einer Sozialstation brachten, wo es etwas zu essen gab.

Wir waren erschöpft, aber irrsinnig erleichtert. Während des Essens kam ein Priester auf mich zu und fragte mich auf Italienisch nach meinem Namen und meinem Alter. Ich verstand ihn natürlich nicht, und so übersetzten andere seine Worte.

Er erklärte mir, dass er einen sicheren Platz für mich suchen würde. Dies wolle er tun, weil ich ja erst fünfzehn Jahre alt war. Aber ich wollte ja nicht in Italien bleiben und sagte dem Priester das auch. Trotzdem rief dieser die Polizei – offenbar um zu verhindern, dass ich von Italien aus weiterreisen konnte.

Bevor mich irgendjemand mitnehmen konnte, war ich auf und davon. Die folgenden zwei Tage lebte ich allein auf der Straße. Nachts lief ich aus Angst meist nur herum und wartete auf den Sonnenaufgang. Die Nachtstunden waren die schlimmsten für mich, da in dieser Zeit all die furchtbaren Erinnerungen aus Libyen zurückkamen und ich mich nicht ablenken konnte. Ich versuchte zwar, mich zum Schlafen in eine Ecke zu setzen, um nicht ständig nachdenken zu müssen, konnte aber nicht einschlafen. In meinem Kopf rasten die Gedanken. Zudem heulte der Wind durch die Gassen, und es regnete. Ich fror am ganzen Körper.

Nach zwei Tagen fasste ich mich wieder. Ich wusste, dass ich irgendwie nach Rom gelangen musste. Ich schlug mich zum Busbahnhof durch und versuchte, Leute kennenzulernen, die wie ich nach Rom wollten.

Durch Glück fand ich einen Mann, der mir half. Er war so wie ich auf der Flucht. Ich denke, dass er aus Gambia kam. Wir verständigten uns mit Händen und Füßen. Er gab mir sein

Ticket, ich stieg in den Bus, ging in die hinterste Reihe und ließ das Ticket unbemerkt aus dem Fenster gleiten. Er hob das Blatt Papier auf und stieg mit derselben Fahrkarte erneut ein. Niemand bemerkte den Schwindel. Wir saßen die ganze Fahrt bis Rom nebeneinander. Ohne seine Hilfe hätte ich es nicht bis dorthin geschafft.

In Rom angekommen, hatte ich keine Ahnung, wohin ich gehen sollte. Ich lief einfach durch die Straßen und fragte Menschen um Hilfe. Doch niemand konnte oder wollte mir weiterhelfen. Erst nach zwei Stunden stieß ich auf einen Eritreer, der mich zu einer Essensausgabe brachte, die von freiwilligen Flüchtlingshelfern einer Ordensgemeinschaft betrieben wurde.

Rom ist eine der beindruckendsten Städte der Welt. Aber ich hatte bei meiner Ankunft keine Augen für die Schönheit der Stadt. Wie ein gehetztes Tier lief ich durch die Straßen, in ständiger Angst, von der Polizei angehalten und nach meinen Papieren gefragt zu werden.

In der Essensausgabe bekam ich etwas zu essen und blieb eine Nacht. Viele Eritreer, die in Italien lebten und den Neuankömmlingen helfen wollten, suchten diesen Ort auf. Ich hatte Glück und traf einen Mann, der aus derselben Region kam wie ich. Er lebte schon lange in Italien und war bereit, mir zu helfen. Er nahm mich mit zu sich nach Hause, wo ich erst mal zur Ruhe kommen konnte. Ich konnte mich waschen und frische und wärmere Kleidung anziehen. Ihm vertraute ich an, dass mein eigentliches Ziel Dänemark sei, ich aber kein Geld hatte, um dort hinzukommen. Daraufhin verschaffte er mir das nötige Zugticket. Ich war ihm unendlich dankbar.

Um acht Uhr abends fuhr mein Zug Richtung Österreich. Im Zug stieß ich auf eine Gruppe von Eritreern, die auch ihr

Glück in einem anderen Land versuchen wollten. Ich gesellte mich zu ihnen, weil ich nicht allein sein wollte. Von meinen neuen Bekannten erfuhr ich, dass sie schon mehrmals versucht hatten, nach Deutschland zu kommen, aber immer an der Grenze aufgehalten und zurückgeschickt worden seien und dadurch viel Geld verloren hätten.

Man wird dann, so erzählten sie, einfach nach Rom zurückgebracht und auf der Straße allein gelassen. Niemand kümmere sich um die Zurückgeschobenen, und so lebten diese Menschen einfach auf der Straße. Das sei der Grund, so erläuterten sie weiter, dass viele Flüchtende nicht in Italien bleiben wollten, sondern in andere Länder weiterreisten.

Nachdem ich ihre Erzählungen gehört hatte, hatte ich große Angst, dass mir ihr Schicksal auch widerfahren würde. Warum machte Italien das, fragte ich mich. Die Menschen haben viel auf sich genommen, um in Europa eine bessere Zukunft zu haben. Menschen, die auf der Straße leben müssen, werden häufiger krank und sterben früher. Dafür hätten sie nicht aus ihren Ländern fliehen müssen.

Der Zug fuhr die ganze Nacht durch und erreichte um sieben Uhr morgens die österreichische Grenze. Dort mussten wir aussteigen und einen anderen Zug nehmen, der nach Deutschland weiterfuhr. Als wir in diesen Zug einstiegen, beobachtete uns allerdings jemand, der uns ganz offensichtlich feindselig gesinnt war – er meldete uns telefonisch bei der österreichischen Polizei, die kurz danach tatsächlich aufkreuzte und uns zwang, den Zug zu verlassen. Obwohl wir uns zur Wehr setzten, brachten uns die Polizisten unter dem Vorwand, uns auf Waffen und andere illegale Dinge kontrollieren zu wollen, mit einem Auto zur nächsten Polizeistation und hielten uns dort fest. Nach einer halben Stunde sagten uns die Polizisten, dass wir verschwinden sollten.

Mit einiger Mühe fanden wir zurück zum Bahnhof. Obwohl unsere Fahrkarten nun ungültig waren, stiegen wir in den nächsten Zug Richtung München. Die meisten von uns wurden bei der Fahrkartenkontrolle entdeckt und aus dem Zug geworfen. Doch ich hatte Glück, weil ich noch so klein war und mich deshalb unter einem Tisch verstecken konnte. Die Menschen um mich herum waren nett und versteckten mich bei jeder Kontrolle unter ihren Rucksäcken. So blieb ich unentdeckt. Ohne ihre Hilfe hätte ich es nicht geschafft, München zu erreichen.

ANKUNFT IN MÜNCHEN

Die Zugfahrt von der italienisch-österreichischen Grenze bis nach München war lang und mühsam. Mittlerweile waren die Leute, die mich unter ihren Rucksäcken versteckt hatten, ausgestiegen, und andere, wesentlich unfreundlichere Menschen stiegen ein.

Der Tisch, unter dem ich kauern musste, war klein, und darunter war sehr wenig Platz. Ich kniete stundenlang völlig zusammengekauert da und konnte mich kaum bewegen. Meine Arme und Beine schmerzten, und so versuchte ich immer wieder, mich ein wenig zu strecken, um Erleichterung zu erlangen. Viel Spielraum hatte ich nicht – bei jeder Bewegung stieß ich an die Unterkante des Tisches.

Hin und wieder vergaß einer der Fahrgäste, unter deren Tisch ich saß, dass ich da war, und streckte seine Füße versehentlich aus. So bekam ich immer wieder einen Tritt in die Seite. Plötzlich hatte ich wieder die vielen schrecklichen Bilder meiner Flucht vor Augen. In wie vielen Lastwagen hatte ich mich schon eng gedrängt verstecken müssen? Mit einem Mal waren alle Erinnerungen, die ich eigentlich tief in mir hatte begraben wollen, wieder da. »Was ist das für ein Leben?«, fragte ich mich, als ich während der Zugfahrt auf diese demütigende Weise zusammengekauert unter einem Tischchen lag. Meine Fahrt von Österreich nach Deutschland hatte ich mir ganz anders vorgestellt. Während meiner Flucht durch die Wüste war ich der Überzeugung gewesen, dass ich – einmal in Europa angekommen – keine Angst mehr vor Gewalt und Repression haben müsse. Doch auch hier, mitten in Europa, musste ich mich wie ein Verbrecher verstecken, um nicht von der Polizei entdeckt zu werden.

Trotz der unwürdigen und erniedrigenden Umstände ertrug ich alles mit Geduld und größtmöglicher Ruhe. In dem Abteil, in dem ich war, wären noch reichlich Plätze frei gewesen, auf die ich mich nur zu gern gesetzt hätte. Aber die Angst, entdeckt zu werden, war größer als meine Schmerzen.

Es war der 1. November des Jahres 2014.

Nun war ich fast ein Jahr lang unterwegs. Europa im Herbst kam mir unglaublich kalt vor. Was sollte ich nun tun? Ich versuchte, mich zu beruhigen, und sagte im Stillen zu mir: »Ich habe auf meiner Flucht schon wesentlich Schlimmeres erlebt, also werde ich diesen Streckenabschnitt auch noch schaffen.« So oder so hatte ich keine andere Wahl, denn Umkehren war für mich keine Option.

Während meiner Flucht durch Afrika hatte ich Europa immer für einen Ort gehalten, an dem mich Schutz, Freiheit und eine bessere Zukunft erwarteten. Ich dachte, dass alles gut sein würde, wäre ich erst mal dort. Ich kann bezeugen, dass viele Menschen, die auf der Flucht sind, so denken.

Ich hatte die Hölle überstanden und wollte nur frei sein. Doch nun, da ich hier war, musste ich feststellen, dass ich auch hier gehasst und von der Polizei wie ein Verbrecher behandelt wurde. Wirkliche Freiheit bedeutet für mich, mit meiner geliebten Familie glücklich zusammenzuleben.

Ich hatte nicht erwartet, dass Menschen, die in Italien neu ankommen und in verschiedene Länder Europas weiterreisen wollen, von der Polizei drangsaliert und eingesperrt werden. Man zwingt sie, ihre Fingerabdrücke abzugeben, um sie nach der sogenannten »Dublin-Regel« irgendwohin abschieben zu können, auch wenn sie eigentlich weiterreisen wollen. Nicht selten kommt es bis heute vor, dass sie geschlagen und mit Waffen und Elektroschockern bedroht werden. Und gerade in Italien passiert es oft, dass Flüchtende obdachlos auf der Straße leben müssen.

Wir sollten uns immer vor Augen führen: Niemand verlässt seine Heimat und riskiert sein Leben einfach zum Spaß. Alle Menschen, die fliehen, haben gute Gründe dafür. Sie suchen Freiheit und Frieden.

Mittlerweile war ich auf meiner langen Odyssee durch viele Länder gekommen. Wo, so fragte ich mich, würde ich endlich zur Ruhe kommen? Bis jetzt blieben meine Ziele unerfüllt. Auf der langwierigen und kräfteraubenden Zugfahrt von Österreich nach Deutschland schmolz meine Hoffnung ein weiteres Mal dahin.

Zusammengekauert unter dem Tisch, hatte ich noch keine Ahnung davon, dass ich in Deutschland tatsächlich in der Lage sein würde, ein neues Leben zu beginnen. Ich hatte große Angst und malte mir die schrecklichsten Dinge aus.

In diesem Moment überlegte ich mir, ob es nicht besser wäre zu sterben. Ich hatte genug von Verfolgung und Qual. Ich fühlte mich dermaßen überstrapaziert und am Ende meiner Kräfte, dass mich nun sogar diese vergleichsweise harmlose Situation, die mit den Qualen in Libyen nicht zu vergleichen war, vollkommen aus der Bahn warf.

Warum also nicht meinen zu Tode gekommenen Freunden, Bekannten nachfolgen, dachte ich. Warum nicht wieder bei meiner auf der Flucht verstorbenen Schwester sein. Meiner Schwester, die als Kind immer an meiner Seite gewesen war.

Ich betete dafür, dass Gott sie in seine Obhut genommen hatte. Wenn ich nun sterben würde, dann könnte auch ich endlich wie sie meinen Frieden finden.

Frei bin ich nur, wenn ich sterbe, dachte ich. Überall, wo ich war, auch hier, habe ich gelitten und dabei Hass und Gewalt erlebt. Dabei wollte ich doch immer nur frei sein. Aber egal, wo ich war, wurde ich als Verbrecher angesehen und wegen meiner Hautfarbe überall aufgehalten. Das machte mich traurig, hoffnungs- und sprachlos.

Nach den vielen Stunden Fahrt verließ mich der Mut. Mir tat jeder einzelne Knochen weh. Mit großer Mühe versuchte ich, an das kleine Handy heranzukommen, das in meiner Hosentasche steckte, um abschätzen zu können, wie viel Zeit vergangen war und wann wir in München ankommen würden.

Aber so eng, wie es unter dem Tisch war, gelang es mir nicht, an das Handy zu gelangen. Da verzweifelte ich endgültig, und ich verlor meine Nerven. Nun war mir alles egal. Ich hielt es einfach unter dem Tisch nicht mehr aus und krabbelte hervor. Dass ich mir dabei an der Tischkante eine gewaltige Beule am Kopf holte, merkte ich kaum. Voller Verzweiflung lief ich durch das Abteil. Wenn meine Mutter mich nun so sehen würde, es kämen ihr sicherlich die Tränen, dachte ich. Zu Hause war sie immer für mich da gewesen, wenn ich verwundet gewesen, hingefallen oder von anderen Kindern geschlagen worden war. »Komm, mein Sohn, weine nicht. Der Schmerz geht vorbei«, hatte sie dann immer zu mir gesagt.

Ich merkte, dass die Menschen im Zug begannen, über mich zu reden, aber ich verstand ihre Worte nicht. Schließlich fiel mein Blick auf den Bildschirm an der Wand: Noch zehn Minuten bis München Hauptbahnhof! Die Unruhe im Abteil wurde größer, die Fahrgäste begannen, ihre Gepäckstücke aus der Ablage zu holen und sich auf das Aussteigen vorzubereiten. Nur ich stand orientierungslos mittendrin. Ich versuchte, mich auf die Durchsage zu konzentrieren, aber da sie nur auf Deutsch durchgegeben wurde, verstand ich sie nicht.

Der Zug hielt am Münchner Hauptbahnhof. Nach und nach stiegen alle Passagiere aus. Nur ich hatte keine Ahnung, was ich machen sollte. So blieb ich einfach sitzen, bis der Zug völlig leer war. Es war kein Geräusch mehr zu hören. Durch das Fenster beobachtete ich die Menschen, die draußen auf dem Bahnsteig das Gleis verließen.

Viele hatten sehr wohl registriert, dass ich nicht ausgestiegen war – doch niemand kam auf die Idee, zu mir zu kommen und nach dem Grund zu fragen. Ich spürte die unfreundlichen Blicke der Vorbeigehenden wie Nadeln auf meiner Haut. Wie konnten sie nur über mich reden, ohne sich wirklich für mich zu interessieren? Was hatte ich ihnen getan? Immer mehr erhärtete sich der Eindruck, dass ihr Verhalten an meiner Hautfarbe lag und an der Tatsache, dass sie in mir einen rechtlosen Flüchtenden erkannten.

Im Stillen dachte ich: »Ich bin genau wie ihr ein Mensch. Nur weil meine Hautfarbe anders ist, gibt es doch keinen Unterschied zwischen uns. Ich bin und bleibe Afrikaner. Niemand außer Gott kann das ändern.«

Nun war ich also mitten in Europa. Aber auch hier schien es viele Menschen zu geben, die andere verachteten, ohne sie zu kennen, und die scheinbar nie gelernt hatten, mit anders aussehenden Menschen umzugehen.

In meinem Trotz sagte ich mir: »Ich habe nun mal eine dunklere Hautfarbe! Selbst wenn ihr den ganzen Tag beten würdet, bekämt ihr nicht meine Farbe. Wenn ihr so zufrieden seid mit eurem Aussehen, warum in aller Welt legt ihr euch dann stundenlang in die Sonne, um braun zu werden? Ihr könnt euren Körper nicht ändern. Die Farbe der Haut hat Gott euch gegeben, doch gleichzeitig haben wir die gleichen Augen und das gleiche Blut. Ich möchte nicht, dass mein Herz hart wird wie eures. Ich möchte danach streben, allen Menschen zu helfen, egal, ob sie schwarz oder weiß sind.«

So saß ich in dem leeren Zugabteil am Münchner Hauptbahnhof und begann unwillkürlich zu beten: »Gott, bitte hilf mir, immer ein guter Mensch zu sein.«

Ohne irgendeinen Anhaltspunkt dafür zu haben, dachte ich, dass der Zug bestimmt Richtung Norden weiterfahren würde. Da ich ja nach Dänemark reisen wollte, beschloss ich, einfach sitzen zu bleiben und zu warten. Was für ein naiver Gedanke. Denn statt dass der Zug weiterfuhr, betrat nach einer Weile ein Putzmann das Abteil. Er sah mich sofort, kam auf mich zu und sprach mich auf Englisch an. »Wohin willst du?«

Ich erklärte ihm, dass ich weiter nach Dänemark reisen wolle. Der Mann kam wie ich aus Afrika und hatte sofort verstanden, dass ich neu hier war und Hilfe brauchte. So erklärte er mir, dass der Zug gereinigt und dann zu Reparaturarbeiten in eine Wartungshalle gebracht werden würde. Er riet mir, in München auszusteigen.

Wie verrückt ist das denn, dachte ich. Niemand von den anderen Passagieren vorher hat mit mir gesprochen – stattdessen ist der Erste, mit dem ich hier in Deutschland spreche, ein afrikanischer Migrant, so wie ich.

Er war freundlich. Für ihn war es offenbar selbstverständlich, mir zu helfen. Als Afrikaner verstand er augenscheinlich, wie es mir gerade ging, im Gegensatz zu den vielen Deutschen, die in diesem Zug gereist waren. Er erklärte, dass auch er durch Flucht nach Deutschland gekommen sei. Ich wollte noch mehr von ihm erfahren und fragte: »Wie ist es für dich, hier in Deutschland zu leben?«

»Es ist nicht leicht«, antwortete er, »nicht selten passiert es, dass ich in der U-Bahn angepöbelt werde. Manchmal setze ich mich dann einfach woanders hin. Wenn ich versuche, jemanden anzuzeigen, glaubt mir die Polizei nicht. Sie glauben mir nie. Aber wenn Deutsche mich anzeigen, glauben sie ihnen sofort. Deshalb gehe ich lieber einfach weg, wenn ein Konflikt droht. In Afrika würde man mich dafür auslachen. Ich habe mir angewöhnt, diese Ungerechtigkeiten herunterzuschlucken, um hier leben und arbeiten zu können.« Er habe nie die Möglichkeit gehabt, hier zur Schule zu gehen, und auch sonst von niemandem Hilfe bekommen, erzählte er weiter. Deshalb habe er die Stelle als Putzmann angenommen. »Ich verdiene nicht viel Geld und muss eine hohe Miete bezahlen«, fuhr er fort.

Ich wollte noch viel mehr über sein Leben erfahren, doch er wollte nicht weitererzählen. Ich merkte, dass ihn das Thema sehr belastete. Zum Schluss gab er mir noch eine Reihe wichtiger Informationen über München und was ich hier nun als Erstes tun solle. Gemeinsam verließen wir schließlich den Zug.

»Ich muss weiterarbeiten«, sagte er. »Wenn ich beim Nichtstun erwischt werde, werde ich bestraft. Viel Erfolg auf deinem Weg! Bro, ich drücke dir die Daumen, dass du es schaffst!« Bro! Also Brother – alle Afrikaner nennen sich so, auch wenn sie sich nicht kennen, einfach aus Respekt. So ließ er mich allein auf dem Gleis zurück. Nun musste ich selbst sehen, wie ich weiterkam.

Ich durchlebte an diesem Tag eine Vielzahl an Gefühlen. Ich war unglaublich erleichtert und froh, zwei weitere Grenzen überwunden zu haben und nun in Deutschland angekommen zu sein. Zu dem Gefühl der Erleichterung gesellte sich aber auch ein Gefühl der Beklommenheit und Verunsicherung. Ich hatte keine Ahnung, wie meine Zukunft aussehen würde, und ich war ja noch so jung!

Ich ging in die Halle und setzte mich auf eine Bank. Neben mir saßen zwei Deutsche, die sofort ihre Taschen näher zu sich zogen, als ich mich niederließ. Wo war ich hier bloß gelandet? Dachten hier alle, dass ich kriminell sei? Ich hatte doch den weiten und gefährlichen Weg hierher nicht auf mich genommen, um die Menschen hier in München zu bestehlen! Mein Ziel war doch nur, in Frieden und Freiheit leben zu können! Warum um alles in der Welt reagierten die Menschen hier so abweisend und feindselig? Wussten sie denn nicht, dass das Herz erkaltet, wenn man immer nur das Schlechteste von anderen denkt?

Ich wusste nicht, wohin. Wie sollte es mir ohne Deutschkenntnisse gelingen, mich in München durchzuschlagen? Mittlerweile war der Abend fortgeschritten, ich war hungrig, es war kalt, ich hatte nichts Warmes an, und das Geld für eine Weiterfahrt fehlte mir auch.

Ich beschloss, am Hauptbahnhof nach Hilfe und am besten nach jemandem aus Eritrea zu suchen. Also lief ich im Bahnhof auf und ab und suchte nach Menschen, die vertraut aussahen. Schließlich traf ich tatsächlich auf einen Jungen aus Eritrea. Ich sprach ihn ohne Umschweife an: »Entschuldige bitte, ich bin hier gerade neu angekommen. Wie komme ich weiter nach Dänemark?«

»Hier am Hauptbahnhof gibt es viele Schlepper. Wende dich an sie«, erwiderte er, drehte sich um und verschwand.

Die Erfahrungen, die ich seit meiner Ankunft in München machen musste, hatten mich gehörig abgeschreckt. Innerhalb von so kurzer Zeit hatte ich so viel Abneigung zu spüren bekommen, dass ich nicht noch einmal weiße Menschen ansprechen und um Hilfe bitten wollte. Sie schienen mich ohne Grund zu hassen – in meinem Trotz sagte ich mir, dass ich auch gar nicht von ihnen gemocht werden wollte.

Aber mein nächster Gedanke war, wie es mir dann wohl gelingen würde, hier zu leben, in ihrer ständigen Gegenwart? Eines war klar: Ich wollte auf keinen Fall so werden wie sie, voller Hass und Abneigung gegen alle Menschen, die sie nicht kannten. Obwohl ich mich in einer solch feindseligen Umgebung wiederfand, fühlte ich mich in den Werten bestärkt, die mir meine Eltern mit auf den Weg gegeben hatten.

So sagte ich mir aufs Neue: »Gott hat mich so, wie ich bin, auf diese Welt gebracht und nicht anders.« Und schließlich konnte ich mir ja sicher sein, dass ich viele Menschen hatte, die mich mochten und die nicht aufhören würden, mich zu unterstützen. In diesen Stunden, in denen ich am Münchner Hauptbahnhof umherirrte, dachte ich intensiv an all diejenigen, die ich liebte: an meine Familie, meine Freunde und an meinen geliebten Gott.

Ich lief weiter durch die Menschenmenge. Die Menschen um mich herum hatten es allesamt sehr eilig und hetzten an mir vorbei. Es machte mir Angst zuzusehen, wie sie durch den Bahnhof hasteten und dabei mit den Füßen auf den Boden stampften. Mir schien, dass keiner hier Rücksicht auf seine Mitmenschen nahm, geschweige denn, dass jemand sich entschuldigte, wenn er oder sie einen anderen Menschen anrempelte.

Da sah ich eine Gruppe Jungs, die aufgrund ihrer lockigen Haare und der Art ihrer Kleidung wie Eritreer aussahen. Obwohl ich mir nicht sicher war, ob ich tatsächlich richtiglag, ging ich auf sie zu und begrüßte sie in einer Mischung aus Tigrinya und Englisch: »Kamey selam du![38] Wohnt ihr hier in Munich?«

»Ja, wir wohnen hier«, gaben sie zur Antwort.

»Ich bin neu hier. Könnt ihr mir helfen?«, erwiderte ich erleichtert.

Wir kamen ins Gespräch, und ich erzählte, dass ich weiter nach Dänemark reisen wolle. Sie berieten sich, guckten auf ihre Smartphones und erklärten mir dann, dass das Ticket dorthin 350 Euro kosten würde. Ich erschrak: »Das ist sehr viel Geld! Das kann ich mir nicht leisten. Ist das etwa für einen Flug, Jungs?«

Ich konnte nicht glauben, dass das Ticket so viel kosten würde. Ich ahnte bereits, was hier vor sich ging, und fragte ohne weitere Umschweife: »Arbeitet ihr hier als Schlepper?«

Die Jungs bejahten die Frage genauso unverblümt, wie ich sie gestellt hatte. Dann erklärten sie: »Wir kaufen dein Ticket mit unserem Pass, und das musst du bezahlen. Gib uns einfach die 350 Euro und warte hier auf uns. Wir bringen dir dann das Ticket.« Als ich zögerte, setzten sie unwirsch nach: »Zahlst du jetzt oder nicht?«

Ich traute ihnen nicht, und so erklärte ich: »Wenn ich euch das Geld gebe, möchte ich nicht hier warten, sondern mit euch mitkommen.«

Einer der Jungs wurde laut. »Nein, das geht nicht! Du musst hier warten.«

Ich hielt meine Bedingung aufrecht und sagte: »Ich kenne

euch doch nicht. Was mache ich, wenn ihr mein Geld nehmt und nicht wieder zurückkommt?«

»Glaub uns einfach. Wir kommen wieder zurück. Wenn wir dich mitnehmen, werden wir vielleicht von der Polizei angehalten.«

Ich blieb hartnäckig. »Der Einzige, dem ich hier glaube, ist Gott.«

Nun versuchten sie, mir Angst zu machen und mich unter Druck zu setzen. »Wir können dir helfen, nach Dänemark zu kommen. Wenn du weiter wartest, wird dich aber die deutsche Polizei hier erwischen. Sie nehmen dich dann fest, und du musst deine Fingerabdrücke abgeben. Dann ist alles vorbei, und du kannst nicht mehr weiter nach Dänemark reisen, sondern musst hier in Deutschland bleiben. Wenn du die Abgabe der Fingerabdrücke verweigerst, werden sie dich schlagen. Sei klug und glaub uns!«

Aber ich wollte ihnen keinen Glauben schenken. Als Neuankömmling war meine Naivität und Gutgläubigkeit noch ungebrochen. Hier gibt es doch Freiheit, dachte ich. Warum sollten denn Menschen von der deutschen Polizei geschlagen werden? Und warum sollte es gerade mich treffen, wenn ich doch überhaupt nichts Schlimmes getan habe?

Ich blieb also bei meiner Meinung und erklärte unerschrocken: »Ich werde euch mein Geld nicht geben!«

Die Jungs ließen es dabei bewenden und verloren ihr Interesse an mir. Ich fragte mich, ob denn viele Menschen, die neu nach Deutschland kamen, auf solche oder ähnliche Weise um ihr Geld betrogen wurden.

Wieder war ein Versuch gescheitert, Menschen zu finden, denen ich mich hätte anvertrauen können. Weiter lief ich ziellos allein durch den Bahnhof auf der Suche nach Hilfe. Ich war todmüde und kaputt. Gern hätte ich mich irgendwo schlafen gelegt, doch ich wagte es nicht, mich auf dem Boden auszustrecken. Plötzlich stand ein Polizist vor mir. Er schien sofort erkannt zu haben, dass ich ein Neuankömmling war, und fragte mich auf Englisch nach meinem Pass.

»I don't have a passport, sorry. I'm new here in Germany«, erwiderte ich.

Er fragte weiter, wie ich hierhergekommen sei. Gutgläubig erzählte ich ihm wahrheitsgetreu, dass ich mit dem Zug von Italien nach München gefahren war. Der Beamte fragte mich nun nach Waffen oder anderen gefährlichen Gegenständen.

Ich erschrak. Was dachte der Mann von mir? Ging er etwa davon aus, dass ich ein Verbrecher war? Er schien meine Reaktion zu bemerken und wollte mich beruhigen. »I'm sorry, I don't believe that you are a criminal, but we have to check!«

Auf seine Frage, wohin ich denn gehen wolle, erwiderte ich, wiederum der Wahrheit entsprechend, dass ich vorhatte, nach Dänemark zu reisen. Wie naiv, zu glauben, dass der Polizist mir dabei helfen würde. Ohne ein weiteres Wort gab er mir zu verstehen, dass ich mitkommen solle.

»Where are we going ?«, fragte ich ihn.

»To the police station«, war die knappe Antwort.

In der Wache gingen viele Polizisten ein und aus. Sie redeten viel, doch ich verstand kein Wort. Die fremde Sprache bereitete mir Kopfschmerzen und verwirrte mich. Plötzlich hatte ich große Angst vor dem, was nun kommen würde.

Abermals fragten mich die Polizisten nach meinem Pass und durchsuchten mich anschließend. Sie kontrollierten auf akribische Weise alles, was ich an mir trug, fanden aber nichts. Tatsächlich hatte ich ja niemals in meinem Leben einen Pass besessen – alles, was ich jemals besessen und was die entfernte Ähnlichkeit mit einem Pass gehabt hatte, war der Schülerausweis gewesen, der in Libyen verbrannt worden war.

All das versuchte ich den Polizisten in gebrochenem Englisch zu erklären. Nachdem die Befragung zu Ende war, forderten sie mich auf, meine Fingerabdrücke abzugeben. Also hatten die eritreischen Jungs vom Bahnhof tatsächlich recht gehabt. Ich weigerte mich, dem Befehl Folge zu leisten. Der Polizist ergriff meine Hand. Erschrocken zog ich sie wieder zurück. »Ich will das nicht!«, schrie ich und gab ihm zu verstehen, dass er mich in Ruhe lassen solle.

Ich verschränkte meine Arme vor dem Körper und steckte meine Hände fest in meine Taschen. Aber der Polizist ließ nicht von mir ab und versuchte weiterhin, sie hervorzuziehen. Ich schloss die Fäuste und klammerte mich an den Stoff. Es kam zu einem regelrechten Gerangel, und der Polizist hob mich mit meinem ganzen Körper in die Höhe. Plötzlich ließ er mich los und holte seinen Schlagstock aus der Halterung. »Wenn du uns deine Fingerabdrücke nicht gibst, schlage ich dich!«, brüllte er.

»Mach doch, was du willst, aber meine Hände bekommst du nicht!«

Weil die Auseinandersetzung kein Ende nahm, kamen drei weitere Polizisten hinzu. Jetzt werden sie mich fertigmachen, dachte ich. Sie fackelten nicht lange herum. Während ein Polizist mich festhielt, zog mir der andere mit Gewalt meine Hände aus den Taschen. Ohne dass ich noch die geringste Chance hatte, mich zu wehren, drückten sie meine Finger auf den Bildschirm.

Ich schrie laut, aber niemand half mir. Wie hätte es anders sein können – hier waren ja nur Polizisten. Plötzlich hatte ich wieder die fürchterlichen Bilder meiner Flucht vor Augen. Blitz-artig und ohne dass ich meine Gedanken hätte steuern können, wurde ich innerlich zu all den schrecklichen Geschehnissen zurückversetzt, die ich in Libyen hatte durchmachen müssen.

Angst und Panik überkamen mich. Würde ich nun hier in Europa so behandelt werden wie von den libyschen Kriminel-len? Ich konnte es nicht fassen. Nun hatten sie ihr Ziel erreicht, und meine Fingerabdrücke waren registriert. Ich wand mich aus ihrer Umklammerung. Tränen flossen über meine Wan-gen. Ich fühlte mich, als wäre ich in einen Abgrund gestürzt. Ich war zwar nun in Europa und somit in Sicherheit – doch die Gewalt auf der Polizeistation traumatisierte mich von Neuem. Die Polizisten waren von meinem Zustand vollkommen un-beeindruckt. Ihnen schien jegliche Empathie zu fehlen. Ohne auch nur im Geringsten auf mich einzugehen, fragten sie mich nun noch nach meinem Alter. Dann drückten sie mir zu mei-nem Erstaunen einen Stadtplan in die Hand und erklärten mir, dass ich in eine Flüchtlingsunterkunft gehen solle, die sie mir auf der Karte zeigten. Ich hatte in meinem Leben noch nie so einen Plan in der Hand gehabt und wusste nicht, wie man ihn benutzte und wie ich die Unterkunft jemals finden sollte.

Dann setzten mich die Polizisten einfach vor die Tür. Ich fühlte mich völlig leer. Wieder irrte ich herum, auf der Suche nach irgendjemandem, den ich hätte um Hilfe bitten können. Ich sprach einen Mann an, der mir vertrauenswürdig erschien, und zeigte ihm die Papiere, die ich von der Polizei bekommen hatte. Obwohl wir keine gemeinsame Sprache hatten, zeigte er mir den Weg zur U-Bahn, versuchte, mir zu erklären, wo ich aussteigen musste, und zeichnete mir alles genau auf einem Blatt Papier auf. Im Gegensatz zu den Schleppern, die sogar meine Muttersprache gesprochen hatten, half mir dieser Mann, ohne dafür Geld zu wollen. Ich freute mich über diese erste freundschaftliche Geste hier in München und wünschte, dass mehr Menschen so wären wie er.

Ich stieg ohne Fahrschein in die U-Bahn ein und zählte die Stationen. In der Hoffnung, dass sich der Mann bei seinen Erklärungen nicht geirrt hatte, stieg ich an der achten Station aus. Ich erkannte den Namen »Am Hart« auf meinem Plan wieder.

Wieder ließen mich Menschen, die ich ansprach, um nach dem weiteren Weg zu fragen, einfach wortlos stehen und gingen weiter.

Ein weiteres Mal stand ich orientierungslos da. Welchem Fünfzehnjährigen wäre es in solch einer Situation, in einer ihm völlig fremden Umgebung, anders gegangen? Da hörte ich im U-Bahnhof plötzlich Menschen in meiner Muttersprache Tigrinya reden. Ich lief in die Richtung, aus der die Stimmen kamen, und traf auf zwei Jungs, die ich sofort ansprach.

Wie sich herausstellte, waren die beiden auch noch nicht lange in München. Sie erklärten mir, dass ich ganz bestimmt genau wie sie in der sogenannten »Bayernkaserne« untergebracht sei. Sie schlugen mir vor, gemeinsam mit ihnen dorthin zu gehen.

Mittlerweile war es schon sehr spät, und wir mussten sehr lange auf den Bus warten. Zu meinem Glück gab sich der Busfahrer mit den Papieren zufrieden, die mir die Polizei ausgehändigt hatte. Für einen ordentlichen Fahrschein fehlte mir das Geld.

Gegen zwei Uhr nachts kamen wir schließlich in der Bayernkaserne an. Während die beiden Jungs einen Ausweis für das Camp besaßen, den sie bei den Mitarbeitern der Security am

Eingang vorzeigten, wurde ich von ihnen aufgehalten. Die beiden Jungs verschwanden in der Kaserne, ich hingegen musste warten.

Der nun folgende Empfang in diesem zu einem Flüchtlingslager umfunktionierten ehemaligen Truppenstützpunkt wird mir mein Leben lang in Erinnerung bleiben. Anstatt mir ein geheiztes Zimmer und ein Bett zuzuweisen, führte mich einer der Securitys zu einem dunklen, leeren und unbeheizten Container und ließ mich dort allein. Es gab nicht mal Fenster. Da ich keine andere Wahl hatte, setzte ich mich einfach auf den harten Boden in eine Ecke. Die Nacht war sehr kalt, und die Temperatur im Container war kaum höher als draußen.

Ich hatte noch immer meine leichte Kleidung aus Italien an und fror fürchterlich. Ich war unendlich müde, und mein Rücken, der an der Wand des Containers lehnte, fühlte sich eiskalt an. Gern hätte ich mich nach diesem langen und anstrengenden Tag ausgeruht, doch daran war hier nicht zu denken.

Nach einer Weile kam der Mann zurück. Dass er eine dicke Jacke trug und ich fast nichts am Leib hatte, schien ihn nicht weiter zu kümmern. Die ganze Situation demoralisierte mich ungeheuer. Nun hatte ich so viele Strapazen hinter mir, ich hatte so viel gelitten und war so oft nur knapp dem Tod entkommen. Und nun wurde ich in einen kalten und unwirtlichen Container gesperrt?

Der Security-Mann hatte eine Packung mit Essen dabei, die er mir geben wollte. Aber meine Frustration hatte mir jeglichen Hunger ausgetrieben. Erbost sagte ich ihm auf Englisch: »Das will ich nicht. Was soll ich hier? Was habt ihr mit mir vor? Ich möchte hier wieder raus.«

Ohne mir zu antworten, stellte er die Packung auf den

Boden, schloss die Tür hinter sich und ließ mich in der Dunkelheit und Kälte dieses kahlen Containers allein. Wieso interessierte sich hier niemand für mich? Würde ich am Ende genauso eingesperrt werden wie im Sudan und in Libyen? Ich bin genau so ein Mensch wie ihr Deutschen, dachte ich voller Wut. Schließlich hob ich doch die Packung vom Boden auf und begann zu essen.

Ich fühlte mich verlassen. Aber was blieb mir anderes übrig, als mein Schicksal zu akzeptieren? Ich dachte über alles nach, was mir an diesem Tag widerfahren war. Ich konnte es noch immer nicht fassen, wie mich die deutsche Polizei behandelt hatte.

Wieder stieg die Trauer in mir hoch, meine geliebte Mutter nicht in meiner Nähe zu haben. Sie fehlte mir unendlich. Voller Schmerz musste ich daran denken, wie liebevoll sie sich um mich gekümmert hatte. Immer wenn mir kalt gewesen war, hatte sie das sofort bemerkt und mich mit Decken gewärmt. Diese Liebe fehlte mir unendlich. Meine Mutter war die Einzige, die mich in meinen Kindertagen wirklich verstanden hatte. Sie war immer höflich, hilfsbereit und liebevoll zu mir gewesen – so, wie eine Mutter eben sein sollte. Ich fühlte mich unglaublich einsam ohne sie in diesem fremden Land. Trotz dieser überwältigenden Sehnsucht war ich heilfroh, dass sie mich in diesem Zustand nicht sehen konnte. Sie hätte es nicht ertragen, wenn sie erlebt hätte, wie ich hier behandelt wurde.

Die Kälte machte mir zu schaffen, und vor lauter Zittern konnte ich nicht einschlafen. Ich stand auf und rieb meine Hände aneinander, um sie wenigstens etwas zu wärmen. Als das nichts half, begann ich, in der Dunkelheit im Container auf und ab zu laufen.

Ich fühlte mich, als ob ich hier in Haft sitzen würde, und schließlich war das ja auch tatsächlich der Fall. Ich hatte doch nichts Falsches getan! Was würde wohl erst passieren, wenn ich hier ein Verbrechen begehen würde?

»Mein lieber Gott, bitte hilf mir, hier wieder rauszukommen!«, flehte ich leise. »Mama, bitte bete auch für mich!«

Plötzlich öffnete sich die Tür des Containers wieder, und ich überlegte mir, ob ich die Chance nutzen und fliehen sollte. Aber die Ausweglosigkeit der Lage hatte mich resignieren lassen. Es war mitten in der Nacht, und hier in der Peripherie Münchens wäre ich völlig orientierungslos gewesen.

Also blieb ich in der Ecke dieses unsäglichen Containers stehen. Auf dieselbe herzlose und empathielose Weise wie zuvor bei mir wurde nun ein anderer Junge hereingebracht. Nach wenigen Augenblicken schloss sich die Tür des Containers wieder.

Wir redeten nicht miteinander, aber ich konnte seine unruhigen Geräusche in der Dunkelheit hören. Ihm war mit Sicherheit genauso kalt wie mir. So blieb es bis zum Morgen. An Schlaf war nicht zu denken.

Irgendwann ging nach einer schier endlosen Nacht die Sonne auf, und die ersten Strahlen schienen durch die Ritzen des Containers. Ich hatte die ganze Zeit über kein Auge zugetan und war am Ende meiner Kräfte.

Mein Gefühl der Verlassenheit und Hilflosigkeit hatte sich noch vergrößert. Wie sollte das jetzt alles weitergehen? Was wurde aus mir? Ich war mir ganz und gar nicht sicher, ob ich meinen großen Traum von der Freiheit jemals erreichen würde. Diese Gedanken zehrten an mir, während ich vor Kälte völlig steif geworden war. Beine und Hände wollten mir nicht mehr richtig gehorchen.

Nach einer Weile öffnete sich die Tür wieder. Ein anderer Mann der Security stand in der offenen Tür und sprach uns auf Arabisch an. Die Novembersonne blendete mich, und meine Augen mussten sich erst wieder an das Licht gewöhnen. Ich blinzelte ihn an. Auf meiner Flucht hatte ich gelernt, Arabisch zu verstehen und auch zu sprechen, und so fragte ich ihn: »Warum werden wir denn hier in der Kälte eingesperrt? Was haben wir denn getan?«

»Das kann ich dir nicht sagen«, erwiderte der Mann. »Ihr seid gestern mitten in der Nacht angekommen, als ich nicht da war. Heute Morgen habe ich nur eine Nachricht vorgefunden, dass ihr hier seid. Wahrscheinlich hat niemand mit euch gerechnet, und da nichts anderes frei war, wussten sie nicht, wohin sie euch mitten in der Nacht bringen sollten.«

Ich konnte seine Worte kaum glauben. Weil es kein freies Zimmer gegeben hatte, hatte man uns hier in dieser Kälte in einen Container gesperrt? Was wäre passiert, wenn ich erfroren wäre? Hätte das überhaupt jemanden interessiert? Er ließ uns nach draußen, und ich versuchte, meine steifen Gliedmaßen zu bewegen.

Langsam spürte ich, wie das Blut wieder zu zirkulieren begann. Nach kurzer Zeit kamen zwei weitere Männer auf uns zu und forderten uns auf, ihnen zu folgen. Sie brachten uns in eines der umstehenden Gebäude und trennten uns dort voneinander.

Einer der Männer brachte mich in einen fensterlosen, dreckigen Raum, der mir eher wie ein Stall vorkam. Vier Stockbetten standen darin, außerdem lag eine Menge Unrat herum. Es sah so aus, als hätte hier schon jahrelang niemand mehr geputzt. Ein einziger Platz war noch frei, in den anderen Betten lagen fremde Menschen. Der Security-Mann führte mich zu dem freien Platz und erklärte nüchtern: »Hier ist dein Schlafplatz.«

So ließ er mich einfach stehen und ging weg. Ich fühlte mich in dem Zimmer kaum wohler als in dem Container. Aber wenigstens war es etwas wärmer, und es gab ein Bett. Weil ich völlig durchgefroren war, achtete ich nicht darauf, ob die Bettwäsche dreckig war oder nicht, sondern kletterte direkt hinein, zog die Decke über meinen Kopf und schlief ein.

Lange dauerte dieser Schlaf allerdings nicht. Ich fand keine Ruhe. Und so betete ich zu Gott und bat ihn, mir zu helfen, aus diesem Gefängnis wieder herauszukommen. Ich hatte nach meiner langen und entbehrungsreichen Flucht, auf der ich so viel Gewalt gesehen und selbst erlebt hatte, das tiefe Bedürfnis nach menschlicher Wärme und Geborgenheit. Doch in diesem Raum gab es niemanden, den ich kannte, und ich fühlte mich einsam und leer. Ich hatte niemanden, mit dem ich reden konnte.

Es ist nicht einfach, sich als junger Mensch allein in einem völlig fremden Land zurechtzufinden, vor allem wenn man das Gefühl hat, hier gar nicht willkommen zu sein. Umgeben von fremden Menschen, von denen keiner die eigene Muttersprache spricht, kann ein Gefühl unendlicher Einsamkeit entstehen.

Wieder dachte ich viel an meine Heimat, an meine geliebte Mutter und an die glücklichen Tage meiner Kindheit. Wären nicht alle Hürden, die noch auf mich zukommen würden, einfacher zu meistern und weniger Furcht einflößend gewesen, wenn meine Familie bei mir gewesen wäre? Aber ich war allein, und so machten mir die Gedanken an die Zukunft große Angst. Was sollte bloß aus mir werden?

Es dauerte einige Tage, bis ich andere Jugendliche aus Eritrea kennenlernte, die in anderen Teilen der Kaserne untergebracht waren. Diesmal hatte ich Glück: Mit ihnen verstand ich mich auf Anhieb. Es war unglaublich schön, wieder mit jemandem reden zu können. Auch ihnen ging es hier nicht gut. Sie waren wie ich unglücklich, und so beschlossen wir zusammenzubleiben. Niemand von uns hatte auch nur die geringste Idee, was in Deutschland auf uns zukommen würde. Wir redeten viel über unsere Zukunft und spielten alle möglichen Szenarien durch.

Der Alltag im Lager war trist. Jeden Morgen wurde man um sechs Uhr geweckt, obwohl es doch gar nichts zu tun gab. Um ganz ehrlich zu sein, wollte ich die Zeit an diesem unwirtlichen Ort lieber mit Schlafen zubringen, um zu vermeiden, dass ich immer und immer wieder an dieselben Dinge denken musste. Ich wollte einfach liegen bleiben und nicht von irgendwelchen Betreuern zum Aufstehen gezwungen werden.

Den größten Teil der Zeit in der Kaserne verbrachten ich und meine neuen Freunde mit Fußballspielen und Reden. Um uns abzulenken, erzählten wir einander oft vom Leben in Eritrea. Ich liebte es, Geschichten über die verschiedenen Städte und Dörfer zu hören, aus denen die anderen Jugendlichen stammten. Nach einiger Zeit beschlossen wir, nur gemeinsam von hier wegzugehen, um aufeinander aufzupassen.

Doch unser Plan wurde brüsk zerschlagen. Etwa zwei Wochen nach meiner Ankunft rief mich ein Betreuer und brachte mich zu einem Taxi. Ich hatte keine Ahnung, wohin es gehen sollte – niemand hatte mich informiert. Ich hatte zuvor bereits gesehen, dass Leute, die nicht von ihren Freunden getrennt werden wollten und sich geweigert hatten mitzugehen, abgeholt worden waren. Ich wusste also, dass ich keine Wahl hatte, und stieg ein.

Bald begriff ich, dass ich in ein Heim für Jugendliche gebracht werden sollte. Dort fühlte ich mich gar nicht frei. Es gab sehr strenge Regeln. Alles, was ich tat, wurde aufgeschrieben. Ich fühlte mich wie in meiner Heimat, in der ich nicht selbst hatte entscheiden dürfen, was ich tat. Ich fühlte mich eingesperrt und immer sehr allein.

Erst war ich mit vier Jugendlichen in einem Zimmer, deren Sprache ich nicht verstand. Später wurde ich in ein Durchgangszimmer einquartiert. Einige Jugendliche haben mir ständig mein Essen geklaut. Außerdem durfte ich nicht in die Schule gehen. Daher hatte ich oft Streit mit dem Betreuer und den anderen Mitbewohnern. Meine Ziele, Träume und die Zukunft, die ich mir ersehnt hatte, rückten in weite Ferne. Ich hatte mir das alles anders vorgestellt. Hatte gehofft, dass mein Leben besser werden würde. Aber das hier war für mich nicht lebenswert. Es fühlte sich fast an wie ein Gefängnis.

Da ich oft allein war, habe ich versucht, mir Deutsch selbst beizubringen. Dazu habe ich Kindersendungen auf YouTube mit deutschen Untertiteln geschaut und habe so nach und nach die Sprache gelernt.

Im Dezember musste ich ein weiteres Mal umziehen, diesmal in ein Heim für Jugendliche am Kolumbusplatz. Dort durfte ich einen Monat lang endlich einen Sprachkurs besuchen und mit anderen Geflüchteten Deutsch lernen.

Nach diesem Monat musste ich wieder umziehen, diesmal in eine betreute Wohnung, zusammen mit Jungs, die älter waren als ich. Diesen Umzug empfand ich als erneuten Rückschritt. Obwohl ich viele Gespräche mit meinen Betreuern führte, die eritreische Übersetzer hinzuzogen, bekam ich keine richtige Hilfestellung. Ich betonte immer wieder, dass es mir besonders wichtig sei, eine gute Schule zu besuchen. Doch nichts geschah.

Hinzu kam noch, dass ich mich mit einem anderen Jungen aus dem Wohnheim nicht vertrug. Er griff mich sogar mit einem Messer an. Ich suchte Rat und Hilfe bei einem Betreuer, der mich allerdings mit meinem Problem alleinließ. Ich hatte Angst, konnte nicht schlafen und auch nicht gut lernen.

Ich bin der Überzeugung, dass man sich gegenseitig respektieren muss, um gut miteinander leben zu können. Sei es im Wohnheim oder auf der Straße – immer wieder musste ich Feindseligkeiten über mich ergehen lassen.

Mein Leben in Deutschland hatte begonnen – und ich merkte, dass ich mich nun auf eine ganz neue Realität einstellen musste.

MEIN LEBEN IN DEUTSCHLAND

Die erste Zeit in Deutschland war für mich alles andere als einfach. Ich lebte in der ständigen Unsicherheit, abgeschoben zu werden. Niemals hätte ich gedacht, dass es so lange dauern würde, einen Asylantrag zu bearbeiten.

Ohne Pass und fixe Aufenthaltserlaubnis zu leben, bedeutete, ständig das Gefühl zu haben, in der Luft zu hängen. Eine weitere Erschwernis war, dass mein Deutsch natürlich noch nicht besonders gut war. Meine Priorität war, erst mal so viel wie möglich zu lernen und in die Schule zu gehen. Aber ich konnte mich nur schlecht konzentrieren, da mich ständig die Frage quälte, ob ich einen Pass bekommen würde. Daran gekoppelt war ja die Frage, ob ich langfristig in Deutschland würde bleiben können oder nicht.

Meine Lehrer bemerkten immer wieder, dass ich ganz offensichtlich unter Stress stand, und sie versuchten, mir zu helfen. Doch ich hätte hier vor allem die Hilfe meiner Familie gebraucht.

Ich wohnte damals ja noch in dem Heim für Jugendliche. Dort fragte ich immer wieder nach, ob es denn nicht möglich wäre, dass ich in eine eigene Wohnung ziehe. Niemand half mir. Vielleicht war mein Deutsch zu diesem Zeitpunkt nicht gut genug, und ich konnte mich nicht ausreichend verständlich machen. Ich beschloss, selbst aktiv zu werden, um endlich aus diesem Heim ausziehen zu können. Denn ich wollte ja ein neues Leben anfangen.

Zu meinem großen Glück lernte ich Bianca und Jürgen

kennen, die zunächst anboten, meine Paten zu werden. Mit Bianca traf ich mich regelmäßig im Englischen Garten in der Münchner Innenstadt und erzählte ihr von meinem Leben. Sie schien meine Probleme zu verstehen und wollte mir helfen.

Nach einer Weile fragte sie mich, ob ich mir vorstellen könne, bei ihr und Jürgen zu wohnen. Ich gab ihr zu verstehen, dass mich das interessieren würde, und sie bot mir an, ihre Wohnung und das Zimmer, das ich benutzen könne, zu besichtigen. Nach dem Besuch sagte ich zu. Ich konnte mir meine Zukunft mit den beiden gut vorstellen.

Im Heim fragte ich meine Betreuer, doch hier stieß ich auf taube Ohren. Der Leiter des Heimes behauptete, dass ein eigenständiger Umzug nicht zulässig wäre. Stattdessen hätte ich in ein anderes Heim einziehen sollen. Ich war niedergeschlagen. Hier wollte ich nicht länger bleiben. Ich wollte mit Land und Leuten leben und nicht abgeschottet von der deutschen Gesellschaft. So würde ich niemals ihre Sprache und Kultur kennenlernen.

Der Chef des Heimes war mir außerdem ausgesprochen unsympathisch. Er hatte keinen Respekt vor uns und machte außerdem einen merklichen Unterschied in der Behandlung von schwarzen Jugendlichen, die er ganz offensichtlich gegenüber anderen Jugendlichen benachteiligte. Zu meinem großen Glück gelang es mit der Hilfe des Jugendamts, ein Verfahren einzuleiten, damit Bianca und Jürgen meine offiziellen Pflegeeltern werden konnten. Nach zwei Monaten war der bürokratische Hürdenlauf geschafft. Und so zog ich Anfang Dezember 2015, ein Jahr nach meiner Ankunft, bei den beiden ein.

Für die Aufnahme des Asylverfahrens musste ich weitere sechs Monate warten. Insgesamt dauerte es also eineinhalb

Jahre, bis ich die Einladung zu meiner Anhörung bekam und das Asylverfahren endlich begann.

Am 22. Juni des Jahres 2016 hatte ich den lang erwarteten Termin für meine Anhörung beim Bundesamt für Migration und Flüchtlinge in München. Auf der Einladung stand acht Uhr morgens, also standen Bianca und ich früh auf, um rechtzeitig da zu sein. Wir fuhren mit der U-Bahn vom Münchner Norden in den Süden zur Boschetsrieder Straße.

Der Warteraum im BAMF war voller Menschen. Nicht alle fanden noch einen Sitzplatz, und manche setzten sich einfach auf einen uralten Teppich, der vor Dreck und Flecken nur so strotzte. Selbst die Wände und Fenster des Warteraums waren dreckig. Die hygienischen Bedingungen auf den Toiletten ließen zu wünschen übrig. Teilweise ließen sich die Türen nicht verschließen, manche Toilettensitze fehlten ebenso wie die Seife. Es stank nach Urin.

Doch die Menschen, die hier warteten, hätten sich nicht über die mangelnde Sauberkeit des Ortes beschwert. Sie wollten ja schließlich in Deutschland bleiben. Immer wieder kamen Sicherheitsmänner in den Warteraum und riefen Nummern auf, wobei ich keine logische Reihenfolge erkennen konnte. Als ich endlich aufgerufen wurde, musste ich erst mal die sogenannte »erkennungsdienstliche Behandlung« über mich ergehen lassen. Meine Fingerabdrücke wurden erneut abgenommen.

Anschließend wurde ich fotografiert und musste mich vermessen lassen. Das alles tat ich nur äußerst widerwillig. Ich empfand das Verfahren, dem ich mich unterziehen musste, als erniedrigend, bürokratisch und letztlich entwürdigend – ein Eindruck, den ich im Übrigen mit vielen anderen Geflüchteten teile, die in Deutschland um Asyl ansuchen. Nach diesem Prozedere mussten wir ein weiteres Mal warten. Schließlich erklärte man uns, dass es einen medizinischen Notfall gegeben habe, der nun vorgezogen werden müsse. Ich war niedergeschlagen – fast fünf Stunden Wartezeit für nichts?

Gute zwei Wochen später standen wir wieder kurz vor acht Uhr morgens vor dem Gebäude des BAMF in der Boschetsrieder Straße. Bianca begleitete mich auch dieses Mal. Und wieder setzten wir uns in den Warteraum, der immer noch genauso dreckig und heruntergekommen war wie beim letzten Mal.

Das Zimmer war wieder brechend voll. Menschen aus allen möglichen Ländern waren hier, unter ihnen viele Männer, aber auch einige Frauen mit kleinen Kindern. Für die Kinder war das Warten in dem engen und stickigen Raum besonders anstrengend.

Erst um ein Uhr mittags war es endlich so weit, und wir wurden aufgerufen. Wie beim letzten Mal führte man uns die Treppe nach oben in den zweiten Warteraum. Und wieder mussten wir warten. Die Zeit verging, und ich verlor die Zuversicht, noch an diesem Tag dranzukommen. Da sah ich am anderen Ende des Ganges einen hinkenden Mann. Ich zuckte zusammen. Es handelte sich bestimmt um den Tigrinya-Dolmetscher, von dem ich schon so viele Furcht einflößende Dinge gehört hatte.

Von verschiedensten Freunden aus der eritreischen Community in München wusste ich bereits, dass dieser Mann nicht nur für das BAMF arbeitete, sondern auch für die eritreische Regierung. Er war bekannt dafür, dass er Eritreer im Asylverfahren während der Interviews unter Druck setzte und teilweise auch falsch übersetzte.

Die Mitarbeiter der deutschen Behörden hatten natürlich

keine Chance, den Wahrheitsgehalt seiner Übersetzungen selbst zu überprüfen – sie zogen aber auch nie einen anderen Übersetzer hinzu. So hatte man ihm seine falschen Übersetzungen bislang nie nachweisen können.

Ich wusste, dass dieser Mann in der gesamten eritreischen Community gefürchtet und verschrien war. Niemand traute sich, gegen ihn vorzugehen oder gar öffentlich zu machen, dass er mit dem eritreischen Regime zusammenarbeitete.

Voller Sorge erzählte ich Bianca, dass dieser Dolmetscher nun für mein Asylverfahren zuständig sein könnte. Der Witz: Auch wenn man Deutsch spricht, stellen die Behörden einen Dolmetscher, der einen vertritt. Als wenn ich das nicht selbst könnte.

Um zwei Uhr wurde ich schließlich aufgerufen. Und tatsächlich nahm uns der hinkende Mann in Empfang. Mit einem flauen Gefühl im Magen folgte ich ihm mit Bianca an meiner Seite durch die heruntergekommenen Büros. Er führte uns in einen Raum, in dem schon eine Mitarbeiterin des BAMF wartete.

Sie fragte mich als Erstes nach meinem Pass. Doch war nicht bereits seit meiner Ankunft hier in Deutschland klar, dass ich keinen eritreischen Pass hatte? Ja, dass es für Jungen aus Eritrea in meinem Alter gänzlich unüblich war, einen Pass zu besitzen?

Bianca schaltete sich ein und zog die Taufurkunde und mein Zeugnis hervor, das ich zum Abschluss der Ausbildung zum Kameramann in Eritrea bekommen hatte. Beides hatten wir, inklusive einer beglaubigten Übersetzung, von meiner Familie aus Eritrea nach München schicken lassen und nun mitgebracht. Dort stand auch mein richtiges Alter: Denn ich war zu diesem Zeitpunkt erst sechzehn Jahre alt und nicht achtzehn, wie es in meiner Aufenthaltserlaubnis stand.

Die Mitarbeiterin des BAMF war verunsichert. »Für einen Minderjährigen gelten doch andere Regeln«, sagte sie. Und sie fuhr fort. »Ich darf die Anhörung gar nicht durchführen.« Mit der Taufurkunde in der Hand verließ sie den Raum, offenbar um sich zu erkundigen. Wieder dauerte es eine Weile, bis sie zurückkam.

Zu unserer großen Enttäuschung sagte sie: »Die Taufurkunde erkennen wir nicht an. Solche Urkunden werden häufig gefälscht!«

Wir versuchten, auf die Beamtin einzureden. Schließlich war in der Aufenthaltserlaubnis nicht nur mein Geburtsdatum falsch. Mein Geburtsdatum wurde einfach auf den 1.1. festgelegt. Das wurde wohl bei vielen Flüchtlingskindern so gemacht. Sogar mein Name war falsch geschrieben: Filmon Mebrahtam – so heiße ich doch nicht!

Aber die Frau ließ nicht mit sich reden. »Das ist ja schließlich nicht mein letzter Termin heute Nachmittag«, sagte sie und drängte nun darauf, mit der Befragung durch den eritreischen Dolmetscher, der die ganze Zeit danebengesessen hatte, zu beginnen. Meine Angst war riesengroß. Hatte dieser gefürchtete Mann die Macht, mich am Ende zurück nach Eritrea zu schicken?

Die Beamtin fragte mich zunächst nach meiner Flucht. Der Dolmetscher übersetzte ihre Worte. Ich musste genau schildern, wann ich mich wie lange in welchen Ländern aufgehalten hatte und wie ich schließlich nach Deutschland gekommen war. Tausend Gedanken schossen durch meinen Kopf, und es fiel mir sehr schwer, mich auf meine Antworten zu konzentrieren.

Die Beamtin tippte die Übersetzungen des Dolmetschers direkt in ihren Computer. Nun fragte sie, aus welchem Grund ich aus Eritrea weggegangen war. Voller Sorge um die Gewichtung meiner Worte, erzählte ich von meiner Familie und der Situation in Eritrea.

»Gern bin ich nicht gegangen«, schloss ich meine Ausführungen. »Wenn in meinem Land Demokratie herrschen würde und ich eine Zukunft für mich gesehen hätte, hätte ich meine Mutter nicht verlassen und mich auf die gefährliche Flucht nach Europa gemacht. Ich wäre wirklich lieber bei meiner Familie geblieben.«

Nun fragte der Dolmetscher, ob ich beim Militär gewesen und dort eventuell durch eine Waffe verletzt worden sei. Ich verneinte. Natürlich nicht, dachte ich, ich war doch erst vierzehn Jahre alt, als ich von zu Hause wegging. Dann dämmerte mir, dass mir der Übersetzer Aussagen entlocken wollte, die meine Geschichte unglaubwürdig erscheinen ließen.

Ich war in großer Sorge, ob das, was ich sagte, durch die möglichen Verdrehungen des Übersetzers bei der Beamtin richtig ankommen würde. Viel lieber hätte ich meine Aussagen selbst auf Deutsch formuliert. Aber ich konnte mich noch nicht gut ausdrücken – außerdem ließ das bürokratische Vorgehen hier keinerlei Spielraum. Ich erzählte, dass eine meiner Schwestern wie ich aus Eritrea geflohen und auf der Flucht durch Äthiopien in einem Fluss ertrunken war.

Mir schossen die Tränen in die Augen, als ich diese ganzen Erinnerungen nun wieder durchlebte. Wie viel hatte mir doch meine Schwester bedeutet! Als ich noch klein war, war sie immer für mich da gewesen und hatte sich um mich gekümmert. Ihr Tod hatte eine riesige Lücke in meinem Leben hinterlassen. Die Beamtin reichte mir ein Taschentuch.

Als ich fertig war, wurde das Protokoll ausgedruckt. Der Dolmetscher ging alles noch einmal mit mir durch, während die Beamtin bereits darauf drängte, dass ich unterschreiben solle. Bis zum Schluss war ich mir nicht sicher, ob alles korrekt übersetzt worden war. Er brachte uns hinaus zum Treppenhaus. Für eine Anhörung von einer Stunde hatten wir sechs Stunden gewartet. Aber immerhin, dachte ich, nun habe ich es hinter mir.

Ich hatte riesigen Hunger. Am Hauptbahnhof verschlang ich erst mal einen Döner. Danach zeigte ich Bianca einen eritreischen Laden, der ganz in der Nähe lag. Wenigstens der Abend sollte etwas entspannter werden.

Es dauerte bis zum August, bis der Bescheid kam. Ich war mir so sicher, dass mein Asylgesuch positiv beschieden würde, da viele meiner Freunde und Bekannte auch ein Positiv erhalten hatten. Manche von ihnen hatten nicht einmal eine Anhörung hinter sich bringen müssen. Sie hatten nur einen Fragebogen ausgefüllt – das war's. Warum sollte es bei mir nun anders sein? Umso größer war meine Enttäuschung, als ich den Brief öffnete: Abgelehnt! Leider war Bianca gerade nicht zu Hause – aber Jürgen war bei mir.

Auch er hatte nicht mit einer Ablehnung gerechnet und war genauso entsetzt wie ich. Zwar wurde mir in dem Schreiben subsidiärer Schutz zugesprochen – aber das war ein schwacher Trost. Was hatte ich falsch gemacht? Waren meine Fluchtgründe denn nicht ausreichend gewesen? Hatte ich sie nicht überzeugend dargelegt? War etwa der Dolmetscher schuld? Vielleicht stimmte es ja wirklich, dass er mit dem eritreischen Regime unter einer Decke steckte.

Ich war niedergeschlagen und frustriert – hatte ich nicht immer alles getan, was man mir gesagt hatte? Ich ging doch jeden Tag zur Schule und hatte niemals Ärger mit der Polizei.

Warum wurde ich nun anders behandelt als andere politische Flüchtende?

Plötzlich hatte ich wieder riesige Angst, nach Eritrea abgeschoben zu werden. Das wäre das Ende gewesen! Jürgen nahm den Bescheid und scannte ihn ein. Erbost sagte er, dass wir uns nun eine gute Rechtsberatung suchen müssten.

Ich verstand. Ich brauchte jetzt erst mal meine Ruhe und beschloss, mich in mein Zimmer zurückzuziehen und nachzudenken. Subsidiären Schutz erteilt zu bekommen bedeutete, dass ich zunächst nur eine Aufenthaltserlaubnis von einem Jahr besaß. Danach konnte um eine Verlängerung von zwei Jahren angesucht werden. In der Zwischenzeit durfte ich zur Schule gehen und arbeiten. Doch die Unsicherheit, dass der Aufenthalt eventuell nicht verlängert werden würde, blieb wohl während der gesamten Zeit wie ein Damoklesschwert über mir hängen.

All das beschäftigte mich sehr. Warum war ich abgelehnt worden? Bedeutete das, dass Deutschland mich nicht haben wollte? Gab es sogar eine Komplizenschaft zwischen den deutschen Behörden und dem eritreischen Regime?

Mittlerweile war Bianca wieder da. Sie versuchte, mir alles zu erklären und mich zu beruhigen. Sie sagte, dass ich keine Schuld an der Entscheidung trage und dass es sich um eine allgemeine politische Entscheidung handele, die mit meiner Person nichts zu tun habe.

In den nächsten Tagen taten wir unser Möglichstes, um gegen den Entscheid anzugehen. Es war gar nicht so leicht, Termine bei Anwälten zu bekommen. Fast alle Anwälte, die sich mit Ausländerrecht befassten, nahmen niemanden mehr an.

Von einer Anwältin der »Münchner Mentoren« bekamen wir die Information, dass eine Klage zwar möglich sei, aber wahrscheinlich nicht zum Erfolg führen würde. Um die Erfolgs-chancen zu erhöhen, organisierte Bianca sogar noch einen Ter-min bei einer anderen Anwältin. Aber auch diese sagte, dass eine Klage keinen Sinn machen würde und dass ein solches Ver-fahren außerdem an die 1.000 Euro kosten würde. Wo sollte ich so viel Geld hernehmen? Die Anwältin meinte allerdings, dass wir versuchen könnten, einen Pass für mich zu bekommen, mit dem ich reisen dürfe. Gemeinsam füllten wir das Formular der Ausländerbehörde aus und faxten es durch.

Ein paar Tage später ging ich gemeinsam mit Bianca zum Büro der Ausländerbehörde. Wieder standen wir früh auf, um uns schon vor sieben Uhr anstellen zu können. Aber auch dort zerrannen wieder jegliche Hoffnungen. Man sagte uns, dass es nicht möglich sei, einen Reisepass für mich auszustellen. Dafür müsse ich mir zunächst einen eritreischen Nationalpass be-sorgen. Daran war in meiner Situation natürlich nicht zu den-ken. Wer würde als politischer Flüchtling bei einer Botschaft seines Landes einen Reisepass beantragen?

Die eritreische Regierung sieht uns als Feinde des Volkes an. Doch mehr noch: Sie fordert von allen im Ausland lebenden Eritreerinnen und Eritreern eine sogenannte Aufbausteuer von zwei Prozent ihres Einkommens. Kein Auslands-Eritreer kann eine konsularische Leistung bei einer eritreischen Botschaft in Anspruch nehmen, bevor er diese Steuer nicht entrichtet hat. Es gibt eine Vielzahl an Berichten, die bezeugen, dass diese mit-hilfe von Einschüchterungen und Bedrohungen eingetrieben wird. Das Regime verfolgt also seine Bürgerinnen und Bürger bis ins Exil.

Wir hörten, dass in dieser Zeit, nach den großen Flucht-bewegungen nach Deutschland vom Jahr 2015, fast nur noch subsidiärer Schutz vergeben wurde. So wollte man für die nächsten zwei Jahre verhindern, dass eine zu große Anzahl an Geflüchteten ihre Familien nach Deutschland nachholen würden. Und tatsächlich wurde für subsidiär Schutzberechtigte das Recht auf Familiennachzug bis Ende Juli 2018 ausgesetzt. Eine politische Entscheidung, wie uns mehrmals gesagt wurde.

Ich war deprimiert. Meine Lage hatte sich um keinen Deut verbessert. Sowohl mit Gestattung, meinem ursprünglichen Aufenthaltstitel, als auch mit subsidiärem Schutz durfte ich Deutschland nicht verlassen. Außerdem durfte ich meinen Führerschein nicht machen. Den hatte ich zwar schon angezahlt und dafür gelernt, aber als ich den Führerschein bei den Behörden hatte anmelden wollen, hatte man mir mitgeteilt, dass ich ihn mit dem einjährigen subsidiären Schutz gar nicht machen dürfe. Das Geld, das ich schon an die Fahrschule gezahlt hatte, war verloren. Dazu kam die Angst, abgeschoben zu werden. Wie würde es nun weitergehen?

Trotz der unverändert desolaten Menschenrechtslage in Eritrea erhielten während dieser Zeit immer weniger Eritreerinnen und Eritreer in Deutschland eine Flüchtlingsanerkennung.

Seit dem Jahr 2013 kamen über 60.000 eritreische Asylbewerber nach Deutschland, mehr als aus jedem anderen afrikanischen Land. Während im Jahr 2015 das Bundesamt für Migration und Flüchtlinge noch 95,5 Prozent von ihnen als Flüchtlinge anerkannte, sank in den Jahren danach die Quote massiv.[39] In manchen Fällen verharmloste das BAMF sogar vorgebrachte Fluchtgründe von Eritreern. Immer mehr von ihnen bekamen nur noch subsidiären Schutz, ein Abschiebungsverbot oder sogar eine Ablehnung. Tag und Nacht lebte ich mit der Angst, illegalisiert zu werden.

Ich lebte weiterhin in München, ging zur Schule und gab mir alle Mühe, die Hoffnung nicht aufzugeben. Eines Tages, so sagte ich mir, würde ich einen deutschen Pass mein Eigen nennen können.

In der Zwischenzeit erlebte ich viele Episoden, die mir zeigten, wie schwer es ist, als Mensch mit schwarzer Hautfarbe in einer Stadt wie München zu leben. In vielen dieser Episoden spielte die Polizei eine unrühmliche Rolle.

So war ich an einem wunderschönen Frühlingstag in der Stadt unterwegs und wollte die Wärme im Park genießen. Ich fühlte mich besonders wohl, weil die Sonne so stark schien und ebenso angenehm war wie in meiner Heimat.

Außer mir waren nur Weiße im Park. Da sah ich zwei Polizisten, die sich mir näherten. Es war offensichtlich, dass sie nur deshalb zu mir kamen, weil ich schwarz war. Sie hielten mich an und fragten, ob ich Drogen oder Waffen bei mir tragen würde. Ich verneinte – dennoch durchsuchten sie mich von oben bis unten. Ich musste meinen Gürtel ablegen und meine Schuhe ausziehen. Dann kontrollierten sie auch meine Socken. Bei der Ausweiskontrolle gab einer der Polizisten meinen Namen am Telefon durch und sagte mir anschließend, dass ich ein Problem hätte, weil ein Eintrag in meiner Akte sei.

Auf meine Nachfrage wollte er mir allerdings nicht sagen, was gegen mich vorlag. Augenscheinlich wollte er mir nur Angst machen und mich zu irgendwelchen Aussagen drängen. Auch nannte mir der Polizist weder seinen Namen noch seine Dienstnummer, was es mir unmöglich machte, später gegen sein Vorgehen Beschwerde einzulegen. Nach einer Weile ließen mich die Polizisten gehen.

Diese Situation verunsicherte mich zutiefst, und ich konnte

die ganze Nacht über nicht schlafen. Am nächsten Morgen ging ich direkt zur nächsten Polizeiinspektion, um die Sache aufzuklären. Obwohl ich Angst davor hatte, wieder in eine unangenehme Situation zu geraten, wollte ich wissen, ob etwas gegen mich vorlag. Der Polizist, den ich auf dem Revier antraf, konnte mich aber beruhigen, denn er fand keinen Eintrag. Ich war erleichtert – doch gleichzeitig war ich wütend, dass mich die Polizei einfach ohne Grund kontrolliert hatte.

Diese Vorfälle wiederholten sich immer wieder. Weil ich schwarz bin, erlebte ich häufig Polizeikontrollen ohne jeglichen begründeten Verdacht. Sei es auf dem Weg zu Schule, beim Einkaufen, beim Spazierengehen, auf dem Weg zu Freunden – mir schien es, als ob ich die Polizei ständig auf den Fersen hatte –, dabei hatte ich gar nichts getan. Ja, ich rauchte nicht mal. Ein angstfreies Leben ist auf diese Weise sehr, sehr schwierig.

Ein anderes Mal hielt mich die Polizei an, als ich mit einem eritreischen Freund unterwegs war. Die Polizisten kontrollierten uns, und als mein Freund und ich auf Tigrinya zu sprechen begannen, wurde einer der Polizisten zornig. »Du darfst keine andere Sprache als Deutsch sprechen!«

»Warum denn?«, entgegnete ich. »Das ist doch meine Muttersprache!«

»Hier in Deutschland spricht man keine andere Sprache außer Deutsch«, erwiderte der Polizist ruppig.

Ich wusste natürlich, dass das nicht stimmte, und sprach weiter auf Tigrinya mit meinem Freund. Die Situation wäre fast eskaliert. Ich musste mich beugen, und wir kamen mit dem Schrecken davon.

Ein anderes Mal hielt ich mich in der Nähe des Hauptbahnhofs auf. Ich kam gerade aus einem Callshop, in der einen Hand einen Kaffeebecher, in der anderen mein Handy. Wieder Polizei. »Ausweiskontrolle!« Ich hatte keine Hand frei und stand verdutzt da.

Da nahm mir einer der Polizisten ohne Vorankündigung meinen Kaffeebecher einfach aus der Hand und schmiss ihn auf den Boden. Dort lief der Becher aus, aber das war ihm egal. Ich konnte vor Angst gar nichts sagen. Auch diesmal untersuchten sie mich bis auf die Unterhose.

Ich grübelte wieder und wieder, wie ich verhindern könnte, dass die Polizei mich ständig als ihr Ziel ansah. Mal dachte ich, ich müsste mir die Haare kurz abschneiden oder eine Mütze tragen, um für die Polizisten weniger auffällig zu sein. Ich schnitt mir tatsächlich die Haare, aber es nützte nichts – ich wurde immer wieder kontrolliert.

Menschen wie ich werden von der Polizei offenbar von vornherein als gefährlich angesehen. Die Standardfragen lauten deshalb auch immer, ob man Drogen oder Waffen bei sich trage. Bei diesen Anlässen hatte ich noch nicht mal Bier oder Zigaretten bei mir!

Ich versuchte zu begreifen, wie ich mit den Polizisten umgehen sollte. Ja, wie die kulturellen Eigenschaften der Polizisten waren, damit ich mit ihnen reden konnte und damit sie begreifen würden, dass ich mit ihren Vorurteilen und Stereotypen nichts gemein hatte. Doch vergebens – bis heute passiert mir immer wieder das Gleiche.

MEINE ZUKUNFT IN DEUTSCHLAND

Was ich an Deutschland sehr schätze, ist die Religions- und Meinungsfreiheit. Das klingt für viele Leserinnen und Leser vielleicht banal. Aber für mich als Eritreer ist es überhaupt nicht selbstverständlich, mich frei äußern zu können. So kann ich meine Rap-Musik ohne Zensur veröffentlichen, ich kann bei antirassistischen Veranstaltungen auftreten, und ich kann dieses Buch schreiben.

Nach wie vor fehlt mir meine Mutter sehr. Seit ich Eritrea im Jahr 2014 verlassen habe, vermisse ich sie Tag für Tag. Zu Hause war sie immer für mich da. Für ein Kind ist es schwierig, ohne Familie aufzuwachsen. Ich vermisse die täglichen Rituale: den Ruf, mit dem mich meine Mutter am Morgen geweckt hat. Die Art, wie sie das Pausenbrot für die Schule zubereitete. Ich würde es gern immer so haben. Das Wichtigste ist im Moment für mich, weiter in die Schule zu gehen, eine gute Ausbildung zu absolvieren und vor allem gut Deutsch zu lernen.

Im November 2019 wurde ich nach langem Warten endlich als Flüchtling anerkannt. Nach mehr als drei Jahren nach meiner Anhörung beim Bundesamt für Migration und Flüchtlinge in München hatte ich nun also endlich die Gewissheit, in Deutschland bleiben zu dürfen. Davor hatte ich nur mit subsidiärem, also »behelfsmäßigem« Schutz in Deutschland gelebt.

Ich war unglaublich froh und erleichtert. Die Zeit der Ungewissheit war endlich vorbei. Nun durfte ich frei reisen. Ich hatte mir so lange gewünscht, andere Städte und Länder kennenzulernen. Nun konnte ich das, und ich war sehr glücklich darüber.

Ich nutzte meine neu gewonnene Reisefreiheit sogleich aus. Anfang November reiste ich in die österreichische Stadt Graz, da ich eine Einladung zu einem Filmfestival bekommen hatte. Gemeinsam mit Alexander, dem Co-Autor dieses Buchs, sprach ich am Podium über meine Flucht. Kurze Zeit später besuchte ich Wien und sprach abermals mit Alexander auf verschiedenen Veranstaltungen.

Ich erhoffe mir, dass ich mit diesem Buch noch viel mehr Vorträge halten kann. Bildungs- und Öffentlichkeitsarbeit sind sehr wichtig.

Immer wieder spreche ich von den fortwährenden Bootsunglücken im Mittelmeer. Ich selbst überlebte, weil es zu diesem Zeitpunkt noch das Seenotrettungsprogramm »Mare Nostrum« gab, das von der italienischen Regierung betrieben wurde. Dieses Seenotrettungsprogramm wurde eingestellt, weswegen heute vor allem die zivilgesellschaftlichen Seenotretter Menschen vor dem Tod bewahren.

Doch so viele Menschen sind seither ertrunken. Und das Sterben nimmt kein Ende. Die NGO »United against Racism« hat vom Jahr 1993 bis Juni 2019 36.570 Todesfälle im Mittelmeer registriert. Und die Dunkelziffer ist noch viel höher!

Menschen flüchten vor Krieg und Unterdrückung, vor Hunger und Elend – und nicht zuletzt vor den Folgen des Klimawandels. Sie möchten in Freiheit, Frieden und Sicherheit leben. Unter den Flüchtenden sind oft Kinder und schwangere Frauen. Viele von ihnen können nicht schwimmen. Meist legt die gesamte Verwandtschaft oder der Freundeskreis zusammen, um eine Flucht zu ermöglichen. Menschen verschulden sich so über viele Jahre. In vielen Fällen wissen die Angehörigen der Bootsflüchtlinge nicht einmal, ob ihre Liebsten noch leben oder ob sie gestorben sind. Gleichzeitig verdienen die Schlepper fortwährend am Leid der Menschen. All das wäre nicht notwendig, wenn es sichere Fluchtwege gäbe.

Unendlich viele Menschen wurden auf ihren Fluchtrouten bereits gequält, vergewaltigt und getötet. Bis heute hat sich an dieser Situation nichts geändert. Niemand greift ein, weil sich Europa im Grunde nur wenig dafür interessiert.

Auf meiner Flucht wurde ich unfreiwilliger Zeuge von einer Vielzahl von Vergewaltigungen von Frauen und Mädchen. Viele von ihnen wurden schwanger und haben ihre Kinder auf der Flucht zur Welt gebracht, manche sogar mitten auf dem Meer.

Andere Frauen haben wegen der Vergewaltigung und ungewollter Schwangerschaft Selbstmord begangen. Wieder andere haben ihre Kinder während der Schwangerschaft verloren – nicht selten sind sie bei der Entbindung selbst gestorben, weil es keinerlei medizinische Hilfe gab. Erst als ich in Italien ankam, habe ich zum ersten Mal erlebt, dass auch Mädchen und Frauen in Frieden leben können. Hier waren sie in einer Demokratie und damit in Sicherheit.

Tief in meinem Herzen wünsche ich allen, die es wie ich nach Europa geschafft haben, ein gutes Leben. Ich trauere um alle, die auf dem Weg gestorben sind, und hoffe, dass sie einen Platz im Paradies gefunden haben.

Eines steht fest: Menschen sind wichtiger als alles Geld dieser Welt! Wenn die Flüchtenden in ihren Ländern in Freiheit und Frieden leben könnten, wenn sie in der Lage wären, ihr Leben unter würdigen Bedingungen zu bestreiten, müssten sie ihre Heimat nicht verlassen und unter dermaßen lebensbedrohlichen Bedingungen flüchten.

Ich möchte allen danken, die sich für die Seenotrettung von Flüchtenden einsetzen. Viele von ihnen habe ich persönlich kennengelernt, seit ich in Deutschland lebe. Ich habe zu meiner Flucht Vorträge auf Einladung der Aktivistinnen und Aktivisten der Seenotrettungsinitiative »Iuventa« gehalten. Ich lernte den Kapitän der Mission »Lifeline«, Claus-Peter Reisch, kennen, der immer wieder in Seenot geratene Menschen gerettet hat. Reisch und die Crew der »Iuventa 10« wurden in Malta beziehungsweise Italien angeklagt. Vorgeworfen wird ihnen die Beihilfe zur illegalen Einreise und die Zusammenarbeit mit Schleppern. Das ist ein unglaublicher Skandal, denn Seenotrettung ist kein Verbrechen! Zusammen mit vielen anderen fordere ich, dass die Anschuldigungen gegen die Seenotretter fallen gelassen werden.

Solange Menschen flüchten müssen, ist es letztendlich die Aufgabe der Europäischen Union, eine kohärente und flächendeckende Seenotrettung im gesamten Mittelmeer zu gewährleisten.

Mein Leben geht weiter – und ich bestreite weiter meinen Weg. Dabei bin ich durchaus stolz auf das, was ich schon erreicht habe. Ich lernte rasch Deutsch und machte meinen Hauptschulabschluss. Mein Ziel war, die Mittlere Reife abzuschließen. Diese Pläne wurden allerdings vereitelt, da der Schulleiter mich nicht zur Prüfung zulassen wollte, obwohl ich die neunte Klasse ja bereits absolviert hatte. Als Grund gab er an, dass ich nicht das entsprechende Niveau erreicht hätte. Nach diesem frustrierenden Erlebnis beschloss ich, einen Kurs für Filmschnitt und Kameraassistenz sowie einen weiteren

Kurs als Kameramann und Cutter zu belegen. Ich absolvierte diese beiden Kurse mit Erfolg. Meine Ausbildung in Eritrea bot dafür eine gute Grundlage.

Aktuell bin ich auf der Suche nach weiteren Studienmöglichkeiten. Bewerbungen zu schreiben ist nach wie vor schwierig für mich – auf viele Bewerbungen bekomme ich schlicht keine Antwort. Aber was soll's, ich werde meinen Weg so oder so fortsetzen!

Neben meinen Kursen und Ausbildungen hielt ich in den letzten Jahren oft Vorträge in Deutschland und Österreich und sprach über meine Fluchtgeschichte – im Frühjahr 2019 sogar vor dem Europaparlament.

Ein weiteres wichtiges Sprachrohr ist für mich die Musik. Bereits als Kind sang ich oft in meiner Muttersprache. Das war wunderbar für mich. Zunächst fiel es mir in Deutschland schwer, musikalisch aktiv zu bleiben. Doch nach einiger Zeit entdeckte ich Hip-Hop für mich, begann zu rappen und konnte immer wieder Aufnahmen in Tonstudios machen.

Ich bin sehr froh, mich auf diesem Weg ausdrücken zu können. Es gelingt mir, all die Enttäuschungen, die rassistischen Anfeindungen und den Hass, der mir entgegenschlägt, in meinen Texten zu verarbeiten.

Über all diese Themen habe ich viele Songs geschrieben. Wenn ich rappe, kann ich allen Schmerz und alle Probleme hinter mir lassen. Mein Künstlername ist FiliY BROWN STAR. Meine Tracks wie »Nicht willkommen« und »Nur ein Mensch« haben heute Hunderttausende Klicks auf YouTube, und ich habe einen eigenen YouTube-Kanal. Ich werde mich auch weiterhin für eine gerechtere Welt einsetzen. Das Jahr 2019 zeigte, dass sich viele Menschen rund um den Globus gegen

Unterdrückung und Ungerechtigkeit auflehnen: Von Chile bis in den Iran, von Algerien bis nach Hongkong gibt es Massenproteste, die oftmals von den Jungen getragen werden. Sie fordern die alten Machteliten heraus und gehen für eine soziale und ökologische Zukunft auf die Straße.

Greta Thunberg, die nur wenige Jahre jünger ist als ich, hat mit ihrem Schulstreik für das Klima eine weltweite Bewegung ausgelöst. So unterschiedlich diese Protestbewegungen auch sind, ich bin mir sicher, dass wir die gemeinsame Überzeugung teilen, dass ein gutes Leben für alle Menschen auf diesem Planeten möglich ist.

Wenn alle gemeinsam daran arbeiten, kann es uns gelingen, in Freiheit, Frieden und mit Respekt für die Umwelt und für das Klima zusammenzuleben. Ich bin froh und stolz, dass ich zu der Generation gehöre, die nun aufsteht und aktiv wird.

Natürlich hoffe ich inständig, dass eines Tages auch in meinem Heimatland Freiheit herrschen wird und dass ich wieder zu meiner Familie zurückkehren kann.

Ob nun Deutschland oder Eritrea eher mein Zuhause ist, kann ich nicht sagen. Ich will mich nicht entscheiden müssen. Mittlerweile habe ich fünf sehr prägende Jahre meines Lebens in Deutschland verbracht. Gleichzeitig sind meine Kindheitserfahrungen in Eritrea unauslöschlich in meinem Herzen.

Von den politischen Entscheidungsträgern in Europa fordere ich die Öffnung von sicheren Fluchtrouten. Auch wenn es bis zur Realisierung dieser Forderung noch ein weiter Weg ist, möchte ich diese Forderung immer erneut wiederholen.

Eine Forderung kann jedoch unmittelbar und ohne Umschweife umgesetzt werden: Die Europäische Union kann und muss die Zusammenarbeit mit den libyschen Milizen und

Warlords sofort beenden. Heute weiß jedes Kind, dass Libyen kein sicherer Ort für Flüchtende ist. Umso skandalöser ist es, dass die EU nach wie vor so tut, als ob das der Fall wäre. Meine Erfahrungen in Libyen verpflichten mich dazu, mich dafür einzusetzen, dass die Europäische Union ihre Migrationspolitik noch heute ändert und an den universellen Menschenrechten ausrichtet.

Ich danke Gott, dass ich nicht in der Wüste oder im Mittelmeer gestorben bin. Nun kann ich all den Menschen helfen, die nach wie vor auf der Flucht sind und die wie ich Freiheit und Sicherheit suchen.

Mama ist eine starke Mutter.
Machte morgens für uns Brot mit Butter.
Die Diktatur stiehlt ihren Familien die Mädchen und Jungen.
Sie werden von der Armee zum Militärdienst gezwungen.
Ich musste entscheiden, Mama, es tut mir leid,
zwischen meiner Familie und meiner Freiheit.
Musste meine Familie verlassen über Nacht,
habe nicht mal meine Sachen gepackt.
Ich konnte es Dir nicht gestehen.
Wein nicht um mich, Mama, ich muss gehen.
Laufe durch den Wald mit einem Minenmeer.
Habe Angst vor Schlangen und dem Militär.
Ich will diese Hölle nur überleben, nicht mehr.
Hörst Du meine Geschichte, auch die vom Meer.

Leute sterben, werden erschossen, dazu erpressen.
Das ist ungerecht, diese Bilder werde ich niemals vergessen.
Verbrecher machen Geschäfte mit unserem Geld.
Wir sterben, die Leute schauen zu und die ganze Welt. Kein Geld
mehr in der Tasche, das ist so schwer.
Niemand kommt zum Spaß durch die Wüste und das Mittelmeer.
Räuber kommen bewaffnet. Es werden Leute ohne
Grund geschlagen.
Den Schmerz kann ich ertragen, fühle mich schlecht in
meinem Magen.
Viele Menschen verloren.
Diese Welt ist ungerecht, warum bin ich geboren?

Unveröffentlichter Song

1   https://www.youtube.com/watch?v=RQEzlI-bBeI&feature=youtu.be

2   Stauffer, Hans-Ulrich (2017): Eritrea – der zweite Blick. Rotpunkt-Verlag.
    https://rotpunktverlag.ch/buecher/eritrea-der-zweite-blick

3   Gerima, Haile (2008): Teza. DVD, Trigon-Film

4   Battle of Afabe 1988. https://www.youtube.com/watch?v=m4Jo5hRHgEA

5   https://www.nzz.ch/international/eritrea-schoene-fassade-vor-harter-
    repression-eine-reportage-ld.1521984

6   https://www.dw.com/de/ende-des-%C3%A4thiopisch-eritreischen-
    fr%C3%BCchlings/a-48551674

7   https://de.wikipedia.org/wiki/Erdgas/Tabellen_und_Grafiken
    https://www.opec.org/opec_web/en/about_us/166.htm

8   https://www.theguardian.com/world/2011/feb/22/gaddafi-libya-oil-wealth-
    portfolio
    https://panamapapers.sueddeutsche.de/articles/573aeac75632a39742ed39a0/

9   https://www.hrw.org/report/2009/12/12/truth-and-justice-cant-wait/
    human-rights-developments-libya-amid-institutional
    https://www.hrw.org/report/2006/06/28/libya-june-1996-killings-abu-salim-
    prison

10 https://www.atlanticcouncil.org/blogs/new-atlanticist/timeline-how-libya-s-
    revolution-came-undone/
    https://en.wikipedia.org/wiki/Libyan_Civil_War_(2011)

11 http://content.time.com/time/specials/packages/arti
    cle/0,28804,2045328_2045338_2056521,00.html

12 https://www.universiteitleiden.nl/binaries/content/assets/customsites/
    perspectives-on-terrorism/2018/issue-5/truitte-2.pdf

13 https://www.bbc.com/news/world-middle-east-19744533
    https://www.bbc.com/news/world-africa-14786753
    https://en.wikipedia.org/wiki/List_of_armed_groups_in_the_Libyan_Civil_
    War
    https://bit.ly/2uVlF5D

14 https://www.zdf.de/dokumentation/zdfinfo-doku/killing-gaddafi-jagd-auf-
    den-diktator-102.html

15 https://www.ispionline.it/sites/default/files/pubblicazioni/ispi_analysis_
    libya_pack_may_2019_0.pdf (Seite 5 ff.)

16 https://www.nytimes.com/2014/08/25/world/africa/libyan-unrest.
    html?searchResultPosition=10
    https://www.newyorker.com/magazine/2015/02/23/unravelling
    http://www.smallarmssurvey.org/fileadmin/docs/T-Briefing-Papers/SAS-
    SANA-BP-Tripoli-armed-groups.pdf

17 https://www.ispionline.it/en/pubblicazione/libya-haftars-divide-and-rule-
    plans-edge-sahel-23866
    https://carnegieendowment.org/2017/03/30/insecurity-and-governance-
    challenges-in-southern-libya-pub-68451

18 https://ctc.usma.edu/how-realistic-is-libya-as-an-islamic-state-fallback/
    https://en.wikipedia.org/wiki/Islamic_State_of_Iraq_and_the_Levant_in_
    Libya
    https://en.wikipedia.org/wiki/Abu_Nabil_al-Anbari
    https://jihadintel.meforum.org/194/eulogy-to-abu-nabil-al-anbari-islamic-
    state
    https://www.universiteitleiden.nl/binaries/content/assets/customsites/
    perspectives-on-terrorism/2018/issue-5/truitte-2.pdf

19 https://www.aljazeera.com/news/middleeast/2015/02/isil-video-execution-
    egyptian-christian-hostages-libya-150215193050277.html

20 https://unsmil.unmissions.org/sites/default/files /Libyan%20Political%20
    Agreement%20-%20ENG%20.pdf

21 https://www.cfr.org/interactive/global-conflict-tracker/conflict/civil-war-
    libya
    https://www.ispionline.it/sites/default/files/pubblicazioni/ispi_analysis_
    libya_pack_may_2019_0.pdf
    http://www.smallarmssurvey.org/fileadmin/docs/T-Briefing-Papers/SAS-
    SANA-BP-Tripoli-armed-groups.pdf

22 https://www.ispionline.it/sites/default/files/pubblicazioni/ispi_analysis_
    libya_pack_may_2019_0.pdf
    https://www.nytimes.com/2020/01/05/world/europe/erdogan-turkish-
    troops-libya.html
    https://www.theguardian.com/world/2020/jan/15/exclusive-2000-syrian-
    troops-deployed-to-libya-to-support-regime

23 http://www.msnbc.com/specials/migrant-crisis/libya

24 https://www.theguardian.com/world/2011/feb/22/gaddafi-mercenary-force-libya
    https://www.huffpost.com/entry/gaddafi-mercenaries_b_983506?

25 https://www.bbc.com/news/world-africa-42106910
    https://www.bbc.com/news/world-africa-44709974
    https://www.refworld.org/docid/5b728ce44.html

26 https://www.euronews.com/2019/11/03/eu-funds-libyan-coast-guard-but-has-limited-monitoring-capacity-leaked-report-suggests

27 https://www.trtworld.com/magazine/libya-human-trafficking-mafia-in-zawiya-301505
    https://www.thetimes.co.uk/article/video-shows-libyan-coastguard-whipping-rescued-migrants-6d8g2jgz6
    https://globalinitiative.net/wp-content/uploads/2018/01/Libya_ISS_Smuggling.pdf

28 https://www.middleeasteye.net/news/italy-accused-bribing-libyan-militias-stop-migrants-reaching-europe

29 https://www.aljazeera.com/news/2019/12/libya-militias-rake-millions-european-migration-funds-ap-191231134806918.html
    https://apnews.com/9d9e8d668ae4b73a336a636a86bdf27f
    https://www.reuters.com/article/us-libya-security-sabratha/armed-force-claims-victory-in-libyan-migrant-smuggling-hub-idUSKBN1CB15B
    https://globalinitiative.net/wp-content/uploads/2018/01/Libya_ISS_Smuggling.pdf

30 https://foreignpolicy.com/2020/01/29/italy-failed-migration-fix-capitano-ultimo-gentiloni-mogherini-chaos-libya/
    https://www.theguardian.com/world/2017/aug/11/number-of-migrants-arriving-in-italy-from-libya-falls-by-half-in-july

31 https://www.euronews.com/2019/10/03/unhcr-in-libya-part-4-the-detention-centres-the-map-and-the-stories

32 https://www.amnesty.org/en/latest/news/2020/01/libya-renewal-of-migration-deal-confirms-italys-complicity-in-torture-of-migrants-and-refugees/
    https://www.amnesty.org/en/get-involved/take-action/urgent-stop-selling-and-detention-of-refugees-and-migrants-in-libya/
    https://www.ohchr.org/Documents/Countries/LY/DetainedAndDehumanised_en.pdf

https://www.ohchr.org/Documents/Countries/LY/LibyaMigrationReport.
pdf
https://www.hrw.org/news/2019/11/13/italy-shares-responsibility-libya-
abuses-against-migrants
https://www.hrw.org/report/2015/12/02/endless-wait/long-term-arbitrary-
detentions-and-torture-western-libya
https://www.hrw.org/report/2019/01/21/no-escape-hell/eu-policies-
contribute-abuse-migrants-libya

33   https://www.theguardian.com/world/2019/apr/25/libya-detention-centre-
attack-footage-refugees-hiding-shooting
https://www.theguardian.com/world/2019/jul/03/air-strike-kill-libya-
tripoli-migrant-detention-centre
https://www.dw.com/en/airstrike-hits-libya-migrant-detention-
center/a-49450271

34   https://de.wikipedia.org/wiki/Flucht_und_Migration_%C3%BCber_das_
Mittelmeer_in_die_EU#Todesf%C3%A4lle

35   https://alarmphone.org/wp-content/uploads/sites/25/2019/10/AP_5-
Years_2019_D.pdf

36   https://www.faz.net/aktuell/politik/ausland/2019-starben-bereits-mehr-als-
1000-bootsfluechtlinge-im-mittelmeer-16412345.html

37   https://www.zeit.de/gesellschaft/zeitgeschehen/2019-12/uno-
fluechtlingshilfe-tote-und-verletzte-im-mittelmeer
https://www.uno-fluechtlingshilfe.de/hilfe-weltweit/mittelmeer/
https://de.statista.com/statistik/daten/studie/892249/umfrage/
im-mittelmeer-ertrunkenen-fluechtlinge/

38   Übersetzung: Wie geht es dir?

39   https://www.proasyl.de/news/der einzelfall zaehlt bamf verharmlost
eritrea-regime/
https://www.spiegel.de/politik/warum-die-eritreer-in-deutschland-so-
zerstritten-sind-a-00000000-0002-0001-0000-000159674362
https://www.bpb.de/gesellschaft/migration/flucht/zahlen-zu-asyl/265710/
demografie

INHALT